◎ 国家社科基金重大项目

"开放经济条件下我国虚拟经济运行安全法律保障研究"

（批准号：14ZDB148）成果

◎ 重庆市"十四五"重点出版物出版规划项目

虚拟经济立法的历史演进：从自由放任到有限发展

张 军 田 杨◎著

重庆大学出版社

图书在版编目（CIP）数据

虚拟经济立法的历史演进：从自由放任到有限发展／
张军,田杨著. -- 重庆:重庆大学出版社,2023.4
（虚拟经济运行安全法律保障研究丛书）
ISBN 978-7-5689-3925-6

Ⅰ.①虚… Ⅱ.①张… ②田… Ⅲ.①虚拟经济—经
济法—立法—法制史—研究—中国 Ⅳ.①D922.290.2

中国国家版本馆 CIP 数据核字（2023）第 093561 号

虚拟经济立法的历史演进：从自由放任到有限发展

XUNI JINGJI LIFA DE LISHI YANJIN：CONG ZIYOU FANGREN DAO YOUXIAN FAZHAN

张 军 田 杨 著
策划编辑:孙英姿 张慧梓 许璐
责任编辑:张红梅 杨 扬 版式设计:许 璐
责任校对:刘志刚 责任印制:张 策
＊
重庆大学出版社出版发行
出版人:饶帮华
社址:重庆市沙坪坝区大学城西路 21 号
邮编:401331
电话:(023) 88617190 88617185(中小学)
传真:(023) 88617186 88617166
网址:http://www.cqup.com.cn
邮箱:fxk@ cqup.com.cn(营销中心)
全国新华书店经销
重庆升光电力印务有限公司印刷
＊
开本:720mm×1020mm 1/16 印张:17.25 字数:239 千
2023 年 4 月第 1 版 2023 年 4 月第 1 次印刷
ISBN 978-7-5689-3925-6 定价:98.00 元

作者简介

———————

张军,重庆武隆人,法学博士,中国民用航空飞行学院马克思主义学院教授,四川省普通本科高等学校法学与公安学类专业教学指导委员会委员,重庆大学虚拟经济法治研究中心研究人员。

田杨,重庆渝中区人,法学博士,重庆医科大学马克思主义学院副教授,重庆市科学社会主义研究会常务理事,重庆大学虚拟经济法治研究中心研究人员。

总　序

———————

必然是长期孕育的,但必然总是需要偶然来点亮的。

20世纪与21世纪之交,由中国一些土生土长的经济学家如刘骏民、成思危教授所创制的"虚拟经济"概念,尤其是将传统市场经济重新解读为"实体经济与虚拟经济二元格局"的学说,像夜空中划过的一道亮光,照亮了许多人的眼睛。虚拟经济理念自此便在中国的大地上逐渐兴起。可惜隔行如隔山,与大多数行外人一样,当时的我知之甚少,更谈不上明了其中所蕴含的时代意义了。

在博士论文选题时,考虑到硕士学的是民法,博士学的是经济法,我便准备在经济法基本理论方面下些功夫,试图寻找一个能跨越民法与经济法,类似于"贯通民法与经济法的人性精神"之类的选题,要将民法与经济法的共生互补以及这两者对人类经济社会发展的不可或缺,彻底地研究一番,以弥合两个学科间长期的对立,缓和学者们喋喋不休的争论。就在即将确定题目之前,好友杨泽延与卢代富来家小坐,听了我的想法后,反倒建议我最好务实一些,先从具体问题着手,选一个既以民法规则为基础又以经济法国家干预手段为寄托的题目,比如"证券内幕交易法律规制问题研究",以后再侯机扩大研究范围,进而深耕经济法的基本理论。

或许是太出乎意料了,这一题目竟然直戳我的心窝。突然,我想起来了:1992年我正读硕士,其时中国股市刚建立不久,普通百姓还一头雾水,我却受人仓促相邀,懵懵懂懂地参加了《中国股票债券买卖与法律实务》的编写。莫非两位好友的这个题目,恰好将我潜意识中留存的有关股票、债券的一点点余烬给重新点燃?我几天睡不着觉,天天跑书店和图书馆,去追寻带有"内幕交易"的所有纸张与文字,还特意托好友卢云豹夫妇联系台湾的亲朋帮忙查寻相关资料。最后,提交给导师李昌麒教授审核的题目自然就是"内幕交易及其法律控制研究"了。好在,该选题不仅得到了恩师的首肯,还获得了国家社科基金项目的资助,论文也顺利通过了答辩,并被评为重庆市优秀博士论文,获重庆市第四届优秀社科成果二等奖。

2002 年博士论文业已完成,但一些超越该论文范围的根本性问题却持续困扰着我。直到有一天,当"虚拟经济"这四个字不经意地溜进眼帘时,我的眼睛竟然放出光来。由于证券是最典型的虚拟经济交易品,因而它不能不让我怦然心动,甚至也让我豁然开朗——似乎那些缠绕在我心中多年的许多困惑瞬间冰消雪融。我觉得太亲切了,相见恨晚,激动之余再也止不住去搜集有关虚拟经济的论著。尽管经济学中的数学计算、模型推演等很难看懂,但这并不妨碍我从其论说的字里行间去领悟那背后所隐含的意蕴,于是义无反顾地埋头研习。

什么是虚拟经济?一个人基于投资获得了一个公司的投资凭证——股票,钱物投进公司让公司花去了,可持有股票的这个人,因某种原因不想继续当股东分红利,而别的投资者恰好又看好这家公司的前景想挤进投资者行列,当这两人进行了该股票的买卖时,他们就完成了一次虚拟经济交易。实践中,能作为虚拟经济交易品的,除股票外,还有债券、期货、保险及其他金融衍生工具。当这些偶发的、个别的交易一旦普遍化、标准化和电子化,虚拟经济市场之繁荣与发达也就再也无法阻挡了。

之所以说它"虚拟",是与传统实体经济的商品交换相对而言的:因为包含劳动价值的财产已移转给公司占用了,此处用以交换的股票,本身是不包含人类劳动价值的——说到底,它仅仅是记录投资的证明或符号而已。也就是说,从旨在实现劳动价值与获得使用价值的传统商品交换演变到纯粹没有价值的"符号交换",这就意味着市场已经从实体经济迈向了虚拟经济。

本来,传统市场经济是以实体经济为主的经济,在这样的经济格局中,虚拟经济不过是实体经济的副产品,也是实体经济运行所借用的一种工具。但令人惊奇的是,20 世纪末中国的一些经济学家发现虚拟经济的发展速度已经超越了实体经济,且其规模足以与实体经济相媲美。也就是说,市场经济已经由原来的实体经济独霸天下,不知不觉地进入了实体经济与虚拟经济平分秋色的"二元经济时代"。

在现代市场经济体系中,虚拟经济确实有其积极作用,它可以促进实体经济的飞速发展,甚至有"现代经济的中枢""现代经济的核心""市场经济的'发动机'"等美誉。不过,虚拟经济背后也潜藏着巨大的风险:在人类历史上发生的历次金融危机中,人们已经真切地感受到了它给实体经济带来的反制、威胁,甚至破坏。

徜徉于这崭新的经济学理论之中,累却快乐着。到 2007 年,以"虚拟经济概念"及"二元经济时代"审视我国的经济法及其理论,我完成了《虚拟经济及其法律制度研究》一书的写作。此时恰逢北京大学吴志攀教授组织出版"国际金融法论丛",吴教授阅过书稿之后,当即同意将其纳入他的丛书,恩师李昌麒教授也欣然命笔为该书作序,最后由北京大学出版社付梓出版。就我本人而言,该书只是一个法学学者学习经济学并思考经济法的一些体会,它未必深刻,却是国内将虚拟经济理念引入经济法领域并对经济法的体系结构和变革方向做出新的解读的第一部法学著作。特别是该书提出的"虚拟经济立法的核心价值是安全"的论述,不幸被次年波及全球的美国次贷危机所反证,也使得这本书多少露出了些许光华。也许是出于这些原因吧,在 2009 年的评奖中,该书获得教育部优秀人文社科成果三等奖和重庆市第六届优秀社科成果二等奖。乘此东风,我又组织团队申报了教育部人文社科规划项目"中国预防与遏制金融危机对策研究——以虚拟经济安全法律制度建设为视角"，领着一群朝气蓬勃、年轻有为的博士，于2012年完成书稿，并由重庆大学出版社出版发行。

然而，实践是向前的，也是超越既有理论预设的。随着改革开放的不断推进，虚拟经济也飞速发展。在创造经济奇迹的同时，我国经济也出现了更加纷繁复杂的问题和矛盾。其中虚拟经济的"脱实向虚"及其与实体经济之间的冲突，衍生出了现代市场经济发展中一个全新的、具有重大时代意义的命题——虚拟经济治理及其法治化。但作为一个经济学上与实体经济相对的概念，即使在经济学界也未获得普遍认可的情形下，寄望于法学界的广泛了解与大量投入，暂时是不太现实的。也就是说，将其引入法学界容易，但要得到法学学者们的广泛认同，并调动法学学术资源对其展开研究，还需要更为漫长的时间和更为艰难的历程。虚拟经济安全运行的法治化治理，至今仍然是经济学界和法学界远未解决的重大历史课题。

在前几年的研究项目申报中，尽管由母校西南政法大学资助并由法律出版社出版的拙著《人性经济法论》已经获得了教育部优秀人文社科成果二等奖，但在民法学与经济法学的争论尚未了结而民法学已然成为显学的年代，要获准经济法基本理论方面的选题依然是困难重重。因接连受挫，不免有些怅然若失。于是，我索性决定放弃中小项目的申报，直接冲击国家社科基金重大项目。物色选题时，约请几位博士生一同前来商讨，提出的建议选题有好几个，且都很有价值，只是未能让我动心。最后当一位博士生提出"开放经济条件下我国虚拟经济运行安全法律保障研究"这一选题建议时，我顿觉像当年偶遇"虚拟经济"这几个字时一样地怦然心动。我拍着桌子跳了起来，挥着这个题目，激动地用方言大声说："啥都甭说了！就是他娃娃了！"意思是：什么都别说了，就认定这个宝贝疙瘩了！

在商请合作者的过程中，北京大学的彭冰教授、中国人民大学的朱大旗教授、中国政法大学的刘少军教授、华东政法大学的吴弘教授、武汉大学的冯果教授对此选题很是赞同，欣然同意作为子课题负责人参与项目的申报。

在课题的进程中,他们不仅参与论证、发表前期成果,自始至终给予支持,彭冰教授和冯果教授还建议,推荐年轻人出任主研,将子课题负责人让位给重庆大学杨署东教授和靳文辉教授。

不仅如此,在之后的研究中,许许多多校内外的专家学者都给予了我们无私的支持和帮助。像北京大学的吴志攀教授,中国政法大学的时建中教授,华东政法大学的顾功耘教授,西南政法大学的李昌麒教授、谭启平教授、岳彩申教授、盛学军教授和叶明教授,西北政法大学的强力教授,中国人民大学的涂永前教授,西南财经大学的高晋康教授,重庆大学的冉光和教授、刘星教授、刘渝琳教授、周孝华教授和黄英君教授等等,都为课题的论证、前期成果的产出和课题的推进与完成,做出了重要贡献。

当然,在研究进程中,我自己的团队,甚至法学院经济法学科的博士生和硕士生们,自课题立项以来,都不同程度地参与了课题研究的工作,还发表了一些阶段性成果;而来自社会各界的众多朋友,也都以各种方式关心课题的进展,给予了我们热情的鼓励与帮助……在此,我们谨向参与、关心和支持过本课题研究的所有人,表达最诚挚的谢意!

谁知课题获批后不久,身体就和我开了一个小小的玩笑,是家人的呵护、亲友的关爱、弟子们的陪伴,让我对未来充满了信心。不过,课题多少还是受了些影响,曾一度进展缓慢。然而,团队的力量是巨大的:课题组里的资深专家就是定海神针,而课题组中活跃着的一批充满活力并在学术界崭露头角的年轻教授和博士,则勇挑重担、冲锋陷阵,成了课题研究的主力。

早在之前的课题申报过程中,写作班子就将申请书打造成了一份内容扎实、逻辑严谨、格式规范的文件,近20万字,不是专著却胜似专著;在课题研究的推进中,每当遇到各种困难和烦恼时,课题成员们总是互相鼓励,互相支持,使我们的研究能够持续,我们的理论能够得到校正;特别是在近几年最终成果的打造过程中,本丛书十部著作的作者们,不畏艰辛,秉承"上对得起重大项目,下对得起学术良心"的信念,克服重重困难,使得丛书最终得以出炉。这十多位年轻作者的才华与风采,也尽藏于本丛书的简牍之中。

本丛书十部著作并不是简单的罗列或拼凑,而是有其自身的内在逻辑,也就是说有一根红线贯穿始终。为了找到这根红线,课题组花了好几年的时间。我们认为,既然虚拟经济是虚拟的,它就必然带有人设的性质。正如没有人为预先设定且为游戏者公认并一体遵行的游戏规则就没有游戏一样,虚拟经济的运行需要规则先行。同时从治理的角度来看,即使游戏有了内在的规则,也还需要游戏的外部法律边界及法律监督:如游戏不得触犯禁赌法令,游戏不得扰民,游戏不得损害他人利益和社会公共利益等。尤其是虚拟经济呈现出的"弱寄生性""离心规律""高风险性""风险传导性"等,明确无误地表明其"有利有弊"的"双刃剑"特质,决定了追求公平正义的法律肩负着为其提供内部规则和外部边界的艰巨使命。具体而言,虚拟经济赋予法律的天职,就在于通过法律制度的设计,为虚拟经济的运行设定"限度",铺设"轨道",装置"红绿灯",进而为虚拟经济运行安全设定交通规则,作为虚拟经济运行、虚拟经济监管和虚拟经济司法的制度支撑。

基于上述基本认知,我们认为:所谓虚拟经济有限发展法学理论,是指根据虚拟经济自身运行规律,从法律自身的宗旨和价值出发,主张法律在保障虚拟经济发展的同时,为预防与克服其负面效应,保障其运行安全和可持续发展,而将其置于法律约束下的安全范围内运行的一种法学思想。

这一理论虽然是以虚拟经济运行的"双刃剑"规律和体现法律公平正义基本要求的安全价值为基础提出来的,但我们认为,它主要还是从法学,特别是从经济法学国家适度干预理论的角度提出来的,因而与纯粹的经济学理论有着明显的不同。不过,最大的疑问还不在此处。在研究过程中,一些热切关心我们课题的学者常常忍不住提出这样的疑问:为什么实体经济不需要"有限发展"而虚拟经济却要"有限发展"呢?这是问题的关键。对此,我们的回答主要有三条:其一,人类社会的基本生活(如衣食住行及娱乐)毕竟只能仰赖实体经济,实体经济提供的产品和服务,除了受生产力水平的约束和人类需求的制约外,就其品种、数量和质量来说,根本就不存在"有限发展"的问题。仅此一点,虚拟经济就难以望其项背。其二,虚拟经济毕竟是寄生于实体经济的,不论其寄生性的强弱如何,最终还是决定了它不能野蛮生长以至于自毁其所寄生的根基。其三,实体经济伴随人类的始终,而虚拟经济则是一种历史现象,它仅仅是实体经济发展到一定阶段的产物,而且其产生以后并不一定能与实体经济"白头偕老"。

虚拟经济有限发展法学理论的确立,让我们找到了解题的一把金钥匙。它昭示着这样一个最基本的道理:我们在草原上发现了一匹自由驰骋的骏马,但我们只有给这匹骏马套上缰绳,它才会把我们驮向我们想要去的"诗和远方"。

然而,学术是严谨、苛刻而精细的,也有它自身相对固化了的"八股"定式。要说清楚这一理论的来龙去脉、前因后果、内在机理、外部表征、政策制约、法律规范、理论影响和实践效果,就要以学术的方式加以展开和表达。本丛书的十部著作正是这种展开和表达的具象:它们以"虚拟经济有限发展法学理论"为主线,按其内在逻辑展开——总体为"1+9"模式,即1个总纲,9个专题。而这"1+9"模式具体又可分为以下相互关联的四个板块:

板块一也就是"1+9"中的"1",即《虚拟经济有限发展法学理论总说》,它既是整个研究的总纲,即总设计图或者总路线指引图,也是对整个研究成果的全面提炼和总结。不过,这一总纲与后面的九部专著各有分工,各有侧重,各有特色,虽构成一个系统,却不能相互取代。板块二是"虚拟经济有限发展法学理论及其证成",旨在立论和证明,包括《虚拟经济有限发展法学理论及其根源》《虚拟经济立法的历史演进:从自由放任到有限发展》和《近现代经济危机中虚拟经济立法的过与功——虚拟经济有限发展法学理论的例证》三部著作。它们分别从立论及其理论解析、历史归纳和典型案例证明的角度,提出并证明虚拟经济有限发展法学理论。板块三的主旨是"虚拟经济有限发展法学理论指引下的观念变革",主要包括《虚拟经济安全的法律塑造》《虚拟经济有限发展法学理论的法律表达:立法模式与体系建构》《虚拟经济运行安全法律制度的立法后评估:以中国为样本》三部著作。其特点在于,它既是虚拟经济有限发展法学理论的应用,又是虚拟经济有限发展法学理论的进一步证明,是介于理论证成与实践应用之间的一个板块,对我国虚拟经济立法的价值、原则、模式、体系及立法质量的提升与检测,具有重要的指导意义。板块四是虚拟经济有限发展法学理论的具体运用,包括《虚拟经济有限发展法学理论视角下的银行法律制度变革》《虚拟经济有限发展法学理论视角下的证券法律制度变革》《虚拟经济有限发展法学理论视角下的期货法律制度变革》三部著作,试图以此三个典型领域为例,揭示虚拟经济有限发展法学理论在银行、证券和期货立法方面的具体映射与应用。

这四个板块之间的关系,可参考下图:

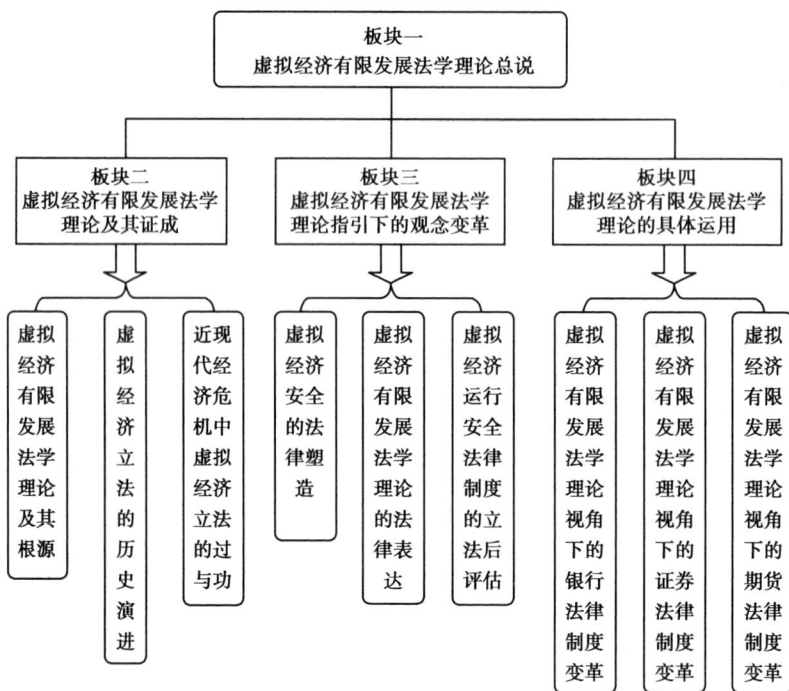

虚拟经济有限发展法学理论的论证与展开思路图

国家社科基金重大项目这一名称本身就体现出了它的分量。能在这一序列中获得"开放经济条件下我国虚拟经济运行安全法律保障研究"这一项目，既是偶然也是必然；既让我们有些激动和自豪，也让我们深感责任和压力。这几年，我们尽力做了，而且按"重大"之分量，踏踏实实地做了。至于成不成功，是否达到重大，就有待理论的佐证和实践的检验了。

我们处于一个大变革的时代，旧的事物陆续悄然退场，新的事物又在不知不觉中挤进我们的生活，甚至渐渐成为社会生活的一种主流。虚拟经济正是在这一历史巨变中膨胀，不断挣脱传统实体经济的束缚，而与实体经济分庭抗礼的。更有甚者，甚至到了反过来挟持、绑架、威胁实体经济的地步。正是这种二元经济格局的形成及两者之间的长期博弈和激烈冲突，给世界经济的发展以及各国政府的经济治理提出了前所未有的挑战。据我本人的揣测，在未来的几十甚至上百年里，如何看待和治理虚拟经济，不仅是中国面临的一大难题，也是世界面临的一大难题。

好在，越来越多的人正在逐渐看清虚拟经济脱实向虚的天性及其负面效应和可能的危害，有先见之明者已经着手强化监管、变革法治，竭尽趋利避害之能事，力图让虚拟经济助力实体经济，增进人民福祉。前几年我国着力扼制虚拟经济"脱实向虚"，这几年我国高层对虚拟经济采取既更开放又更注重其监管的策略，即可看作是"虚拟经济有限发展法学理论"在实践中得到的初步印证。

世界上没有尽善尽美的东西，也没有绝对的真理和最后的真理，学术上存在不足就是学术本身可能自带的一种"秉性"。例如，本研究中原预想的交叉学科知识的运用，现在看来还很不成熟；有的问题，如保险及其他一些金融衍生品也未能辟专题来讨论等等，都是短时间内很难弥补起来的不足，需寄望于后续研究中的努力了。

我向来认为，学术的魅力不仅体现在努力创新的过程之中，更体现在学界从未停歇过的争辩、质疑和批判之中。任何致力于社会科学研究的学者，所提出的观点或理论，都不可能是尽善尽美的，而学术正是在这种不完美之中求得点滴的进步,从而得以蹒跚前行的。为此,我们热忱欢迎学界诸君提出批评与指正。

虚拟经济概念及市场经济"二元格局"理论的提出,看似偶然,却是必然。它拨云见日,让人们突然看清了自己所生活的这个时代的"庐山真面目"。然而,其意义可能被我们的社会公众严重地低估了。就我的感受而言,它带来的思想冲击与震撼,当不亚于 20 世纪 80 年代托夫勒掀起的《第三次浪潮》,也不亚于当下人们热议的区块链、人工智能、大数据以及元宇宙等。而法律,特别是始终站在市场经济历史洪流风口浪尖的经济法,随着经济理念及经济格局的不断变迁而不断革新,一定是势不可挡,也一定是不可逆转的。

我仍然坚信,必然是长期孕育的,但必然总是需要偶然来点亮的。

胡光志

2022 年 12 月 10 日

前　言

————

虚拟经济是以虚拟资本交易活动为中心而形成的,与实体经济相对的,以金融证券市场为核心的经济形态。虚拟经济主要包括股票、债券、期货和金融衍生品等虚拟产品的交易。虚拟经济的产生与发展是实体经济发展的必然趋势,是不以人的主观意志为转移的历史发展必然。随着虚拟经济的发展和独立经济形态的最终形成,作为上层建筑的法律必然对经济领域的变革作出回应,有关虚拟经济的立法也就应运而生。

考察虚拟经济立法史的首要目的在于以史实说明虚拟经济立法现象的客观存在,并提示其与虚拟经济发展的关联。正如列宁指出的:"最可靠、最必须、最重要的就是不要忘记基本的历史联系,考察每个问题都要看某种现象在历史上是怎样产生,在发展中经过了哪些主要阶段,并根据它的这种发展去考察这一事物现在是怎样的。"①正是出于这样的目的,我们尽力尝试将虚拟经济立法放回到历史场景中,通过对域外主要国家以及我国虚拟经济立法的历史考察,找寻虚拟经济立法的历史演进规律,总结虚拟经济立法的历史经验,吸取虚拟经济立法的历史教训,发现虚拟经济立法确立有限发展法学理论为指导思想的历史必然。

本书从域外主要国家及我国虚拟经济立法的历史考察开始,将域外主

————

① 列宁:《列宁全集》,中共中央马克思恩格斯列宁斯大林著作编译局译,人民出版社,1956,第430页。

要国家虚拟经济立法的梳理并界分为 20 世纪 30 年代经济大危机之前的虚拟经济立法，从大危机到 20 世纪 70 年代初的虚拟经济立法，从 20 世纪 70 年代末至 2008 年全球金融危机之前的虚拟经济立法，2008 年全球金融危机以来的虚拟经济立法等历史时段进行。从每一历史阶段的虚拟经济发展情况出发，以银行立法、证券立法以及金融监管法为重点，具体考察美国、英国、日本等国家的虚拟经济立法概况及其特点。同时，也分阶段对我国虚拟经济立法的历史进行梳理，以 1949 年新中国成立前的虚拟经济立法，1949 年新中国成立至 1993 年计划经济时期的虚拟经济立法，1994 年以来社会主义市场经济时期的虚拟经济立法为重点。从每一历史阶段的虚拟经济发展情况出发，以证券立法、期货立法以及银行立法为重点，具体考察我国虚拟经济立法概况及其特点。

纵观虚拟经济及虚拟经济立法的历史，虽然不同阶段各具特点，但虚拟经济立法的出台及完善总是与经济危机的爆发密切相关，并且大体呈现对虚拟经济的放任发展、全面干预、放松管制、约束发展的规律。从虚拟经济立法的历史演进来看，虚拟经济立法似乎陷入这样一个历史怪圈：自由放任的虚拟经济立法—虚拟经济过度发展—孕育、爆发经济危机—限制干预的虚拟经济立法—虚拟经济发展受限—自由放任的虚拟经济立法。透过历史上虚拟经济与其立法之间的这种恶性循环，我们可以得出以下几个基本认知：其一，虚拟经济发展所蕴含的风险往往是诱发经济危机的主要因素和场域；其二，虚拟经济危机的爆发与法律的放任或约束的松懈有直接的关联；其三，虚拟经济危机的应对与化解最终离不开法律的手段。

在对历史的梳理和规律概括的基础上，总结虚拟经济立法的历史经验与教训。一方面，虚拟经济立法是促进虚拟经济发展的有力保障。我国正在建设中国特色社会主义法治国家，社会主义市场经济是法治经济，虚拟经济是在法治框架下运行的，虚拟经济发展需要作为正式性制度的法律支撑。顺应经济国际化发展趋势，构建开放型经济体系，我们必须用法律的形式规范与保障虚拟经济发展,防范与化解虚拟经济风险,确保虚拟经济安全、有效和可持续发展。另一方面,立法规制的缺位或滞后致使虚拟经济自由放任发展是造成危机的关键原因。从世界范围来看,在金融自由化与科技信息化的助推下,虚拟经济发展势头进一步增强,虚拟资本形式更加多样化,经济虚拟化程度不断加深,虚拟经济发展速度与规模超过了实体经济发展需求这一必要限度。自由主义思想与自由经济理论在多数发达国家市场经济体系中处于举足轻重的地位,在国家制度层面表现为虚拟经济立法规制的缺位或滞后,这在一定程度上造成了虚拟经济的过度发展。历史上,金融危机、经济危机的发生很大程度上是虚拟经济过度发展所致,虚拟经济过度发展带来了深刻的历史教训以及对未来发展的警示。

　　虚拟经济立法确立有限发展法学理论为指导思想具有历史必然性。虚拟经济有限发展法学理论,是指根据虚拟经济自身运行规律,从法律自身的宗旨和价值出发,主张在保障虚拟经济发展的同时,为预防与克服其负面效应,保障其运行安全和可持续发展,而将其置于法律约束下的安全范围内运行的一种法学思想。通过对历史的梳理和规律的概括,我们可以看到,虚拟经济发展的自由只能是相对的而不是绝对的,只能是有管制的而不是放任的,只能是有限的而不是无限的。历史的经验告诫我们,凡是坚持虚拟经济有限发展的,都有助于促进经济运行的安全;凡是放任虚拟经济发展致过度发展的,都会对经济和社会造成相应的损害。因此,虚拟经济立法须确立虚拟经济有限发展为指导思想,从而确保虚拟经济发展以服务实体经济为限、以经济安全为限。

　　本书写作分工情况如下:引言、第一章、第三章由田杨撰写,第二章、第四章、第五章、结语由张军撰写。全书由田杨统稿,张军审定。需要指出的是,虚拟经济及虚拟经济立法的演进和实践的变迁绝不是按照一个简单线性的轨迹进行的,它们的丰富性、多样性和复杂性使笔者很难将其完整呈现,只求把握住主要的脉络,给读者一个关于虚拟经济立法演进至有限发展的感知和认识。因此,鉴于编者水平有限,书中不当之处在所难免,敬请广大读者批评指正。

著　者

2022 年 10 月

目　录

引　言

　　古典自然法学家霍布斯说过:"为了懂得法律是什么,我们必须懂得它曾经是什么和将要是什么。"①奥利弗·霍姆斯也曾说:"法包含了一个民族经历了多少世纪风雨沧桑的发展故事,因而绝不能将它仅仅当作一本数学教科书里的定理、公式来研究。为了探究法的真谛,我们必须了解它的过去以及未来趋势。"②虚拟经济立法的产生、发展以及出现的许多问题都不是突然发生的,它有一个历史的脉络。理论的深化必须回到历史的逻辑中去。正如列宁指出的:"最可靠、最必须、最重要的就是不要忘记基本的历史联系,考察每个问题都要看某种现象在历史上是怎样产生,在发展中经过了哪些主要阶段,并根据它的这种发展去考察这一事物现在是怎样的。"③正是出于这样的目的,我们尽力尝试将虚拟经济立法放回到历史场景中,梳理其历史演变过程,分析其历史原因,总结其中的经验得失,明辨虚拟经济立法的时代意义,为当代虚拟经济立法提供历史参考和经验借鉴。

　　一般认为,虚拟经济不是自发形成的,而是以实体经济为基础,是实体经济发展到一定程度的结果。虚拟经济作为实体经济的一个附属物,它产

---

① Holmes: The common Law, Little, Broom and compang(1981),转引自方立新、黎丽《经济法特性之学理探讨》,《外国法制史研究》2001 年第 0 期,第 70 页。

② Oliver Wendell Holmes: The Common Law(1881),转引自李建伟《股东知情权诉讼研究》,《中国法学》2013 年第 2 期,第 96 页。

③ 中共中央马克思恩格斯列宁斯大林著作编译局:《列宁全集》,人民出版社,1956,第 430 页。

生的初衷是为实体经济服务的。但是，随着虚拟经济发展程度的不断加深，尽管不可能完全脱离实体经济，但由于其定价机制和运行机制的特殊性，而具有了独立性、与实体经济的不同步性、背离性等特征，时刻显示出脱离实体经济的"离心"趋向。也就是说，虚拟经济领域中的交易有可能是在没有任何贸易基础和生产背景的情况下发生的。特别是随着虚拟经济的日益膨胀，虚拟经济占整体经济的比重大大超越实体经济，甚至是实体经济总量数倍的情形下，虚拟经济运行的相对独立性表现得日益明显，常常表现出与实体经济相背离的状态。

伴随虚拟经济的"爆炸式"发展，人类社会的经济发展模式出现了前所未有的格局。其主要表现在：首先，虚拟经济在经济中的占比已经大大超越实体经济。随着金融业的急剧裂变，虚拟经济的扩张规模到了令人瞠目结舌的地步，即使在遭遇了全球次贷危机之后仍在强劲增长。在经济学界，一些著名的经济学家做出了这样的判断，人类既往的经济史都可谓是实体经济的发展史，而当今世界已经发展成为实体经济与虚拟经济同时并存、同时发展、相互依存、相互促进、相互制约的"实体经济与虚拟经济并存"的"二元"经济时代。这种"二元"经济格局不仅要求学界用全新的理念和态度来认知、研究和对待虚拟经济，而且要求世界各国用长远、科学的眼光正确分析和评估虚拟经济的地位、作用和意义，尤其是在正确把握实体经济与虚拟经济的运行规律与法则的前提下，采取更具有适应性、前瞻性和有效性的经济发展与治理策略。其次，虚拟经济逐渐壮大到作为经济实力的重要标志。根据统计，在股票市场，截至2019年年底，美国股市总市值约占国内生产总值的166%，日本股市总市值约占国内生产总值的120%，德国股市总市值约占国内生产总值的106%，法国股市总市值约占国内生产总值的109%，而中国也占到了 60%;①在债券市场,截至 2019 年年底,美国债券存量占 GDP 的比重超过 200%,为 208.2%,日本债券存量占 GDP 的比重高达 242.79%。美、日两国近几年的该比重一直在 200%以上,中国的比重则相对较低,2018 年年底数据显示债券存量仅占 GDP 的 93.27%。② 可见,虚拟经济作为一种与实体经济相关联并独立于实体经济的经济形态,在现代国家扮演着越来越重要的角色,它的发展规模逐渐成为衡量一国经济竞争力和金融发展程度的重要指标。与此同时,在国际经济话语权的争夺中,虚拟经济也愈发成为其中的关键因素。国际经济话语权与国家在国际经济中承担的职能、角色和分工相关,也与一国经济发展的速度、质量和总量紧密相关。在现代社会,虚拟经济的异军突起使得财富的增长与自然资源的多寡日渐脱节,虚拟资本的加速流动和虚拟资本的高回报,促成了虚拟经济的日益发达,虚拟经济的运行方式深刻地改变了世界经济的运行方式和盈利模式,并深刻地影响了今天的国际贸易分工体系,进而决定着一国在世界经济中的地位、角色以及分工。世界经济格局越来越表现为,只有虚拟资本总量、质量和速度占有优势的国家,才能在国际经济中占有主导地位并拥有经济话语权。

在虚拟经济急速膨胀的同时,它的高风险性也成为诱发经济危机的最主要因素。一方面,虚拟经济可以促进资本要素的自由流动,优化对社会资源的利用和配置,对一国经济的发展提供强有力的支撑。另一方面,虚拟经济也存在高风险性、不稳定性、脆弱性等诸多弊病,尤其是虚拟经济具有日益偏离实体经济运行的趋势,容易导致经济结构失衡,使得金融体系变得脆弱,在开放经济条件下还会受到投机资本的干扰、外国资本的冲击、国际游资的影响以及国外政治经济社会动荡的威胁。虚拟经济所具有的"双刃剑"

① 新浪财经:《美国股市总市值占 GDP 总量约 166% 日本约 120%,中国呢?》,新浪财经网,访问日期:2012 年 12 月 25 日。
② 新浪财经:《2019 年债券市场回顾:行情有点"鸡肋",但大事真不少》,新浪财经网,访问日期:2012 年 12 月 26 日。

特点，使得当今时代所爆发的经济危机大都源于虚拟经济。从实证的视角考察就会发现，在股市早期，大起大落难以避免，且多数以股灾形式表现出来，如17世纪荷兰郁金香事件、18世纪法国密西西比泡沫事件、英国南海泡沫事件。20世纪以来的经济史也同样证明，虚拟经济既是推动一国经济发展的重要力量，也是导致经济危机的最直接和最重要的诱因。20世纪30年代，由美国纽约股市大暴跌引发银行倒闭、生产下降、工厂破产、工人失业等一系列连锁反应，并迅速从美国蔓延至整个资本主义世界。由此，以美国为首的主要资本主义国家陷入了历史上最深刻、最持久的"经济大萧条时期"。20世纪90年代，泰国突然爆发一场货币危机并发展成金融和经济危机，该危机迅速波及东南亚的其他国家和地区，使得印尼、马来西亚、韩国等成为遭受影响最为严重的国家，货币大幅贬值、股市急剧下跌，主要的企业和银行都陷入了空前的经济困境。到1998年，所有受到影响的经济体，包括之前经济发展相对稳定、前景比较乐观的新加坡和中国香港等，也纷纷受此影响，陷入了严重的经济衰退。2007年，以美国新世纪金融公司破产为标志的美国次级抵押贷款危机全面爆发。短短数月，危机急剧恶化，近百家次级抵押贷款公司和涉足次级抵押贷款的银行宣布停业或破产，包括雷曼兄弟、美国国际集团、美林证券等"华尔街骄子"，在这次危机中均无一幸免，美国五大投资银行全军覆没。同时，这场金融海啸迅速扩散到世界各国，没有一个国家能够独善其身，一场金融风暴席卷全球。2009年，欧洲主权债务危机中传统资本主义强国也在资本的主导之下渐渐失去虚拟经济与实体经济的发展平衡，经济过度虚拟化成为危机影响国经济社会发展的重要特征之一。同样，在2015年的中国A股股灾爆发后，多次出现千股跌停的情形，甚至在2016年年初还闹出了"史上最短命的股市机制"——熔断机制；在接近一年的时间内，沪深总市值蒸发近25.6万亿，2015年，中国GDP约67.67万亿形式和载体，就是无视所有权的财产性价值在现代社会占据的日益重要地位的基本事实，这显然是行不通的。同时，如果看不到虚拟经济有限发展的一面，则会无限放大虚拟经济的缺陷，从而引发系统性的社会风险，造成国家、社会经济状况的恶化乃至倒退，甚至会引发新的社会贫富不公。事实上，自第二次世界大战以来，世界各国的生产力水平都提高了，物质产品也进一步丰富，但我们发现，整个世界并没有更加和平和安定，相反，世界比以前更加动荡不安，在贸易、金融等方面，全球化的趋势在不断式微，而逆全球化的趋势比以往任何时候更加强烈。之所以出现如此光怪陆离的事情，出现越来越多的"看不懂"的事情，既是人类总体贪婪性的表现，也和全世界虚拟经济的深化发展，虚拟经济对社会财富、世界财富的重新分配，虚拟经济造成的对底层劳动者福利剩余的剥夺等密切相关。因此，对一些发达国家甚至我国这样的中等收入国家来说，保持对虚拟经济的谨慎态度，从经济、社会持续发展的角度，更加强调虚拟经济的有限发展，是一剂良药，也许苦口，但有利于"治病"。

因此，虚拟经济有限发展法学理论并不是一种主观的臆测或者纯粹理论的思维游戏，恰恰是现实的客观需要决定了虚拟经济只能在法律的约束下有限发展。虚拟经济有限发展实际上是一种底线思维，即虚拟经济不是无限发展，不是盲目发展，不是毫无节制和毫无底线的发展，而是应当以服务实体经济发展为基本底线，坚持虚拟经济发展与实体经济发展相匹配。回望历史也可以发现，坚持底线思维是整个虚拟经济发展过程中的重要经验与教训。从这个角度来看，将底线思维贯穿于虚拟经济立法全过程，实际上也是将虚拟经济有限发展法学理论贯穿于虚拟经济的全过程。历史的经验告诫我们，凡是坚持虚拟经济有限发展的，都有助于促进经济运行的安全，凡是放任虚拟经济发展且过度发展的，都会对经济和社会造成相应的损害。特别是回溯虚拟经济立法的历史，立法放纵虚拟经济的发展，迟早会导致灾难，会导致法律匆忙收缩，而短期的法律收缩一旦被冲破，又会出现新的放任发展的局面,彼时法律又需要匆忙收缩。为防止陷入这一历史的怪圈,走出虚拟经济法治历史陷阱的有效方法就是在虚拟经济法治中引入并坚持有限发展理论。总的来说,虚拟经济不能不发展,必须要发展,但也不能放任其发展,虚拟经济的发展必须是有度的,必须避免"脱实向虚",必须避免(虚拟)资本的无序扩张,而法律的作用就是为其有限发展设置信号灯、设置限度。回顾虚拟经济以及虚拟经济立法的发展历程,我们会发现,"历史本身就是一种力量,就是理性的源泉"。因此,如果我们考察虚拟经济的产生过程以及法律所关注的侧重点,就会更加坚信一点:在法律的向度上,应当以预防与克服虚拟经济的负面效应、保障其运行安全和可持续发展为根本任务,将其置于法律的约束下有限发展。

本书分为五章。第一章域外主要国家虚拟经济立法的历史考察。以银行立法、证券立法以及金融监管法为重点,对美国、英国、日本等主要国家和地区20世纪30年代经济大危机之前的虚拟经济立法,从大危机到20世纪70年代初的虚拟经济立法,20世纪70年代末至2008年全球金融危机之前的虚拟经济立法,2008年全球金融危机以来的虚拟经济立法进行考察。第二章我国虚拟经济立法的历史考察。从1949年新中国成立前、1949年新中国成立至1993年计划经济时期、1994年以来社会主义市场经济时期三个历史阶段对我国虚拟经济立法进行考察。本书通过前两章的历史梳理,以找寻虚拟经济立法的特点和共同发展的趋向。第三章虚拟经济立法的历史演进规律。纵观虚拟经济立法的历史,虽然各阶段各有特点,但虚拟经济立法的出台及完善总是与经济危机的爆发密切相关,并且大体呈现出对虚拟经济的放任发展、全面干预、放松管制、约束发展的规律。第四章虚拟经济立法的历史经验与教训。一方面,不断完善虚拟经济立法,可以保障和促进虚拟经济有序、健康的发展;另一方面,立法的缺位或滞后也成为虚拟经济自由放任发展进而造成危机的法律原因。第五章虚拟经济立法确立有限发展法学理论为指导思想的历史必然。通过对历史的梳理和规律的概括,我们可以看到虚拟经济发展的自由只能是相对的而不是绝对的,只能是有管制的而不是放任的,只能是有限的而不是无限的。对于虚拟经济立法历史怪圈:放任—管制—再放任—再管制的破解,必须确立虚拟经济有限发展法学理论为指导思想,从制度层面确保虚拟经济发展以服务实体经济为限、以经济安全为限。换言之,今后虚拟经济立法的发展方向将彻底从认可、激励、放任,转向引导、限制、控制(规模、速度、投机、违法、风险等),法律在保障与促进虚拟经济发展的前提下,将侧重点放到虚拟经济如何"在法律的约束下适度发展",以保障虚拟经济进而保障整个社会主义市场经济的运行安全和可持续发展。

第一章　域外主要国家虚拟经济立法的历史考察

每个国家依据其不同的经济实力,在虚拟经济法律的变化中占有不一样的影响力。系统调查全球范畴的虚拟经济立法演变史,实际就是调查主要国家虚拟经济立法的发展历史。其中具有典型意义的国家,如拥有高度发达虚拟经济体系的美国,其整个虚拟经济立法呈现"典型经验事实的编年体系",对它的虚拟经济立法进行分期将具有代表性意义,可以作为虚拟经济立法历史分期的主要参照系。同时,越来越多国家的虚拟经济立法更大程度上表现为共同的建立—调整—完善的历史发展趋势。以史为镜,本章将以美国、英国、日本等国家的虚拟经济立法历史为主要对象进行考察。需要说明的是,由于虚拟经济的内容非常宽泛,相关的立法也比较分散,本章在对主要国家和地区的虚拟经济立法进行梳理时,主要以银行法、证券法以及它们的金融监管法为重点。

一般认为,虚拟经济并不是伴随经济的生成而同时形成的,它是经济发展到一定阶段的产物。[①] 在资本关系产生之初,资本的运行完全依附于实体经济,它的每一步增长都需要踏踏实实地从增加生产做起。无论是表现为土地资源、生产资料、劳动力形式的商品,或是表现为资产、货币等特殊形式的商品,都是以实物形态在市场中流通,属于实体经济。可以说,那时的实

---

① 　胡光志等:《中国预防与遏制金融危机对策研究》,重庆大学出版社,2012,第 1 页。

体经济就是经济系统的唯一形式,它所代表的就是经济全部。对此,早期的理论家作了如实的阐述,例如,资本主义政治经济学的奠基者亚当·斯密在《国民财富的性质和原因的研究》的开篇论到:"一国国民每年的劳动,本来就是供给他们每年消费的一切生活必须品和便利品的源泉。构成这种必需品和便利品的或是本国劳动的直接产物,或是这类产物从国外购进来的物品。"①因此,本文从虚拟经济立法发展的角度观察,没有完全遵循历史学关于历史阶段的划分,而是将目光放在虚拟经济的发展阶段②,并在此基础上主要根据不同阶段的经济发展背景、经济政策及法律表现等情况将虚拟经济立法的历史划分为四个阶段。

一、20世纪30年代经济大危机之前的虚拟经济立法

这一阶段是虚拟经济从萌芽到初步发展的阶段,虚拟经济立法也经历了从无到有的过程。在这一阶段,与其他市场的发展一样,虚拟经济经历了完全自由的发展过程。那时,虚拟经济发展程度不高,人们对公权和私权进行了严格的区分,一切交易都建立在双方平等、自主、自愿的基础上,人们总是尽可能地排除公权力介入或干预市场,意思自治贯穿于整个市场的运行过程。

---

① 亚当·斯密:《国民财富的性质和原因的研究》,郭大力、王亚南译,商务印书馆,2008,第1页。

② 关于虚拟经济发展阶段的划分,学者们做了一些探索。有的学者认为虚拟经济的发展大体分为5个阶段:闲置货币的资本化、生息资本的社会化、有价证券的市场化、金融市场的国际化、国际金融的集成化。(参见成思危主编:《虚拟经济概览》,科学出版社,2016,第5—8页)也有学者认为虚拟经济的发展经历了4个阶段:虚拟经济的萌芽阶段、虚拟经济发展的初级阶段、虚拟经济发展的扩张阶段、虚拟经济加速膨胀阶段。(参见李多全:《虚拟经济基本问题研究》,经济日报出版社,2015,第58—61页)还有学者根据虚拟资本存在的形式、规模、结构层次、国际化水平和国家政策取向的演变,把虚拟经济的发展分为5个阶段:虚拟经济的萌芽阶段、虚拟经济的市场化发展阶段、虚拟经济的规范化发展阶段、虚拟经济的创新发展阶段、虚拟经济的国际化发展阶段。(参见邵燕:《虚拟经济与中国资本市场的发展》,中国市场出版社,2006,第33—50页)本文对虚拟经济立法历史阶段的划分,在参考学者们关于虚拟经济发展阶段划分的基础上,主要根据不同时期国家政策取向和立法情况为依据进行划分。

(一)本阶段虚拟经济发展情况

"虚拟经济是指在股票、债券、期货和金融衍生品等交易活动中而产生的一种经济形态"。① 一般认为,虚拟经济是与实体经济(real economy)相对的概念,例如,有学者认为,虚拟经济是与实体经济相对应而在经济系统中存在的经济活动模式(包括结构及其演化),实体经济是经济中的硬件,虚拟经济是经济中的软件,它们是相互依存的。② 还有学者认为,所谓虚拟经济就是金融领域中以谋取差价为目的的金融投机活动,但不包括为实体经济提供融资和风险分担等金融服务。③ 需要注意的是,尽管虚拟经济与金融是密切相关的,但是,这两者并不能等同。从历史的角度来看,在人类社会的早期阶段,金融的基本要素就已经客观存在。但是,我们一般不能说人类社会的早期就存在虚拟经济。虚拟经济是与货币、价值评估形式和体系紧密联系的。在商品经济发展的早期阶段,作为固定充当一般等价物以实现商品交换的货币,它的主要职能体现在价值尺度、流通手段和支付工具等方面。随着经济的发展,人们对货币的需求,不仅仅满足于充当一般等价物,而产生了资金借贷的需要。资金需求者向资金提供者支付对应的利息,货币本身就产生了收益。由此,货币实现了从完全金属货币向价值符号的转变,而且在功能上具有了资本的性质,变成了借贷资本。随着借贷资本规模的逐渐扩大,银行信用以及股票、债券等有价证券也随之产生。可以说,以虚拟资本为核心的虚拟经济体系的萌芽过程实际上就是各种有价证券的产生过程。④

早在 16 世纪,荷兰和意大利等国开始出现汇票并在一定范围内得到使

---

① 胡光志:《虚拟经济及其法律制度研究》,北京大学出版社,2007,第 1 页。
② 成思危:《虚拟经济探微》,《管理评论》2005 年第 1 期,第 4—7 页。
③ 高鑫:《虚拟经济视角下的金融危机研究》,人民出版社,2015,第 90 页。
④ 付强:《虚拟经济论》,中国财政经济出版社,2002,第 19 页。

用,逐渐发展成为可转让的信用工具。随着经济的发展、贸易往来的频繁,汇票、支票、本票等金融工具和方法,先后在荷兰、意大利、英国、德国等地广泛地运用起来。17世纪前后,欧洲国家的商业银行以商业票据和黄金为担保,在商业票据流通的基础上,发行了具备流通属性的银行券。随后,资本主义银行券的发行逐渐由私人银行改由中央银行或其指定的银行发行。在此过程中,伴随着企业组织制度的改变,股票等虚拟资本开始出现。15世纪,最早的股份公司首先在意大利出现,当时是发行可转让股票的合伙组织。再往后,股份公司逐渐在英国和荷兰出现。不过,这时的股票仅限于一次航海,冒险完成之后偿还本息。17世纪以后,公司股本被看作公司持有的长期性资金,随着有限责任的股份公司在英国的形成,出现了现代意义上的股票。

证券市场的另一个重要组成部分——债券市场开始形成。从世界范围来看,债券市场的逐渐形成和发展基本是以发行政府债券为起点的。正如马克思在《资本论》所阐述的:"公共信用制度,即国债制度,在中世纪的热那亚和威尼斯就已产生,到工场手工业时期流行于整个欧洲。"①中世纪欧洲的政府债券市场由于发行市场和流通市场都不发达,债券市场整体仅仅处在开始形成的阶段。17世纪后期,一批政府债券在荷兰的阿姆斯特丹交易中心公开发行。到18世纪后半期,英国和法国在资本主义生产和对外贸易方面迅速发展、逐渐积累,债券市场也随之发展起来。在此过程中,欧洲的公债市场中心也由荷兰向伦敦和巴黎转移,英国和法国成为新的世界经济和金融中心。在美国,为了支付巨额的战争经费,从独立战争时期开始,政府就发行了各种各样的临时性债券和中长期债券。总的来说,这一时期公债的规模不大,主要是应付战争或其他特殊情况之需。随着公司企业规模的

---

① 中共中央马克思恩格斯列宁斯大林著作编译局:《马克思恩格斯文集(第五卷)》,人民出版社,2009,第864页。

扩大,同时促进了企业债券发展速度的提升。①

随着股票、债券等有价证券的大量发行,虚拟资本缺少流动性的问题暴露出来,当时的流通机制和场所设置都无法满足虚拟资本发展壮大的需求。在这样的背景下,逐渐产生了便于进行虚拟资本交易的场所以及相应的交易规则,如股票市场、货币市场、债券市场等。16 世纪,证券交易所开始在安特卫普、里昂等地出现,当时交易的对象主要是政府债券。1602 年,世界范围内第一个股票交易所在荷兰的阿姆斯特丹出现。一百多年以后,英国的第一个股票交易所在伦敦柴思胡同的约纳森咖啡馆建立,并于 1802 年得到英国政府的官方认可。在美国,证券发行之初也没有集中的证券交易场所,证券交易大都在咖啡馆或者拍卖行进行。1790 年,美国的第一家证券交易所——费城证券交易所成立。到 1817 年,世界著名的纽约证券交易所也正式成立。作为美国虚拟经济交易的中心,纽约证券交易所的场内交易非常活跃,从最初的金融股票到铁路股票、运输股票等金融证券都开始在市场中进行交易。② 在股市、债市大规模发展的基础上,1898 年,出现了农产品的期货交易方式,随后逐渐扩大到有色金属、石油等工业原材料。

这一时期,资本主义的生产力获得了巨大的发展。以世界工业发展指数为例,以 1913 年世界工业发展指数 100 为准,1850 年为 9,1860 年为 13,1870 年为 20,1880 年为 27,1890 年为 41,1900 年为 59。据此分析,1850—1870 年的 20 年中,世界工业生产增加 1 倍多,而 1870—1900 年的 30 年内,世界工业生产就增加了将近 2 倍,③工业发展速度大大加快。同时,机器大工业,尤其是对股份资本特别倚重的重化工业的发展,也为虚拟资本的发展提供了巨大的市场,创造了良好的条件。以英国为例,1901—1910 年建立的股份公司有 50 000 家,1911—1920 年建立了 40 000 家,1921—1930 年建立

---

① 付强:《虚拟经济论》,中国财政经济出版社,2002,第 21—22 页。

② 陈共等主编:《证券与证券市场》,中国人民大学出版社,1996,第 129—135 页。

③ 吴于廑、齐世荣主编:《世界史·近代史篇(下卷)》,2 版,高等教育出版社,2001,第 238 页。

了 86 000 家。股份公司数量的增加，也逐渐提升了股份公司对社会总体资本的控制程度，在英国这一比例就达到了 90%。从世界整体情况来看，1921—1930 年，全世界有价证券发行总额比前 10 年增加了近 5 倍，达到 6 000 亿法国法郎。同时，有价证券的内部构成也发生了显著变化，公司股票和企业债券取代政府债券在有价证券中占据了主要地位。其中，政府债券占公开发行额的 40%，而公司股票和企业债券则占 60%。到 1929 年，股票市值在国家经济中所占的比重在大多数经济发达的资本主义国家都达到了历史的最高水平（英国为 154%，美国为 193%），令人难以想象的是，直到 20 世纪末这个高度才被超越（1997 年美国为 197%）。

伴随虚拟资本产生和发展的是投机和泡沫。"这种证券的市场价值部分地有投机的性质，因为它不是由现实的收入决定的，而是由预期得到的、预先计算的收入决定的。"①18 世纪初，英、法两国分别出现了著名的"南海泡沫"②和"密西西比泡沫"③，它们都是由对相关公司股票的过度投机而形成的。泡沫的形成和发展虽然在一定时期促进了虚拟经济的发展，但它的破灭却在更长的时期内严重影响了虚拟经济的发展。比如，南海泡沫的崩溃使伦敦和英国的经济生活明显地衰退下去。在之后的一个多世纪，英国明确规定不得设立股份公司。由此产生的影响是十分严重的，它导致英国

---

① 马克思：《资本论（第三卷）》，郭大力、王亚楠译，人民出版社，1975，第 530 页。

② "南海泡沫"：1720 年，南海公司向英国政府提出以南海股票换取国债的计划，促使南海公司股票大受追捧，股价由 1720 年年初每股约 120 英镑急升至同年 7 月的每股 1 000 英镑以上，全民疯狂炒股。与此同时，市场上出现了不少"泡沫公司"混水摸鱼，试图趁南海股价上升的同时分一杯羹。后来，随着"泡沫公司"的解散，炒股热潮随之减退，并连带触发南海公司股价急挫，至 1720 年 12 月暴跌至每股 124 英镑，不少人血本无归，股票泡沫破灭。（参见张健：《近代西欧历史上的泡沫事件及其经济影响》，《世界经济与政治论坛》2010 年第 4 期，第 106—107 页）

③ "密西西比泡沫"：1715 年前后，法国政府为了解决财政危机，接受了学者约翰·劳的建议，设立密西西比公司，通过发行股票的方式筹集资金，偿还政府债务。股票的高额回报率引起了市场疯狂的投机，当疯狂开始落幕的时候，整个法国陷入了混乱。这就是著名的"密西西比泡沫事件"。（参见艾米·法伯、蒋敏杰：《历史的回响：密西西比泡沫》，《金融市场研究》2013 年第 7 期，第 60—61 页）

在长达 20 年的时间里没能成为欧洲的领袖。[1] 19 世纪的最后 30 年,资本主义世界分别在 1873 年、1882 年、1890 年、1900 年爆发了 4 次世界性经济危机,每一次经济危机都突出地表现为股票价格的暴跌。

（二）本阶段虚拟经济立法概况及其特点

如前所述,本阶段是虚拟经济从萌芽至初步发展的阶段,国家关于虚拟经济的立法尚处于摸索阶段。加之,20 世纪 30 年代以前,古典主义的自由经济理论一直占据着主流地位。自由主义的核心就是要求政府采取不干涉主义和自由放任的经济原则,反对国家干预经济活动。这一时期的政府也表现出对经济的放任,以致于有些学者称这一时期的政府是"夜幕下的政府"。[2] 相应地,多数发达国家对虚拟经济的发展也奉行自由放任的政策,专门用以规范虚拟经济的法律法规还很少,更多地依靠行业习惯自律管理。

在银行立法方面,早期银行的运行靠的不是法律,而是源自于民间的信用和习惯。有人描述这一时期的制度供给状况,"在货币和信用发展过程中,在货币兑换、货币收支、货币借贷等活动中形成了一定的规则,这些规则起初表现为习惯。这些习惯为大家所公认,共同遵守,具有普遍的约束力"。[3] 随着银行业的进一步发展,传统的习惯已经不能满足现实经济生活的需要。在此背景下,现代银行立法终于走上了历史舞台。一般认为,1844年,英国国会通过的由首相皮尔提出的《英格兰银行条例》（又称《皮尔条例》）是世界上第一部银行法。[4] 从此各国纷纷效仿,银行立法如雨后春笋,

---

① 张健:《近代西欧历史上的泡沫事件及其经济影响》,《世界经济与政治论坛》2010 年第 4 期,第 107页。

② 王霄燕:《规制与调控:五国经济法历史研究》,新华出版社,2007,第 1 页。

③ 朱崇实主编:《金融法教程》,法律出版社,2005,第 2 页。

④ 《英格兰银行条例》的诞生距该银行的成立(1694 年)已有 150 年的历史,距世界上第一家银行——1711 年成立的威尼斯银行更有 670 多年的历史。银行法的产生与银行机构出现的非同步性,说明早期的金融是被视为与一般商业活动无异,无需制定专门的法律予以规范。(参见吕琰、林安民:《金融法基本原理与实务》,复旦大学出版社,2010,第 22 页)

汇成了现代银行立法的新潮流。日本政府于1882年6月颁布了《日本银行条例》。随后，在同年的10月，日本的中央银行——日本银行正式营业。中央银行的建立是现代银行制度在日本确立的重要标志，从此将各银行券的分散发行集中到中央银行统一进行。美国早期是典型的自由银行制度[1]，当时没有统一的联邦立法，超过一半的州制定了自由银行立法，实行银行业自由进入。在针对商业银行具体经营活动方面，联邦政府层面没有任何形式的监督和管理，除了对商业银行实行必要的管理，各州政府也没有对各个银行进行严密的监管。后来，参差不齐的银行管理体系中发生了因资产不够或经营困难而无法及时承兑银行券的情况，银行挤兑和破产事件逐渐增多，很多的银行丑事也接踵而来，这类银行体系混乱给社会经济秩序造成了极大的伤害。1863年，美国国会通过了《国民货币法》，1864年，加以修订并改名为《国民银行法》，旨在建立统一的国民银行体系以取代经营分散的各州银行，从法律上确立美国联邦政府对银行业监督和管理的权威。1913年，伍德罗·威尔逊总统签署了《联邦储备法》(*The Federal Reserve Act*)，这是美国第一部中央银行法。依据该法，美国建立起具有中央银行性质的联邦储备系统。

　　证券市场是虚拟经济的核心，证券立法自然成为虚拟经济立法进程中的主旋律。然而，证券市场在开始时大多以自律为主，政府部门很少介入，对证券发行者不作资格审查。任何一个公司，不论其资产多少，信用如何都可以发行债券、股票。同样，证券交易所也是以自律为主，赖以运行的规则往往是"君子协定""约定俗成"。比如，纽约证券交易所的成立仅以下列3条原则为基础："只搞相互交易，一律排除外人，服务按规定价格收费。"[2]立法的匮乏，以及由此产生的管理薄弱，往往导致证券市场混乱不堪，诈骗事

---

[1]　自由银行制度中的"自由"是指自由进入和退出银行业。

[2]　张寿民：《外国经济法制史》，华东理工大学出版社，1996，第168页。

件层出不穷。"南海泡沫"事件后,英国议会于 1720 年通过了著名的《泡沫法案》。按照该项法案,发行股票的非公司类企业必须以合伙的方式运行,这就意味着公司的所有者要负无限责任;此外,单个所有人不得擅自转卖该种股票,公司的日常经营也受到一定的限制。《泡沫法案》的理论思想是通过规定股票发行者的身份,使其承担无限责任,增加发行者的风险,避免恶意的商业行为,最终达到稳定证券市场,避免金融危机的目的。有学者认为,《泡沫法案》标志着世界金融史上政府实施金融监管的正式开始。[1] 1773年,英国又通过旨在防止投机者恶意炒作的《禁止无耻买卖股票恶习条例》,以避免认股人进行虚假宣传,从而对未经特许的交易加以严惩。[2] 美国股票商于 1792 年在华尔街一棵梧桐树下聚会,订立了"梧桐树协定",规定了股票交易条款。[3] 不过,这个协定并不是国家的立法,本质上还是一种非正规约束,是诱致性制度变迁的一种典型表现。美国随后产生了以州法为主的证券立法,例如,1852 年,马萨诸塞州立法对公用事业发行证券加以限制;1879 年的加利福尼亚州宪法,也有关于证券的内容。为了保护投资者的利益以及防止欺诈,1911 年,美国堪萨斯州首先通过《股票买卖控制法》[又称《蓝天法》(Blue Sky Laws)],规定公司发行股票、债券等有价证券时,必须向公众充分披露相关的信息。该法被公认为最早以成文法律的形式对证券监管作出规定。之后,引起了其他各州的效仿,分别制定了类似的法律。1910—1933 年,除了内华达州,所有州都采用了《蓝天法》。[4] 然而,各州所制定的证券法内容并不完全相同,例如,有些州要求在发行新证券之前需要许可证,有些州的法规只涉及反欺诈条款。正是由于差异的存在,证券发行者得以逃避证券法律的监管,进而导致证券欺诈活动不能得到有效的管控。

① 白钦先:《20 世纪金融监管理论与实践的回顾和展望》,《城市金融论坛》2000 年第 5 期,第 10 页。

② 白钦先主编:《发达国家金融监管比较研究》,中国金融出版社,2005,第 2 页。

③ 宁晨新、刘俊海:《规范的证券市场》,贵州人民出版社,1995,第 15 页。

④ 杰瑞·马克汉姆:《美国金融史(第二卷)》,中国金融出版社,2018,第 62 页。

在期货立法方面,美国在期货交易刚产生的 50 多年里,是没有国家立法进行调控的,期货交易的运作都是依靠期货交易所制定的自律性管理规则来调整。随着经济的发展,期货市场中的自律规则已不能制约复杂的期货交易和控制其中的风险,于是美国政府于 1921 年颁布了第一个期货交易条例——《1921 期货交易条例》。条例规定,期货交易只能在期货交易所内进行,否则就征税。但最高法院认为,该条例滥用了政府的征税权,于是依据违宪审查权,宣布取消该法。1922 年,美国国会颁布了《谷物期货法》,赋予了期货交易所正式的法律地位。"从美国期货市场法律制度的形成和发展的情况看,基本上是先有期货交易所制定的管理制度,而后才有国家制定的法规"。①

总体来看,这一时期虽然有关于银行、证券、期货等虚拟经济的立法,但由于这一时期自由主义经济理论占统治地位,国家对经济实行放任主义的政策,加之在法律制度规范之前必然有一段市场自发调节的阶段,其结果是,资本主义国家的经济关系更多地依靠行业习惯自发调节②,国家立法数量少、不系统、不成熟,亦没有形成专门的监督管理体系。大危机之前的一段时间里,西方国家普遍存在证券发行过多、交易不规范、无法可依的局面。既没有基本的关于证券发行和证券交易的立法,也没有设立专门的监督管理机构。银行、证券、信托、保险等金融行业实行混业经营,其运行主要依靠行业自律来维持。由于行业自律有很大的局限性,不能对证券市场交易者产生足够的约束,造成市场投机过多,使市场风险不断增大。"从 1922 年到 1928 年夏末,纽约证券交易所经历了一场振奋人心的大牛市;1925—1928 年,股票价格上涨超过 200%"③,这种情况一直持续到 1929 年的股市大崩

① 朱宏传:《美国期货市场法律制度的启示》,《上海综合经济》1995 年 S2 期,第 11—12 页。
② 这也不足为奇,因为法律制度常常是应市场发展的现实需要而产生的,在法律制度规范之前必然有一段市场自发调节阶段。
③ 斯坦利·布德尔:《变化中的资本主义:美国商业发展史》,郭军译,中信出版社,2013,第 243 页。

盘。1929 年 10 月 24 日（"黑色星期四"，Black Thursday），在历经 10 年的大牛市后，美国金融市场崩溃，股票一夜之间从顶巅跌入深渊。股指从最高的 363 点跌至 1932 年 7 月的 40.56 点，最高跌幅超过 90%。[①] 实际上，美国股市在"黑色星期四"到来的前一个月就经历了价格的缓慢下跌，只是这种现象没有得到政府、市场等层面的重视。当全面下跌来临，政府与市场的应对能力更加显得捉襟见肘。伴随股市暴跌的是大量银行破产，金融危机爆发，并最终导致全球经济危机。惨痛的教训使各国政府开始认识到政府干预虚拟经济的必要性，从而推动虚拟经济进入了一个以政府实施严格监管为主要特点的新的历史发展阶段。

二、从大危机到 20 世纪 70 年代初的虚拟经济立法

1929—1933 年的经济衰退在改变很多人命运的同时，也深刻地改变了人们对经济运行的观点和看法。20 世纪 30 年代以后，理论界开始认识到传统经济理论中"看不见的手"的无所不能的调节不过是一个神话。凯恩斯主义的新经济学开始逐步占据主流经济学的地位，政府开始对经济进行系统的干预。从大危机到 20 世纪 70 年代初，多数发达国家政府对金融市场进行了系统的、严格的管制。

（一）本阶段虚拟经济发展情况

1929 年 10 月，以美国股票价格的猛跌为开端，爆发了资本主义世界最为严重的经济危机。实体经济增长放缓，大量资金进入证券市场和房地产市场，整个金融市场充斥着狂热的投机热情。以美国 1923—1929 年的数据来看，在贷款业务、有价证券发行、股票价格等方面，都出现了大幅度的增长。其中，贷款业务增长了 37%，有价证券发行和股票价格更是提升了 1.5 ～

---

① 何龙斌：《当前美国金融危机与 1929 年金融危机的比较》，《科学与社会》2009 年第 4 期，第 5—6 页。

2 倍。与之形成鲜明对比的是,同期的工业生产仅增长了18%。经济危机的
爆发,引发了货币信用的紧缩,一系列连锁反应随之而来。美国股市市值从
1929 年的896 亿美元跌至1932 年的156 亿美元,740 亿美元从股市蒸发,跌
幅高达82.5%。[①] 在经济直线下跌的同时,银行的数量也从2.5 万家降至
1.4 万家(下降了40%),银行系统的货币规模也缩减至危机爆发之前
的2/3。[②] 金融界步履蹒跚,许多银行在非休假时间连日或连周地关闭。存
款者对银行系统失去信心而开始提现,银行由于多米诺效应接二连三地倒
闭,使他们的储蓄存款遭受了损失。经济危机迅速从美国蔓延至欧洲大陆,
奥地利和德国最先遭到影响。1931 年5 月,奥地利的信用金融机构宣布破
产,随即影响到当时已经出现严重国际支付困境的德国。1930 年12 月—
1931 年7 月,有超过21 亿马克的外国资本从德国撤出。德国的黄金贮备也
从23.9 亿马克急剧下降为13.6 亿马克,黄金贮备占货币发行额的比例低于
5%。大型金融机构也陆续破产、倒闭,由之前的9 家减少为4 家。德国政府
别无选择,只能采取终止支付外债,禁止任意出口黄金,并严格执行外汇监
管等措施来摆脱困境。不久之后,英国也陷入了严重的货币信用困境。在
短短的两个月,世界各国在伦敦的储蓄有一半被提走了。到1931 年,由于
黄金的大量外流,英国政府放弃了实行多年的金块本位制,强化对外汇的监
管,并建立了英镑集团来巩固其在金融方面对自治领地和殖民地的控制。
除此之外,在这次经济危机中,仅拒绝偿付外债或延期偿付外债的国家就有
二十几个,这是过去经济危机发生时从未有过的现象。危机同样给实体经
济带来困境,在1929—1933 年4 年间,美国国民生产总值下降了40%,失业
率攀升至24.9%。国民经济的每个部门几乎都受到了损失,不少于13 万家
企业倒闭,汽车产业更是下降了95%。至20 世纪30 年代初期,工业总产量

① 胡光志等:《中国预防与遏制金融危机对策研究》,重庆大学出版社,2012,第24 页。
② 艾伦·加特:《管制、放松与重新管制》,陈雨露等译,经济科学出版社,1999,第20 页。

以及国民收益等均大幅度下滑,产品批发价更是跌去 1/3,而商品贸易以及失业人口更是双双降低了 2/3 和 1/4。半数左右的家庭核心劳动力失去了工作以及收入骤降,数万工人无以为继,1/3 的人口衣食存在问题。10 年的"经济大萧条",使得美国经济几乎未有任何起色,1939 年,美国的国民生产总值较 10 年前攀升还不到 0.1 个百分点。在经济大萧条的背景下,全球贸易往来也急剧下滑,从 1929 年的 686 亿美元进一步降低至 1930 年的 556 亿美元,此后的 1931—1933 年更是持续下滑,分别为 397 亿美元、269 亿美元以及 242 亿美元。

大危机之后,西方国家金融市场的发展出现了一个明显的转变,金融机构分业经营发展成为主流,多数西方国家期望通过分业经营将各金融市场的风险隔离开来,降低整个金融市场的风险。从金融制度演进的初始状态来看,早期的金融机构很少一开始就是专业化的,多数采取了混业经营的形式。典型的金融混业其本质即金融业的内部分工以及协作联系。[①] 金融业作用的发挥主要通过金融工具来实现,结合金融工具的特殊性,金融业大致可划定为多个子行业,包括基金、银行以及证券,等等。形态各异的金融工具之间能够实现近乎趋同的金融功能,所以,金融业中的各个子行业于功能方面存在重叠的地方。也正是基于金融业自身的这一行业特点,形成了分业和混业两种经营模式。和混业经营不同的是,分业经营更加强调各种金融工具的不同,严格区分银行业、保险业、证券业等各自的经营范围。基于该模式,法律严禁银行同证券业务混合,单个金融单位不可以同时开展两类业务。以美国为例,20 世纪 30 年代之前,该国金融服务主要借助于全能银行实现,是典型的混业经营模式。[②] 即使 1913 年美联储成立,其商业银行的

---

① 杨薇:《浅析中国金融经营模式的发展趋势:从美国金融经营模式的转变看中国金融业走向》,《当代经济》2006 年第 14 期,第 90 页。

② 同上。

微观行为也基本不受管制,可以自由从事债券、股票的承销以及二级证券市场的投资活动。然而,也正是由于商业银行在证券市场的狂热,美国1929—1933年爆发了大危机。美国政府将金融秩序混乱归咎于商业银行与投资银行的交叉经营,于是从1933年开始,美国确立了分业经营制度格局。[①] 除此之外,在本次危机中暴露出证券行业的诸多不规范,例如,在1933年晚冬持续9天的派克若(Peara,给参议院银行业委员会建议)听证会中,包括最大银行以及投资单位的管理层均默认了这种不良行径,自疏忽至暴行,自大力宣传至扰乱股市,自缺少质量方面的管控至数据的不对称公开,自生产债券至内幕交易,自显著的欺诈至利益矛盾,这一切深深震撼了"社会良知"。自此,对证券市场的规范,也成为虚拟经济领域新的特点。

(二)本阶段虚拟经济立法概况及其特点

"从1929年股市崩盘到1933年银行业危机,自由资本主义一直是法律和经济学中盛行的正统观点,金融市场基本上不受监管,甚至在经济衰退时期,刺激经济活动也不被视为政府的责任"。[②] 1929—1933年的大危机使人们充分认识到金融动荡和危机(其中虚拟经济的危机是一个重要方面)对经济造成的巨大破坏,引发世界范围内理论研究与制度实践的多维反思。其中,凯恩斯主义内嵌的政府干预思想,以及金融监管与货币政策调控的重要性无疑是此次危机的制度财富。大危机以后,以美国为代表的资本主义国家痛定思痛,告别传统的自由放任路径,决定以法律形式加强对金融市场的干预和控制。

"由于美国的法治传统,国家调节经济的职能活动必须有法律授权、得

---

① 薛海舟、赵薇:《中美金融业经营和监管体制的比较分析及启示:以金融危机和资产证券化为视角》,《宏观经济研究》2014年第2期,第131—136页。

② Timothy A. Canova, "Financial Market Failure as a Crisis in the Rule of Law: From Market Fundamentalism to a New Keynesian Regulatory Model", 3 Harv. L. & Pol'y Rev. 2009:369.

到法律的保障并受到法律的约束(规制),所以新政主要是通过颁布和实施大量经济法来实现的"。① 在银行法方面,美国在这一时期通过立法推行了一系列重大改革,以《格拉斯—斯蒂格尔法》(*Glass-Steagall Act*,以其核心发起人卡特·格拉斯议员来命名)为代表,进入了对银行业实行全面管制的时期。"经济大萧条"时期,股市暴跌引发银行业危机的爆发,罗斯福通过出台《紧急银行救济法》(*Emergency Banking Relief Act*),决定在短时间内停止全国金融业务开展,以缓解国内银行前赴后继的倒闭潮。根据法案要求,全国范围内通过整顿金融商品交易、核查银行业发展基本情况,收紧银行运营的牌照管理,并通过授权复兴金融公司与联储银行对国内银行进行专项临时救济扶持。《紧急银行救济法》从本质上将原有自由放任的银行体系暂时收归垄断,对整顿银行业秩序起到关键作用。但是,从效果上看,《紧急银行救济法》仅仅是一个临时性的救济对策,罗斯福新政期间更为彻底的金融业变革仍属《格拉斯—斯蒂格尔法》与《1935 年银行法案》的出台实施。《格拉斯—斯蒂格尔法》是在"经济大萧条"、银行大量破产以及公众对美国的经济、金融和政治体制极度失望的背景下颁布的,被看作美国对银行业实行全面管制的标志。该法核心内容涵盖下述几个层面:第一,投资银行与商业银行彼此分隔,实现分业经营。彼时的人们大多觉得,也正是基于商业银行与投资银行没有分开,公众的存款被用于股市投机而导致了大危机。因此,《格拉斯—斯蒂格尔法》将吸收存款和贷款(商业银行业务)从承销和担当交易人和市场设计人的业务(投资银行业务)中剥离出来,把银行业务分成两个方面,商业和投资两类业务银行只可以二选其一。这之中,证券企业不再开展存款业务或是设定吸收存款的子单位,此外,还严禁联邦储备系统的

---

① 王红霞:《作为契机的危机:制度变迁视域下的'大萧条'之于经济法》,《政法论坛》2012 年第 5 期,第 167 页。

银行会员以各种形式加入有关证券业务的活动中。① 从这以后,美国金融业步入了长达 66 年的分业经营阶段。第二,建立联邦存款保险制度。该制度借鉴某些州实施存款保险体制的经验,为联邦储备系统的达标会员给予必要的保险支持,同时设定了联邦存款保险公司(Federal Deposit Insurance Corporation,简称 FDIC)实施这一体制。设定这一体制的宗旨是为减轻周期性危机和银行挤提,从而恢复公众对银行系统的信心,让存款者确信即使银行倒闭,其资金也有保障,从而防止银行破产。第三,规范存款利率。该规章严禁对支票用户给付利息,就定期以及储蓄存款给付的利息业务也受到有关条例的约束。此类手段旨在防范银行间在存款方面的恶性竞争。而《1935 年银行法案》在《格拉斯—斯蒂格尔法案》基础上更进一步,将联邦存款保险公司的常设机构地位予以立法固定。除此之外,《1935 年银行法案》对美联储进行系统改造,通过集权与改革成员设置,确立美联储在美国货币政策实施中的关键性地位。在英国,这一时期对金融业的全面管制是以英格兰银行作为中央银行的职能强化为特征的。其表现在,通过 1928 年、1939 年、1954 年《通货与钞票法》,英格兰银行进一步垄断了货币发行的权力;《1946 年英格兰银行法》将英格兰银行收归国有,并对其控制其他银行的权力作出法律规定。这意味着此后英格兰银行对银行与金融体系的控制是依法行事,而不是像过去那样单纯依靠银行家的自愿合作。②

在证券法方面,西方各国制定了一系列有关证券发行、证券交易、投资公司等的法律。在"大萧条"之前,美国对证券市场还没有统一的联邦立法,只有州立法即前文提及的《蓝天法》。1929 年,股市的大崩溃和接踵而来的

---

① 具体规定有:禁止投资银行染指商业银行业务。投资银行在经营证券业务的同时,不准经营支票存款、存单存款、贷款等商业银行业务,只能用自己的资本而不是客户的钱去认购证券。禁止商业银行从事投资业务。任何以吸收存款为主要资金来源的商业银行,一般不能同时经营证券投资等长期性业务;禁止商业银行从事包销股票和债券业务;不准商业银行持有公司股票;商业银行的人员不得在投资银行兼职;商业银行不得设立从事证券业务的分支机构或附属机构。

② 陆泽峰:《金融创新与法律变革》,法律出版社,2000,第 123—124 页。

经济大危机,清楚地表明证券市场存在的问题影响了整个金融体系乃至整体经济的正常运行。因此,罗斯福新政对"大萧条"始作俑者的证券市场进行了大刀阔斧的立法变革,抑制市场投机,恢复市场秩序成为新政变革的主流。在此期间,1933年的《证券法》与1934年的《证券交易法》成为证券市场立法变迁的主要表现形式。美国联邦参议院金融与货币委员会通过研究经济危机与金融调控之间的关系,并多次举行股票交易与证券市场实践听证会,于1933年通过了《证券法》。该法的核心并非规定一种证券要达到何种条件才能上市,而在于要求新证券的发行方须向投资者披露公平、完整和充分的信息,并就违反这一规定将受到的处罚作出了相应规定。恰如美国罗斯福总统给国会的信件中所阐明的"联邦政府不能也不应该采取任何这样的行动,即确认或担保新发行证券信誉良好,价值稳定,或者作为资产将可以盈利。我们的任务只有一个,就是坚持每种在州际新发售的证券必须完全公开信息,并且不允许与发行相关的任何重要信息在公开前遗漏"。①该法规定发行人应对所有材料、事实进行完全的披露,包括披露发行人的财产和业务状况、将要发行证券的主要合同内容及其与发行人其他资本证券的关系、发行人的管理状况、经独立的外部会计师审计的财务声明等信息。它在"传统的买者自负其责之外,进一步要求'卖方也要谨慎',将说出真相的责任放在卖家身上,使之理应做到推动诚实的证券交易,从而恢复公众的信心"。然而,1933年的《证券法》并没有阻止证券市场的欺诈行为和混乱局面。为了防止不公平交易的发生,美国国会于1934年颁布了《证券交易法》,进一步规范了交易所以及场外交易有关行为。详细而言,这一法案要求相关证券、股票发行企业公布反映其经营状况的具体数据,从而帮助广大投资者获得充分信息,以便做出客观、理性的投资选择;避免股票交易期间的欺诈行径,规避投机情况;构建完善的市场管控制度,包括组建交易所、上

---

① 吴志攀、白建军:《海外金融法》,法律出版社,2004,第13页。

市企业均需完成注册、定期公布企业经营数据等；对证券交易所以及从事证券交易的相关人员也作出了行为规范。1934 年的《证券交易法》还创造了独立于行政、立法、司法的"第四部门"①——证券交易委员会（Securities and Exchanges Commission，简称 SEC）。在"法律的制定已被迫成为妥协的产物，司法的管辖权过于宽泛，不能对相对狭窄、特定的经济领域和社会生活保持长时间的兴趣，只有肩负特定职能的专门管理机构，才能有效地管理经济"。② 证券交易委员会负责对全国证券活动进行统一管理，隶属于总统，直接对国会负责，享有极大的权限和极高的权威。1933 年的《证券法》的核心是制约证券发行，即所谓的一级市场。1934 年的《证券交易法》的核心是制约证券交易，即所谓的二级市场。③ 1933 年的《证券法》与 1934 年的《证券交易法》经过不断的修改、完善业，已成为全球证券市场立法的标杆，二者共同构成了美国虚拟经济立法的基础。除此之外，其还陆续颁布一些法规作为两个基本法的补充。例如，1938 年的《曼罗尼法》，将场外交易市场（OTC）纳入了证券交易委员会的监管之中。1940 年的《投资公司法》要求对投资公司进行注册登记，并详细披露基本财务状况，证券交易委员会对其销售行为、资本结构和会计操作进行管制等；1956 年的《统一证券法》促进了美国证券交易法由分立向统一方向的发展。20 世纪 60 年代，证券法修正案对注册登记、财务公开和其他层面的保障性措施等进一步扩展至在柜台交易的证券，强化了监管机构的约束和管理。此后颁布的《威廉姆斯法》可以被看作对 1934 年的《证券交易法》的补充，其中尤其对公开要约、收购等予以了规范。后来通过的《债券投资者保护法》，建立了证券投资者保护公司，继而构建起了针对证券投资者的保护制度；1971 年，《证券业整顿条例》

---

① 庄少绒：《中西方金融法治演进研究》，吉林大学出版社，2009，第 41 页。

② 吴志攀、白建军：《海外金融法》，法律出版社，2004，第 21 页。

③ 胡光志等：《中国预防与遏制金融危机对策研究》，重庆大学出版社，2012，第 84 页。

的推出,旨在进一步规范美国的证券市场秩序,保障投资者的切实利益。

其他资本主义国家也在该时期建立了对证券市场的法律监管和经营制度框架。日本《证券交易法》产生的规律与欧美诸国相似,但背景不同。它的直接起因是该国自 20 世纪 20 年代在经济方面存在的明显问题。1920年,日本出现了经济危机,当年股市崩盘,第二年银行陷入恐慌,至 20 世纪30 年代全国进入大萧条时期,此后,由于该国发动了侵略战争,股市不断下滑。为了稳定股票市场,日本政府于 1937 年设立了日本合作证券公司,以实现对股票市场的及时干预。1943 年,设立日本证券交易所将该国全部的证券交易所统一合并,由此日本的证券交易所基本成为政府的一个机构。战后,日本国会于 1848 年 5 月通过了以美国证券立法为范本的《证券交易法》。日本在 1953 年对《证券交易法》进行了大幅度的修改。其中修改的内容包括:有价证券的募集,卖出申报制度的简便化,强化证券业者的登记要件,对证券交易所恢复许可制,废止公司的董事、监事、经理的股份的持有及变动情况的报告义务等。20 世纪 50 年代,日本经济经历了高速的发展和个人金融资产急剧增加。为了应对证券投资者在证券市场上出现的问题,更加完善证券法律制度,1965 年日本对《证券交易法》作了修改,增加证券业务种类,禁止某些不公平行为等。为了适应企业筹措资金推动了债券多样性、大面积扩展证券流动市场体量以及证券市场国际化的需要,为了适应公司金融以及公司收买的新发展,1971 年,日本再次对《证券交易法》作出修改,进一步健全证券法律制度。有学者认为,就政府管制的程度而言,日本是最为全面和严格的。① 英国被视作自律监管最为典型的国家,其尤为强调企业的自我管控、自我约束。但在 1929 年大危机后,英国政府针对股票初级市场和内幕交易等方面,制定了一系列法令来加强对证券市场的管制。具体体现在 1948 年颁布的《公司法》、1958 年的《防止诈骗条例》、1963 年的

---

① 陆泽峰:《金融创新与法律变革》,法律出版社,2000,第 133 页。

《股票转移法》、1973 年的《公正交易法》、1976 年的《限制性交易实践法》等。

　　总体来看,鉴于大危机的经验教训,这一时期以美国为代表的资本主义国家的金融市场发展进入了一个新的阶段,即由自由放任转变为国家的全面干预。其中,最集中的表现在以法律形式加强对金融市场的干预和控制。这一时期关于虚拟经济的立法越来越多、越来越完善,各个国家逐渐把相关法制建设作为一个自觉的、长期的任务。一系列立法的相继出台,其根本宗旨只有两个字——安全,①在此基础上形成了着重以保护投资者利益和防止证券欺诈为宗旨,以信息披露为基本原则和立法基点,强化中央银行职能,金融分业经营的格局;并开始形成了比较系统和完善的金融市场监督管理体系。正是由于此阶段政府对虚拟经济领域的全面管制,一定程度上缓解了自由市场不足导致的经济危机问题。资本主义经济经历了 20 世纪五六十年代这一历史上持续时间最长、经济增长速度最高的繁荣时期。

三、20 世纪 70 年代末至 2008 年全球金融危机之前的虚拟经济立法

　　20 世纪 70 年代末,发达国家进入了经济增长缓慢、失业率上升、通货膨胀居高不下的经济滞胀阶段。面对这一情况,凯恩斯的国家干预主义束手无策,新自由主义在此背景下逐渐兴起,主要发达资本主义国家在经济政策上纷纷重新走上了自由化的道路,包括金融自由化。

（一）本阶段虚拟经济发展情况

　　1973 年爆发的经济危机和布雷顿森林体系的解体为虚拟经济的发展创造了新的契机。在这次危机中,股票价格也不例外地经历了暴跌。1973 年12 月上旬,纽约道·琼斯 30 种工业股票平均价格指数比 1973 年 1 月危机

---

① 　马明宇:《美国银行监管法制的几个特色》,《国际金融研究》2003 年第 12 期,第 69 页。

前最高点下跌近一半,股票价格下跌总额达5 000亿美元。英国股票市场的价格跌幅甚至超过了20世纪30年代大危机时代的跌幅。经过这次经济危机及随后的经济滞胀,众多经济学家认为政府对金融市场的严格管制造成了金融压抑,理论界和实业界强烈呼吁放松金融管制。以英国和美国为首的资本主义国家率先开始放松对金融市场的管制。

自由化是虚拟经济发展最好的温床。[①] 在金融自由化的浪潮下,金融创新风起云涌,出现了各式各样的新形式,其中最主要的是金融衍生工具、资产证券化证券和证券投资基金。

1. 金融衍生工具

20世纪70年代以来,随着布雷森林体系的崩盘,政府逐渐放松了对金融业的管制,再加上行业内日趋激烈的竞争,金融企业为了提升收益、规避管制、降低市场风险,推出了各式各样的金融衍生品。从金融衍生产品的交易对象来看,如果说指向商品的远期、期货、期权等衍生品只是交易对象的第一步虚拟化的话,那么指向证券的金融衍生产品,则是作为权益持有凭证证券的再次虚拟化。[②]

2. 资产证券化

资产证券化最早表现为房屋抵押贷款的证券化,于20世纪70年代在美国出现。20世纪80年代开始,资产证券化的基础资产从住房抵押贷款扩展至其他实际资产和金融资产,如汽车贷款、信用卡贷款、商业资产等,还进一步扩展到了各种有保障的收入流和现金流。[③] 为了与抵押担保证券相区别,这些由资产担保的证券被称为资产担保证券(Asset-Backed Securities,ABS)。资产证券化是间接融资的直接化,它打通了间接融资与直接融资的

---

① 邵燕:《虚拟经济与中国资本市场的发展》,中国市场出版社,2006,第39页。
② 李多全:《虚拟经济基本问题研究》,中共中央党校博士论文,2003,第39页。
③ 刘骏民:《从虚拟资本到虚拟经济》,山东人民出版社,1998,第4页。

通道,加速了金融体系从银行本位向证券市场本位的转化,也就是说,资产证券化在客观上大大促进了虚拟经济的发展。

3. 证券投资基金

基本的证券投资基金形式包括共同基金(或称开放式基金)和封闭式基金。它们本身是以投资于有价证券为主要目标的资金信托组织,同时构成基金整体的基金单位又可以作为类似于有价证券的一种形式在证券市场上得以转让流通。[①] 这种流通的基金单位本身是没有价值的,其交换价值是它所购买的有价证券带来收益的资本化。从这个意义上来说,证券投资基金也是一种虚拟资本。

进入 20 世纪 90 年代,围绕电脑、互联网等为核心的数据化革命转变了世界经济、政治以及社会架构的形式。金融行业和信息革命高度融合,交易效率大大提升、成本明显降低,资本运动更为活跃,使虚拟经济加速发展,规模不断膨胀。来自债券市场的数据显示,20 世纪 90 年代债券总规模达到 1 万亿美元,至 2005 年已达到 58.95 万亿美元,15 年间整个的市场体量翻了一番不止,年均增幅更是达到 7.5 个百分点。结合股市分析,20 世纪末期,全球股市更是一度高于全球 GDP 的总和,之后,由于新经济溃败出现大面积的缩水情况。2003 年,全球步入新一阶段的增长时期,股票市场高速扩张。美国次贷危机出现前期,2006 年的世界股市总规模就达到了 50 万亿美元,创下新高。[②] 在此当中,最为突出的是全球衍生品市场的突飞猛进。1998 年,全球衍生品名义价值(衍生品对应的基础资产的金额)存量为 80.3 万亿美元,总市值(衍生品交易的实际市场价值)为 3.23 万亿美元。而到 2007 年年底,全球衍生品名义价值为 630 万亿美元,其中场外交易是衍生品交易的主体,规模大约为 600 万亿美元,占全部衍生品交易的 95% 以上。到

---

① 付强:《虚拟经济论》,中国财政经济出版社,2002,第 34 页。
② 朱民:《改变未来的金融危机》,中国金融出版社,2009,第 191 页。

2008 年上半年,全球衍生品的名义价值进一步增加到 766 万亿美元。[①] 金融衍生品市场体量攀升速率远远高于国民经济和其他金融资产等的攀升速率,使资产价值加速虚拟化甚至"泡沫化"。据统计,2000 年年底,全球虚拟经济的规模达到 160 万亿美元,而当年各国国民生产总值的总和只有 30 万亿美元,换言之,虚拟经济的规模相当于实体经济的 5 倍。[②]

以美国为例,1990 年,美国金融业产值占国内生产总值的比重达 18%,首次超过制造业;2003 年,这一比重升至 20.4%。至 2007 年次贷危机发生前,美国股市总市值超过 GDP 总量,市净率达 2.5 倍,居民房地产总价值占 GDP 的 130%,金融机构杠杆负债比例也达到 GDP 的 130%,华尔街金融服务业的产值占全美 GDP 的近 40%,[③]美国 80% 以上的国民生产总值均来源于以金融投资为主的服务贸易。可以说,金融业已经成为美国最大的产业。对此,有学者指出:"对美国 GDP 贡献最大的行业已经不再是制造业,而是金融、房地产服务业(不包括住宅建筑业),它已经替代制造业成为美国的核心经济。"[④]"这种实体经济下降和虚拟经济无限扩大的情形表明,美国整体经济结构急剧走向超级虚拟化"。[⑤] 美国虚拟资本的爆炸性增长,引领日本、德国等其他国家也越来越重视虚拟资本市场的扩张,随之而来的是整个世界经济虚拟化程度的不断增强。

伴随虚拟经济的进一步发展,其必然的趋势和结果是——虚拟经济全球化。虚拟经济全球化的表现之一是,虚拟资本在国际市场大规模流动。结合全球债券市场分析,1966 年,该市场余额不到 1 亿美元,但之后出现高

---

① 朱民:《改变未来的金融危机》,中国金融出版社,2009,第 191 页。

② 黄范章:《新形势、新挑战、新手段:实现宏观经济政策的国际合作》,《经济导刊》2009 年第 9 期,第 23 页。

③ 王静:《美国金融危机的根源及教训》,《政工研究文献》2008 年第 6 期,第 109—110 页。

④ 孙时联、刘骏民、张云:《金融危机将严重削弱美国的经济地位》,《红旗文稿》2009 年第 9 期,第 22—24 页。

⑤ 费利群:《论国际金融垄断资本主义发展新阶段》,《山东社会科学》2010 年第 10 期,第 61—62 页。

速增长。1977 年超过 1 000 亿美元,2002 年更是突破了 10 万亿美元,2006 年的第一季度数据超过了 14 万亿美元。结合各国国内以及国际债券市场的数据分析,20 世纪 90 年代,国际债券发行规模和国内债券发行规模比值不到5% ,2000 年这一数值达到90% 。① 据统计,2004—2009 年,跨国金融交易总规模占全球 GDP 的比重超过 1 000% 。但是,同期的全球贸易以及直接投资仅占到全球 GDP 总和的 40% 。换句话说,跨国金融贸易规模为国际贸易和实际投资的 25 倍之多。② 虚拟经济全球化的另一表现是该阶段出现了天文数字的外汇投机交易。在当代,外汇交易额已大大超过国际直接投资和商品及劳务国际贸易额,是两者之和的 50 倍、60 倍甚至 70 倍,③这意味着外汇交易量中只有不到 2 % 是与实际交易有关的。绝大部分的外汇往来并非用于支持国际贸易和投资等的结算,而是通过汇率的波动以获取暴利的纯粹的虚拟资本的交易。

虚拟经济在促进世界经济发展的同时,使整个经济的平衡与稳定更易于被打破。恰如学者泰纳鲍姆所认为的,现阶段全球的经济好比倒金字塔的形式,最底端为实际的物质加工,较高层则为物质商品和服务交易,再上一层则为债券、股市以及期货等交易,最高层即为金融衍生品和纯空头资本交易。"倒金字塔"的每个上层与下层相比发展极不平衡,上层的增长速度、膨胀规模远远大于基础的部分。同时他强调,"综观全世界,农业、工业和基础设施等物质生产都在下降,基础产品的人均产值也在下降,而虚拟资本却在迅速增长"④,实物生产以及金融虚拟情况彼此存在明显的差距,这也是金融危机爆发的最具代表性特质。在庞大的虚拟资本的蚕食下,物质经济进

---

① 刘骏民、李晖军:《全球流动性膨胀与经济虚拟化》,《开放导报》2007 年第 2 期,第 67 页。
② 陈祖华、朱庆仙:《金融全球化与经济虚拟化》,《生产力研究》2006 年第 7 期,第 67 页。
③ 刘骏民、李晖军:《全球流动性膨胀与经济虚拟化》,《开放导报》2007 年第 2 期,第 67 页。
④ 乔纳森·泰纳鲍姆:《世界金融与经济秩序的全面危机:金融艾滋病》,《经济学动态》1995 年第 11 期,第 15 页。

入了萎靡以及停滞状态,若全球的物质经济难以支撑这一金融系统情况,稍遇到风吹草动整个世界经济就会发生动荡,甚至倒塌。① 自 20 世纪 90 年代以来,金融危机发生的次数越来越频繁,包括 90 年代初期的日本金融泡沫崩溃、1994 年的墨西哥金融危机、1997 年的东亚金融危机、2001 年美国网络泡沫崩溃、2001 年的阿根廷金融危机,乃至 2008 年席卷全球的金融风暴。

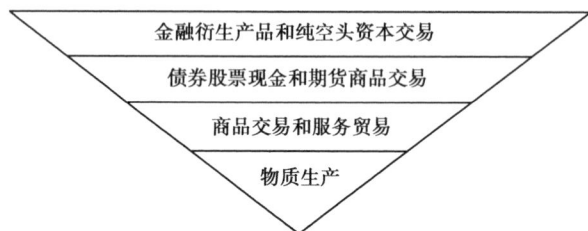

图 1.1 "倒金字塔"形结构

(二)本阶段虚拟经济立法概况及其特点

面对金融自由化浪潮,以美国为代表的西方国家的虚拟经济立法为了顺应这种趋势,从 20 世纪 70 年代末开始了金融管制放松的进程。如前所述,"大萧条"危机之后,罗斯福政府通过颁布《格拉斯—斯蒂格尔法案》实现银行与证券的分业经营,避免金融市场之间的风险传统引发政府不可控的市场危机爆发。但是,"政府换届或政权更迭有可能导致某些金融方案被彻底废止,或者止步不前",②凯恩斯主义下的国家干预政策并未在 20 世纪末得到有效的延续。在"里根经济学"的影响下,为了摆脱较高的通货膨胀率,20 世纪 80 年代,里根政府倡导减少政府干预,缩减政府开支,为美国企业发展创造自由的市场竞争环境。而作为与企业可持续发展息息相关的资本市场,里根政府则是采取了与罗斯福政府相左的经济决策,废止《格拉斯—斯蒂格尔法案》、推行金融自由化改革成为这一时期的显著特征。实际

---

① 黄瑞玲:《国际金融动荡的虚拟理论的分析》,《赣南师范学院学报》2001 年的第 1 期,第 63—64 页。
② 罗伯特·席勒:《新金融秩序》,束宇译,中信出版社,2014,第 15 页。

上早在里根政府之前,金融市场的变化就已经悄然发生:卡特政府于1980年通过《存款机构放松管制和货币控制法》放宽了对存款机构市场利率的管制,利率自由化成为美国金融自由化改革的开端。而在里根政府治下,这种自由化改革更是作为一种政策导向成为20世纪末美国金融市场立法变革的主流。

在银行立法方面,转变主要体现在1980年的《存款机构放松管制和货币控制法》、1982年的存款机构法《加恩—圣杰曼吸收存款机构法》、1994年的《里格—尼尔银行跨州经营和跨州设立分行效率法》、1999年的《金融服务现代化法》等法律中。依据这些法律,美国从20世纪80年代开始对银行管制进行了自20世纪30年代以来最广泛、最深刻的变革,主要体现在以下方面。

1. 放宽以及取缔利率约束,推动利率市场化建设

20世纪30—80年代,美国始终关注银行利率方面的严格管控。1933年的《银行法》严禁对支票账户给付利息,联储Q条例更是就存储款项以及定期款项等明确了最高利率限制。各个州相关法律也对银行放款的最高利率限制进行了规定。20世纪60年代初,市场利率的上涨迫使储贷机构等非商业银行面临必须不断提高存款利率的压力。可是联邦监管者所做的并不是取消Q条例,而是在1966年通过利率限制法对储蓄机构的存款利率也规定了上限,只不过允许他们以高于商业银行0.25个百分点的利率提供存款利息。到70年代末,名义利率大幅度上升时,存款人的机会成本更大,当客户可通过其他投资获得较高收益时,便不再愿意将钱存入低利率的银行账户,于是便发生了大量的"脱媒"现象。[①] 至此,对银行利率的严格管制已由早期的对银行利润的保护,转变为对银行正常经营的限制。[②] 1980年,国会通过

①　脱媒(disintermediation),简单地说,是指客户将资金从银行抽出投资在别处。

②　肖欣荣、伍永刚:《美国利率市场化改革对银行业的影响》,《国际金融研究》2011年第1期,第69页。

《存款机构放松管制和货币控制法》，这一放宽金融管制法令的重点就是存贷款利率问题。该法令规定：自 1980 年 3 月 31 日起至 1986 年 3 月 31 日，用 6 年时间逐步取消 Q 款项中对最高利率的限制；取消贷款利率上限。《存款机构放松管制和货币控制法》彻底打破了 20 世纪 30 年代以来 Q 条例银行利率的一系列限制，被认为是 20 世纪 30 年代以来最重要、最广泛的金融立法，①标志着监管当局由严格管制向依赖市场调节的转化。

2. 放松对金融机构业务范围的限制

首先，允许储蓄机构经营与商业银行类似的存贷款业务。一直以来，商业银行始终被视作特殊的金融单位，不管是传统层面或是立法层面，美国仅支持商业银行吸纳活期存款、发放商业贷款，肩负起国家支付体系的职责以及为工商业提供各项资金。其余储蓄机构则不能同银行产生竞争，或是开展有关银行业务。1982 年，《加恩—圣杰曼吸收存款机构法》的通过实施，打破了这一传统的金融业务限制。该法令准许储蓄机构提供可转让支付凭证帐户和超级可转让支付凭证帐户。由此，储贷协会以及互助储蓄机构等就能够和商业银行一样提供活期存款，更为关键的是，此类机构还可以开展商贷以及消费贷等活动。②③

其次，商业银行和投资银行业务经营范围的限制被打破，允许银行、证券以及保险业务的混业经营。美国银行业务与证券业务分离制度始于 1933 年的《格拉斯—斯蒂格尔法》。虽然关于银行的业务范围还存在着激烈的争论，但对利益的追逐已促使银行在现实中避开《格拉斯—斯蒂格尔法》，将业务渗透到证券行业。20 世纪 80 年代，联邦存款保险机构开始允许 9 300 多

---

① 胡云祥：《论美国对商业银行管制的重大改革》，《世界经济》1995 年第 4 期，第 40—41 页。

② 1982 年《加恩-圣杰曼吸收存款机构法》放宽了对储蓄机构经营商业信贷和消费信贷业务的禁令。1984 年，在联邦注册的储贷协会和互助储蓄银行获准将其资产的 10% 投资于商业贷款，消费贷款对资产的最高限额提高到 30% 。

③ （美）伊曼纽尔·N. 鲁萨基斯：《金融自由化与商业银行管理》，中国物价出版社，1992，第 90 页。

个州级商业银行涉足证券市场,涵盖了包销股票等。① 美联储于 1987 年对《格拉斯—斯蒂格尔法》作了修正,通过了《银行业平等竞争法》,进一步扩大了银行持股公司经营证券的权利,允许银行持股公司承销公司股票。还通过了 1989 年的《美国金融机构的改革、恢复与实施法》,来促进储贷协会并入商业银行或者注册为商业银行。20 世纪 90 年代,是美国在第二次世界大战以后经济处于最为强劲、最为持久的景气时期。金融市场持续繁荣,股市屡创新高,金融机构进行扩张兼并的愿望空前强烈。当时就有主张放松规制、自由竞争的政治家说:"世界已经变了,我们也必须顺应变化……《格拉斯—斯蒂格尔法》是'大萧条'时期的产物,当时认为政府是问题的答案;而在现在的经济繁荣时期,我们决定自由是正确的选择。"②1999 年 11 月 4 日,美国国会参众两院最终分别以 90 票对 8 票和 362 票对 57 票的结果通过了《金融服务现代化法》(Financial Services Modernization Act),③废除了 1933 年制定的《格拉斯—斯蒂格尔法》,结束了银行、证券、保险的分业经营与分业监管的局面,金融业走向混业经营。该法支持商业银行按照金融控股企业的模式开展涵盖证券以及保险等项目的全面金融业务;许可银行、保险以及证券企业彼此合并和开展各自的经营业务;支持建立超大规模的金融集团,开展覆盖年金保险、股票和债券等多样化的、系统性的金融支持。发展到这个阶段,由美国首创的金融分业模式被混业经营模式所取代,商业银行能够光明正大地借助金融控股企业的方式开展证券投资经营活动,实现投资银行的功能。

日本在金融自由化之前实行严格的分业经营,业务分工泾渭分明。20世纪 80 年代,发达国家金融自由化开始冲击日本金融市场,受此影响,日本

---

① 胡云祥:《论美国对商业银行管制的重大改革》,《世界经济》1995 年第 4 期,第 41 页。

② 吴志攀、白建军:《海外金融法》,法律出版社,2004,第 91 页。

③ 何秉孟:《从近百年美国的三次金融立法看"金融自由化"的历史命运》,《国外社会科学》2016 年第 1 期,90—91 页。

于 80 年代中后期分别两次修订《银行法》,允许商业银行进入之前不被许可的国债以及地方债券等领域。由于商业银行业务不断延伸至证券投资领域,二者的业务交集越来越密切,随之而来的是彼此业务界限的逐渐模糊。

再次,放宽对银行业务的地域限制。美国通过 1927 年的《麦克法登法案》和 1956 年的《银行控股公司法》的道格拉斯修正案,形成了独具特色的单一银行制。单一银行制的基本特征是:每一个商业银行各自独立经营业务,原则上只能有一个营业机构,不允许跨州设置任何分支机构。然而,20 世纪 80 年代不断出现的"事实上"的银行跨州活动,使美国的单一银行制名存实亡,而这一不可逆转的变化最终迫使美国进行立法上的变革。1982 年的《加恩—圣杰曼吸收存款机构法》允许跨州兼并破产倒闭的银行。1994 年 9 月,美国颁布了《里格—尼尔银行跨州经营和跨州设立分行效率法》(*The Riegle-Neal Interstate Banking and Branching Efficiency*,以下简称《跨州银行法》),该法令认可银行的跨州经营,规定从 1997 年 6 月 1 日起美国银行可以通过收购、兼并和创建 3 种途径跨州设立分行。[①] 同时,该法令还规定外国银行在符合一定条件下可以在美国跨州经营并设立分行。《跨州银行法》的颁布与实施宣告了历时近 70 年的禁止跨州经营管制的结束,是 20 世纪 90 年代以来美国金融改革所强调的竞争力与安全性并重这一目标的集中体现。[②]

在证券立法方面,为了适应经济自由化的新形势,各国都在一定程度上对原有的证券法律做了一定的调整和修改,最突出的特点是放松规制、加强监管。放松规制主要是对金融业分业经营体制、证券业的一些批准规则等一定程度的放松,旨在"搞活市场"。比如,20 世纪 80 年代,美国对商业银行

---

① 吴燕:《论 90 年代中期美国银行监管体制改革》,《经济评论》1999 年第 4 期,第 113—114 页。
② 方洁:《九十年代美国银行改革的重大进展:〈跨州银行法〉》,《外国经济与管理》1995 年第 7 期,第 14 页。

开展的证券业务的管控进一步放宽。1987 年,美国相关职能部门结合《银行持股公司法》等有关要求,授予一些银行有限地开展证券活动,之后授予此类银行的分支机构开展企业债券私募以及股票私募等活动。1989 年,摩根公司被允许通过非银行分支机构开展所有证券业务。此后,美国国会通过了《证券市场改革法案》,并由布什总统签署通过。英国也于 20 世纪 80 年代开展了"大爆炸"式的证券监管制度改革。此次改革进一步放松了对交易所会员资格的限定审核,降低成为会员的资本要求,并且允许非会员机构或外国企业购买交易所股票。日本也于 20 世纪 80 年代之后推动证券市场朝着更为自由化的方向发展。第二次世界大战之后,日本和美国一样构建的是证券业和银行业的分业体系。但到了 20 世纪 80 年代,日本进一步放宽了这一层面的约束。银行能够在某些层面开展证券以及投资信托等活动,证券企业也可以在特殊的范畴中加入原属银行的业务之中。自 20 世纪 80 年代开始,以野村证券为代表的首批 4 个证券公司被允许借入活期贷款,之后该项业务进一步覆盖到所有的证券公司。此后,允许指定的证券公司买入除直接投资之外的外国证券。20 世纪 80 年代后期,日本取消了对外汇信托交易许可证批准制度和信用团体、保险公司、年金机构等对外证券投资的限制规定,从而打破了原来境内外证券市场分割的局面。[1]

而加强监管则是在放松规制后,对证券业游戏规则的强调。表现在证券交易委员会的权力持续增强。20 世纪 70 年代,"水门事件"爆发不久,美国国会完善了《证券交易法》的有关条款,并通过了《证券交易修正法》,勒令构建覆盖全国的市场系统。这个体系将全美几大市场连结成一个整体,加强了证监会对证券交易所的监督。[2] 1990 年的《市场改革法》增加了证监

---

① 王娴、王亚山:《西方国家的证券立法》,《中外法学》1994 年第 1 期,第 74—75 页。

② 张烨:《美国证券市场投资者保护立法的历史演进及对我国的启示》,《现代财经(天津财经大学学报)》2008 年第 5 期,第 82 页。

会在紧急情况下的处事能力，授权证监会可以通过行政命令的方式，对个别证券停止10个工作日的交易；规定建立大额交易的报告和记录制度等。20世纪90年代的《证券实施救济法和廉价股票改革方案》对违反证券法的行为可以进行经济处罚，使证监会获得更多的处罚手段，弥补以往只能通过民事诉讼的方式追究违法者法律责任的单一手段的不足。其次，对证券市场上的欺诈、操纵行为的禁止有更加严格的趋势。虽然内幕交易、证券欺诈等行为是《证券交易法》明令禁止的，但在实践中，诸如此类的事件仍频繁出现，其主要原因是禁止内幕交易的处罚太弱。为此，美国国会于1984年通过了《知情交易制裁法》，规定对内部交易可以处罚相当于所得利益或所造成损失3倍的制裁金，旨在通过加强处罚的力度来减少此类事件的发生。在此基础上，1988年又通过了《内部知情者交易和证券欺诈执行法案》，要求经纪人、交易商和投资咨询机构以书面形式制定并递交防止内部知情者交易的程序，以进一步强化对违反内幕交易相关规定的规制。这一系列关于证券市场的立法，扩大了对证券市场的管理范围，对维护市场公平和促进自由竞争起到了积极作用。

　　从前述相关的立法可以看出，在自由化思想根深蒂固的影响下，本阶段的虚拟经济立法不出所料地坚持"最少的监管就是最好的监管"的信条，更加偏重的是对市场的放开、管制的减少。虽然"大萧条"危机过后，凯恩斯主义下国家干预、介入经济发展帮助罗斯福政府顺利度过了资本主义世界的首次世界性经济危机，但是自由主义思潮的根深蒂固使得资本主义国家的发展终归要回归自由主义发展道路。在这一阶段的虚拟经济立法中，虽然也有一些政府对市场不完备的管理与监督的法律规定，比如，证监会监管责任的强化、对内幕交易的限制和处罚等。但是，相比放松管制所带来的虚拟经济的快速膨胀，尤其对新型金融产品的风险及其交易，政府的立法、监管明显是滞后的，且缺乏系统性。基于金融创新，摒除已有的监管架构，或是游说职能部门基于放宽管控等方式，于短时间中固然可以得到一定的发展以及建设,但长此以后势必引发新一轮的金融危机。①

四、2008 年全球金融危机以来的虚拟经济立法

在20 世纪30 年代资本主义世界经济危机之后,虽然区域性经济危机发生较为频繁,拉美、亚洲等地均在不同时期出现不同程度的经济衰退,第二次世界大战的洗礼使得资本主义世界市场的发展重新洗牌,但是世界性的经济危机在"大萧条"之后并未在 20 世纪再次出现。"在 21 世纪的头 10 年,美国处于变革的进程中,人们也面临着越来越大的压力"。② 2008 年 9 月,以美国雷曼兄弟公司申请破产保护为起点,一场由美国次贷危机引爆的全球金融危机在世界各地疯狂肆虐。大危机引起大冲击,导致大衰退。不管是危机的延续周期或是影响的深度层面,均为 1929 年大危机以来最为严重的。③ 金融危机的发生又一次打破了自由市场的神话。美国马萨诸塞州州立大学经济学教授大卫·科茨认为,"这次金融危机是 1980 年以来新自由主义在全世界泛滥所导致的一个非常符合逻辑的结果"。④ 诺贝尔经济学奖得主克鲁格曼也指出,最近 30 年世界范围的经济危机都是推行新自由主义政策所带来的。⑤ 在新自由主义思想的指导下,美国长期固守"相信自由市场,反对政府干预"这一传统,对华尔街的种种贪婪、冒险行为听之任之,"创新超越了私人和公共部门监管风险的能力或意愿。资产泡沫滋养了整个体系,直到 2008 年秋季市场崩盘"。时至今日,虽然次贷危机已过 10 余年,但是它的影响对部分国家而言仍未摆脱,金融危机的长时期影响还引发

---

① 李喜莲、邢会强:《金融危机与金融监管》,《法学杂志》2009 年第 5 期,第 14 页。

② 斯坦利·布德尔:《变化中的资本主义:美国商业发展史》,郭军译,中信出版社,2013,第 354 页。

③ 高峰:《论长波》,《政治经济学评论》2018 年第 1 期,第 91—92 页。

④ 大卫·科茨:《美国此次金融危机的根本原因是新自由主义的资本主义》,《红旗文稿》2008 年第 13 期,第 34 页。

⑤ 吴易风、王晗霞:《克鲁格曼论金融危机、经济危机和自由市场原教旨主义》,《中国人民大学学报》2009 年第 5 期,第 45—46 页。

了欧洲主权债务危机、拉美主权债务危机等关联区域性经济危机的爆发,由此,次贷危机的影响力可见一斑。

(一)本阶段虚拟经济发展情况

次级贷款危机发生之前,美国经济社会经历了房地产泡沫的积聚期。在新自由主义思潮的影响下,美国政策经历了由严格向宽松的转变,市场自由空间的赋予为虚拟经济部门风险的发生埋下伏笔。"当人们普遍从经济衰退的恐慌中解脱出来时,在需求方面可能会产生一轮迅猛的增长",①以房地产与金融为代表的虚拟经济部门的快速发展成为次贷危机前美国经济社会发展的显著特征。"次贷危机"又称"次级抵押贷款危机",简而言之,是指来自于次级房产抵押贷款市场的信贷危机。次级抵押贷款是一个高风险、高收益的金融新兴行业,因为它对贷款者的信用记录和还款要求比传统抵押贷款低,因此,其贷款利率明显高于标准抵押贷款。瑞银国际分析指出,美国次级贷款市场的违约率在金融危机爆发前已经达到10.5%,比标准贷款的违约率高出 7 倍以上。为了对这种高风险进行弥补,次级市场的贷款利率比与标准贷款高出 2 ~ 3 个百分点。一部分本身不具备偿还能力的借款人,在次级贷款的支持下购买住房,以此推动了次级贷款市场的快速发展。据统计,2006 年,美国次级贷款占新增抵押贷款的 13.5%,而 2000 年该比例仅为 2.6%。2006 年次级债总体量占贷款市场总体量的比例上升至20%,而 2001 年该比例仅为 5.6%。但是,次级贷款给美国居民住房带来改善的同时,也积累了巨大的风险。自 2004 年开始,为了抑制通货膨胀的重新抬头,以及对房地产市场过度繁荣的担心,美国开始连续上调联邦基金利率,由此导致了抵押贷款的利率上升。②潜在购房者因高昂的房贷利率减少了购房需求,美国房产市场一定时期的繁荣就此终结,房价立即下滑。此

---

① 约翰·肯尼斯·加尔布雷斯:《美国资本主义抗衡力量的概念》,王肖竹译,华夏出版社,2008,第 197 页。
② 2004 年 6 月到 2006 年 6 月,美联储 17 次调高联邦基金利率,将利率从 1% 提高到 5.25%。

外,由于申请次级贷款的借款人在高额贷款利息面前不堪重负而频频出现违约,导致以这些次级贷款为标的金融衍生产品的价格也开始跳水。至此,如同推倒了第一块多米诺骨牌,受损影响迅速波及金融衍生品链条上的各个投资银行、保险机构、基金公司以及外国投资者,流动性危机显现,资金链断裂,全球金融市场遭受重创,次贷危机全面爆发。[1]

关于这次危机形成的原因,观点众多,不一而足。有的人认为是对自由市场的过分迷信所致;有的人认为是金融监管制度的漏洞和缺陷;有的人认为既有宏观方面货币政策的不当,也有微观方面的投机过度;有的人认为既是人性的无边贪婪,也与经济发展的周期性衰退不无关系……[2]然而,本书认为,本次经济危机的爆发表面看是次级贷款市场的信用危机,而其深层次的根源则在于发达国家经济的过度虚拟化与金融市场的极度自由化。

经济发展到如今,金融依然成为整个市场不可或缺的部分,然而,虚拟经济要实现持续增长和长期稳定必然离不开实体经济这个基础和前提。一方面,虚拟经济可以为实体经济的发展筹集所需要的资金,使金融资源得到有效配置,市场运作风险得以成功转移,进而有效保障实体经济的发展。另一方面,如若缺乏实体经济强有力的支撑,虚拟经济也只不过是脆弱的泡沫经济,最终必将破灭。纵观本次金融危机,本质上就是由于虚拟经济超越甚至脱离了实体经济的发展,呈现过度虚拟化的结果。据统计,美国 2001 年的次贷证券化率为 54%,到 2007 年这一比率上升到了 75%。2007 年,仅 CDS(信用违约掉期)就高达 62 万亿美元,与全球 GDP 大体相当。美国交易的金融产品中只有 1/7 与实体经济有关,大多数金融产品已经蜕变为独立的市场游戏工具。随着市场经济的不断发展,以及经济全球化和信息化的不断深化,虚拟经济在一国经济总量中的比重越来越大,而且相对独立运

---

① 吴佳菁:《次贷危机的原因分析及对我国的启示》,华东师范大学硕士论文,2008,第 12 页。

② 车亮亮:《论美国金融危机的法律成因及启示》,《当代法学》2010 年第 4 期,第 120 页。

行。随着金融业的急剧裂变,虚拟经济规模扩张到了令人瞠目结舌的地步。根据相关数据统计,2000 年年底,全球虚拟经济总量达到实体经济的 5 倍,金额约为 160 万亿美元;而到 2010 年年底,虚拟经济规模急速扩大,增长至实体经济的 34 倍,总规模达到 2000 万亿美元;至 2018 年年底,全球 GDP 总量约 80 万亿美元,而其中股票、期货、债券等虚拟经济的规模达到实体经济的 37.5 倍,总额超过了 3 000 万亿美元。① 除此之外,全世界虚拟资本日平均流动量高达 1.5 万亿美元,大约是世界日平均实际贸易额的 50 倍。② 据统计,2007 年 4 月的全球外汇市场平均日交易量约为 3.2 万亿美元,较 2004 年大幅增长 71%;而全球每日外汇交易量在过去的 10 年里增长了 40%,截至 2019 年,外汇市场的每日成交量达 6.6 万亿美元,其中 98.5% 的交易量是在无任何贸易、生产背景下发生的,交易纯粹以资金流通、盈利和风险规避为目的。由此可见,虚拟经济正在脱离实体经济飞速发展,即使是在遭遇了全球次贷危机之后仍在强劲增长。在经济学界,一些著名的经济学家做出了这样的判断,人类既往的经济史都可谓实体经济的发展史,而这一局面正在被实体经济与虚拟经济同时并存、同时发展、相互依存、相互促进、相互制约所取代,进入"实体经济与虚拟经济并存"的"二元"经济时代。进而有学者指出,"西方的金融体系很快变得与一个巨型赌场没有什么两样。每天,这个赌场中进行的游戏卷入资金之大简直无法想象。……他们就像赌场里的赌徒,紧盯着轮盘上旋转的象牙球,决定把筹码放在红盘或黑盘、奇数或偶数盘里。"③金融创新产品层出不穷,以致被滥用,最后诱发金融市场

---

① 网易号:全球 GDP 总量 80 多万亿美元,而虚拟经济已经超过 3000 万亿,网易,访问日期:2020 年 12 月 26 日。
② 广东把"虚拟社会"写入党代会报告意义重大,搜狐新闻网,访问日期:2020 年 12 月 26 日。
③ 苏珊·斯特兰奇:《赌场资本主义》,社会科学文献出版社,2000,第 2 页。

的动荡。如果没有衍生品交易市场,全球金融体系就不可能像今天这样一体化。① 在虚拟经济中,借助衍生产品的金融杠杆效应,股东可以数倍、数十倍地放大经营风险而只须承担有限的责任,②它使虚拟资本的市场价值越来越看不到现实资本的影子。③ 金融危机的爆发充分说明,虚拟经济脱离实体经济而过度膨胀,带来的仅仅是短期的虚假繁荣,长期来看,其将会扩展为整体的经济泡沫。

本次金融危机爆发的另一重要原因是,面对次贷膨胀、金融衍生品的过度创新和泛滥,政府部门没有给予严密的监控和及时的监管。尤其面对迅速泛滥的金融衍生品,政府的监管远远落后于金融创新的速度和广度,以至于次级贷款的风险被贪婪的投机者无限放大,并最终脱离正常的市场运行,酿成巨大的金融危机。现有的监管结构为私人利益创造了强大的动机,以保护破坏稳定的监管。④ 次贷危机发生之前,美国金融监管法律经历了由分业经营、严格管制向混业经营、自由竞争的转变,在金融自由化政策导向下,立法文件的更迭反映出美国政府希望通过金融市场的繁荣带动经济社会的整体进步,进而消除过高的通货膨胀率与政府财政负担。客观而言,流动性的紧缩与释放本身并无对错之分,而缺少与之相匹配的金融监管法律规范体系则是危机发生的法律溯源导向。金融环境的变化会推动金融机构进行具有盈利性的创新,⑤在金融自由化导向下,美国金融市场创新频繁,资产证券化、担保债务凭证等新兴市场衍生工具的创造远远超出对期货、期权等一

---

① 弗兰克·J.法博齐,弗兰科·莫迪利亚尼,弗兰克·J.琼斯:《金融市场与金融机构基础》,孔爱国,胡畏,张湄等译,机械工业出版社,2014,第10页。

② 罗培新:《政治、法律与现实之逻辑断裂:美国金融风暴之反思》,《华东政法大学学报》2009年第2期,第119页。

③ 洪银兴:《虚拟经济及其引发金融危机的政治经济学分析》,《经济学家》2009年第11期,第7页。

④ Kris James Mitchener, "Are Prudential Supervision and Regulation Pillars of Financial Stability? Evidence from the Great Depression", The Journal of Law and Economics. 2007(50):273.

⑤ 弗雷德里克·S.米什金:《货币金融学》,郑艳文,荆国勇译,中国人民大学出版社,2011,第266页。

般金融衍生工具的理解。金融创新的复杂性使得金融交易链条相互交织,金融市场风险的系统性提升,正如凯瑟琳法官指出的那样,"碎片化的节点使得金融创新面临系统性风险"。① 然而,与金融系统性相对应的是美国金融监管的碎片化特征,即金融监管权分配的"条块分割"使得新型金融创新产品面临监管重叠、监管失位等多重现象,而最终产生的监管不及时引发市场系统性风险爆发。许多投资银行在缺乏足够监管的情况下变得具有系统重要性;对大型银行控股公司、商业银行和储蓄机构的机构监管逐步弱化,允许它们从事风险较大的活动;抵押贷款标准恶化,抵押贷款相关资产的证券化几乎没有受到监管审查;这些发展创造了条件,导致房地产泡沫的破裂演变成一场重大的金融危机。② 2008 年 10 月召开的美国国会听证会上,美联储前主席、享有美国"经济总统"称号的金融大师格林斯潘指出,"美联储直到 2005 年仍不清楚次贷市场的规模"。此外,他还承认其在担任美联储主席期间反对"对金融衍生商品监管的做法存在'部分错误'"。③ 他表示,一直以来他认为金融市场的风险,包括衍生产品市场风险在内,随时随地地接受私人交易者的监督……就本质而言,与市场调节机制相比,联邦政府的监管体系并没什么高明之处。④ 这体现出,虚拟经济发达国家不仅在理念上过分强调和依赖金融机构的内部控制和市场纪律,在实践中,国内多头多层的分业监管体制虽有利于相互制衡,但在对混业经营的金融体系的监管上,未能形成"无缝对接"和"全面覆盖",从而导致了监管重叠与监管真空并

---

① Kathryn Judge:"Fragmentation Nodes:A Study in Financial Innovation, Complexity, and Systemic Risk", Stanford Law Review, 2012:658.

② Brooksley Born:"Foreword:Deregulation:A Major Cause of the Financial Crisis", 5 Harv. L. & Pol'y Rev. 2011:231.

③ 徐璟娜:《美国次贷危机的成因、影响与中国的应对思路》,《中国海洋大学学报》(社会科学版)2010 年第 1 期,第 56 页。

④ 王晓帆译:《重估格林斯潘"遗产":谁导演了百年一遇的金融海啸》。转引自徐璟娜:《美国次贷危机的成因、影响与中国的应对思路》,《中国海洋大学学报》(社会科学版)2010 年第 1 期,第 56—57 页。

存。同时,在金融全球化的大趋势下,虽然在某些领域有关于国际金融合作的规则,如国际银行领域的巴塞尔协议、国际证券领域的证券商协会规则、国际货币领域的国际货币纪律约束等,但针对国际的金融监管协调制度依然尚付阙如,即便是银行、保险等单一金融领域,跨国监管体系依然没有建立起来。

(二)本阶段虚拟经济立法概况及其特点

危机带来全球经济大面积衰退,暗示着金融方面的规则产生了深重的问题。正如前文所述,本次金融危机的根本原因是国家经济的过度虚拟化与金融市场的极度自由化,而这两者都指向了对虚拟经济乃至整个金融市场监管的缺失。因此,在应急性救助之外,各国政府也纷纷开始重新审视虚拟经济发展中的制度建设。在此次次级贷款危机的治理中,"主要发达经济体从提高金融监管工具的前瞻性、建设更具'超机构性'的金融监管架构、进一步拓展金融监管涵盖范围等方面进行了大幅度的金融监管改革",①立法变迁反映出各国对虚拟经济发展的认知逐渐由放任走向干预,宏观审慎原则的确立为虚拟经济的可持续发展提供制度环境,而"宏观审慎与微观审慎有机结合的监管安排无疑成为后危机时代国际金融监管立法变革的主旋律"。② 除此之外,对金融消费者权益、"大到不能倒"等金融市场深化中的特殊问题,各国也采取相关措施进行积极应对。在法律与经济发展的逻辑之下,虚拟经济的立法变迁成为此次次贷危机治理的主流。

1. 美国金融监管立法改革

在次贷危机衍生期间,美国经历了布什与奥巴马两任总统的治理阶段,其中,布什任期内于 2008 年 3 月通过《经济稳定紧急法案》(*Emergency Eco-*

---

① 张雪兰,何德旭:《次贷危机之后全球金融监管改革的趋势与挑战》,《国外社会科学》2016 年第 1 期,第 94 页。

② 余绍山,陈斌彬:《从微观审慎到宏观审慎:后危机时代国际金融监管法制的转型及启示》,《东南学术》2013 年第 3 期,第 50 页。

nomic Stabilization Act),开启 7 000 亿元的政府救市方案。但是更为彻底的立法变迁则发生在奥巴马政府于 2009—2012 年先后颁布实施的旨在加强金融监管的系列法案中。2010 年 7 月 21 日,奥巴马政府正式签署了 20 世纪 30 年代"大萧条"以来最全面、最严厉的一部金融改革法案——《多德-弗兰克华尔街改革与个人消费者金融保护法》(*Dodd-Frank Wall Street Reform and Consumer Protection Act*,以下简称《多德-弗兰克法》)。该法案的主要内容包括在 16 个方面的主要规定之中,详见表1.1。

表 1.1 《多德—弗兰克法》的 16 条标题及主要规定①

序号	标题	主要规定
1	金融稳定	建立一个 10 人组成的金融稳定监督委员会,负责监测和处理危及全国金融稳定的系统风险;成立金融研究办公室,主任直接向国会汇报
2	有秩序清算权	规定 FDIC 清理倒闭金融机构的方法,如规定纳税人不应因金融机构倒闭清算而遭受任何损失;建立有秩序清算权法庭陪审团制度
3	监管权力向货币监理署、FDIC 和美联储的转移	规定废除储蓄监管办公室,将银行控股公司监管权力转移给美联储,储蓄监管权力转移给 FDIC,其他储蓄存款监管权力转移给货币监理署,从而理顺金融监管,降低管制竞争,强化金融机构的安全和稳健经营
4	对冲基金或其他套利基金咨询者的规定	增加私人投资咨询者的报告要求,限制其向联邦政府部门报告中排除信息的能力
5	保险	规定在财政部内部建立联邦保险办公室,监督保险公司的经营行为,监督传统低投保的社区、消费、少数民族和中低收入人群购买保险的程度
6	法规改革	规定银行和储蓄协会、银行控股公司以及存款机构法规的改革方向,如禁止银行或拥有银行的机构从事违背客户要求的自行交易和拥有或投资套利基金或私有股权基金,限制银行持有的最大负债水平,以保证银行机构资产结构合理,管理完善

① 朱文忠:《〈多德-弗兰克法案〉的历史维度及启示》,《国际经贸探索》2011 年第 11 期,第 64 页。

序号	标题	主要规定
7	华尔街透明度和责任感	规定除非另有规定,禁止联邦政府救济任何掉期交易企业从事任何掉期,基于证券的掉期交易或其他交易活动;成立跨部门团队监管现有和未来的低碳掉期交易市场,包括监管即期交易市场和衍生品交易市场,确保该市场的高效、安全和透明的运行
8	支付、清算和结算监管	责成美联储创建统一的金融机构风险管理标准;强化美联储对系统重要性金融市场工具风险标准的监管作用;强化系统重要性金融市场工具的流动性;强化美联储对系统重要性支付、清算和结算活动的风险标准监管作用
9	投资人保护和证券法规改革	成立投资者律师办公室、保护投资人的投资利益;授权证券交易所(SEC)制订交易所信息披露原则;改革资产支持证券化过程;改革金融高管的薪金制度
10	消费者金融保护局	成立消费者金融保护局,规范消费金融产品和服务符合联邦法规
11	联邦储备体系规定	修订相关法案,将美联储主席的任命权交由总统任命,但须经参议院建议和同意;规定任何受美联储监管的公司官员均不得投票表决或担任美联主席的职位
12	改善人们享有主流金融机构服务权利	向大银行提供税收减免优惠政策鼓励中低收人群参与金融体系;通过资助、合作协议等方式使中低收入个人可以在联邦投保银行开立一个或多个账户,享有小额贷款、金融教育或咨询等
13	还款法案	修订2008年紧急时期经济稳定法案,通过减少救助资金225亿美元,限制问题资产救助项目,并进一步规定未使用资金不得用于任何新的项目;规定任何为稳定经济体系所购买证券的出售收益都只能用于减少财政赤字的唯一目的
14	抵押贷款改革和反掠夺性信贷法	规定居民房地产抵押贷款(按揭贷款)组织标准,如规定任何房地产抵押贷款发放者均不得接受除本金以外的基于贷款条件有别的补偿金;建立全国居民房地产抵押贷款发放标准,规定贷款发放者应在贷款时做出合理的审查和评估,确认借款客户有能力按合同约定偿还贷款,交纳应缴税或保险费用等

续表

序号	标题	主要规定
15	杂项规定	规定对 IMF 发放贷款的美国审批给予限制,要求美国 IMF 执行理事审核是否对一个国家的贷款超过其年 GDP 总量;规定有关矿藏安全报告制度;规定有关石油、天然气和矿物质兼并报告制度等
16	第 1256 条合同	规定有关远期合同、外汇合同或非股权期权的税收待遇

从该法案的名称及其主要条文不难看出,该法案的侧重点包括两个方面:一是针对华尔街金融风暴的系统性风险的监管;二是对消费者权益的保护。具体来说,包括:①强化、协调金融监管,防范系统性风险。在联邦监管机构系统内,增设金融稳定监督委员会、消费者金融保护局、联邦保险办公室等机构强化监管。其中,由财政部主管并由财政部长担任主席及 10 多家联邦金融监管机构组成的金融稳定监督委员会,负责统摄监管标准、协调监管矛盾,处置监管争端,鉴别系统性风险,并决定监管行为。① 除此之外,法案要求美联储将具有系统重要性的银行和非银行金融机构都纳入监管之下,强化大型金融机构的抗风险能力,寻找关闭大型金融机构而不会威胁经济安全的解决方式,以破解"太大而不能倒"②的难题。与此同时,该法从场内与场外两个方面强化对衍生产品、信用评级机构与对冲基金的监管。比如,对美国银行自营,设立私募基金、对冲基金,信用卡消费等方面做出了诸

---

① 黎四奇:《〈多德-弗兰克华尔街改革和消费者保护法〉之透析及对中国的启示》,《暨南学报》(哲学社会科学版)2012 年第 10 期,第 68 页。

② "太大而不能倒"原则是长期以来被多数国家接受的银行业监管原则,其基本含义是:规模较大的银行倒闭容易引发银行系统风险,因此当这些银行面临财务困难时,政府应当予以救助以避免其倒闭。实践中,"太大不能倒"的原则不仅适用大型银行,也适用于金融控股公司、银行控股公司、保险公司、对冲基金、股权基金等金融机构。(Gary Stern, Ron Feldman: Too Big to Fail: The Hazards of Bank Bailouts(2004), 转引自伏军《论银行'太大而不能倒'原则 兼评美国〈2010 华尔街改革与消费者保护法案〉》,《中外法学》2011 年第 1 期,第 193—194 页。)

多限制以及规定；禁止联邦政府救济任何掉期交易企业从事任何掉期、证券支持掉期交易或其他交易活动；①要求绝大部分的金融衍生品交易都必须通过公开的中央清算及交易所交易完成等。②增设消费者金融保护局，加强对消费者权益的保护。在美联储体系下增设消费者金融保护局，对消费者的权益进行保护，例如，该机构要求金融服务机构确保其提供的按揭和信用卡书面协议更加明确、易懂，防止金融服务机构变相地提高交易费用。同时，该局加强与美联储、货币监理署、储贷机构监管办公室、联邦存款保险公司、全国信用社管理局等负有消费者权益保护职责机构的合作，以强化对消费者的保护，防止出现权益保护的缺位。②

总的来看，《多德-弗兰克法》不仅加强了对金融机构的监管，还建立了全方位监管金融市场的架构；不仅规定了金融消费者和投资者免受不当金融行为损害的诸多政策措施，还明确了政府应对金融危机所需的金融政策工具，为政府预防和遏制金融危机提供了具体的法律依据，被视为次贷危机治理中最具代表性的金融市场立法变迁。但是，随着美国第45任总统特朗普的上任，他除了签署一系列关于移民政策、基础设施、医保法案等行政命令，还包括要求重新审核已有金融监管规定的行政命令，这被普遍认为是对《多德-弗兰克法》修改甚至废除的开始。③

2. 英国金融监管立法改革

英国是本次危机中遭受重创的国家之一，为了维系其在全球金融体系中的地位，它自然而然地成为积极推动金融监管体制改革的一员。由于英国受到的影响跟美国有很大的不同，金融危机不是始源于英国，它受到的冲击主要是外源性的，因此，虽然英国的金融改革方案涵盖了金融机构和金融

① 朱文忠：《〈多德-弗兰克法案〉的历史维度及启示》，《国际经贸探索》2011年第11期，第65—66页。
② 涂永前：《美国金融监管的制度变迁及新改革法案的影响》，《社会科学家》2012年第2期，第108页。
③ 朴英爱、田彪：《〈多德-弗兰克法〉与特朗普政府金融监管改革》，《亚太经济研究》2017年第5期，第84页。

市场等方面,但更多地体现在对原有体系框架的修补和微调,不如美国那般彻底和透彻。[①]

英国金融体系的改革集中体现在 2009 年的《改革金融市场》白皮书当中,详细内容涵盖了五大方面:①着力强化金融管理部门的监管权力。包括对存在不合规行为的金融机构、金融管理部门有权要求其暂停营业;对于未获得许可擅自开展经营范围以外业务的金融机构,有权给予相应处罚;对诸如卖空等扰乱市场秩序的行为,金融管理机构要行使监管权。除此之外,还要求金融管理部门加强对金融市场风险的信息搜集以及监测,及时了解、预判金融系统中可能存在的问题,以强化金融管理部门的信息权。为了提升金融管理部门对系统性风险的监管评价以及管控,还明确了其维护金融稳定的职责。②加强系统性风险管控。明确系统性风险管控的目标是抑制金融系统中会放大经济繁荣的过度信贷扩张和风险承担;提高银行体系抗冲击能力,防止放大经济下滑效应。切实实现央行在系统性风险管控方面的关键作用,提高各个系统彼此的风险监测评估和预警,必要情况下制定相关措施进行缓解。③提升消费者保障。确保消费者的权益能够获得及时、有效的维护;在普遍投诉情况下,允许消费者采取集体行动以获取赔偿等。④加强国际金融监管合作。一方面,继续增强同欧洲各国金融监管的合作;另一方面,积极开拓与非合作区域的审查和合作,进一步促进国际金融监管合作框架的构建。同时,针对宏观层面存在的风险,通过推动构建新的欧洲系统风险管理委员会给出政策性的意见。[②]

3. 欧盟金融监管立法改革

金融危机爆发以来,欧洲金融监管体系无论是整体,还是具体的监管环

---

① 胡滨、尹振涛:《英国的金融监管改革》,《中国金融》2009 年第 17 期,第 23—25 页。

② 鲁篱、熊伟:《后危机时代下国际金融监管法律规制比较研究:兼及对我国之启示》,《现代法学》2010 年第 4 期,第 149—150 页。

节都存在致命性的缺陷,在防御、处理和化解金融危机方面都表现出严重不足。为此,欧盟先后制定了多项涉及金融监管改革的立法,包括但不限于信用评级机构监管提议、存款保障计划修正等。2009 年,《欧盟金融监管体系改革》得到欧盟理事会的批准,该方案被认为是金融危机爆发以来欧盟对金融监管体系立法改革的最重要体现。改革方案的改革措施大致包含下述几个方面:①组建欧洲系统风险理事会,履行宏观审慎监管职责。该理事会作为独立监管机构,将从整体层面对欧洲金融系统实施监管,以实现对宏观金融稳定的维护。该理事会由理事会主席和成员组成,其中欧洲央行行长担任理事会主席,理事会成员由各成员国央行行长、欧盟三大金融监管机构[1]负责人和欧委会成员组成。该理事会作为独立监管机构,对整个欧洲层面的金融系统实施审慎监管,维护宏观金融体系的稳定。②建立欧洲金融监管体系,提升对微观层面的谨慎管控。在微观管控方面,为了实现对跨国金融机构的有效监管,建立了一致性更高的金融监管体系,从而形成有力连接的欧盟监管体系。③全面加强对金融机构的风险管控。金融危机爆发以来,针对金融机构的风险管控,欧盟采取了多项立法改革措施来改善。包括通过引入信用评级机构注册制,加强对信用评级机构的监管;针对存款保障制定修正案,提高最低存款保障金并对给付实现要求降低至 20 天,进一步将补偿程度提升至储备金的百分百,等等。[2]

　　除了上述这几个全球重要的经济体所颁布的一系列金融监管立法改革措施,其他国家或组织也纷纷出台了相应的立法文件。以俄罗斯为例,该国颁布了《支持俄罗斯金融体系额外措施》法案,修订了《俄罗斯联邦责任人存款保险法》和《俄罗斯联邦中央银行法》,明确了为确保该国金融系统的稳定

---

[1]　欧盟三大金融监管机构是指欧洲银行监管委员会(CEBS)、欧洲保险和养老金监管委员会(CEIOPS)和欧洲监管委员会(CESR)。

[2]　鲁篱、熊伟:《后危机时代下国际金融监管法律规制比较研究:兼及对我国之启示》,《现代法学》2010年第 4 期,第 150—151 页。

可以实施的一系列紧急办法;20 国集团于 2009 年伦敦峰会闭幕后发表公报,表示将采取一系列积极行为,致力于建立更强有力的、更加具有全球一致性的监管框架①,等等。

纵观各方立法改革方案,尽管具体措施存在差异,但其改革方向却十分一致,突出体现在:①加强宏观与微观监管,全面控制系统性风险。在传统的金融监管中,更多的强调的是对单个金融机构的监管,避免其出现倒闭或是经营危机;或者是只关注金融业自我存在的风险情况,并对相关风险予以分割化的管控以及监督。随着市场创新和产品创新的迅速发展,这种模式已不再适应防范系统性风险的需要,②监管部门必须从全新的视角对金融机构的风险状况予以监测、分析和识别。例如,监管机构单纯依赖数据的公开或者完全依赖于透明化的监管,已然跟不上金融创新的速度。此外,基于金融系统内相互传导的因素,监管机构对于金融市场的监管,不能仅仅停留在某个产品浅表的风险上,必须从微观的金融产品入手,见微知著地识别整个金融系统潜在的风险。所以,各种改革方案在审慎对待金融创新项目风险变化的同时,均把控制整体系统风险摆在首要位置。②加大对金融消费者的保护。金融危机暴露的另外一个关键问题是,金融消费者作为市场的微观主体,由于主客观条件的限制,他们难以作出审慎的交易决策。一方面,由于金融衍生品本身的复杂性,普通消费者不具备足够的专业知识以帮助他们对金融产品进行充分的认识。另一方面,金融市场信息的不对称性也制约着消费者作出全面、客观的风险评估。例如,在次级抵押贷款中,也正是因为消费者缺乏对可调整利率贷款中利率重新定价后带来的还款压力剧

---

① G20 伦敦峰会金融监管最新进展,转引自邢会强:《金融危机治乱循环与金融法的改进路径:金融法中"三足定理"的提出》,《法学评论》2010 年第 5 期,第 47 页。

② 柳立:《未来全球金融监管的改革防线》,《金融时报》2009 年 9 月 18 日第 8 版。

增的风险的认识,从而陷入了掠夺性贷款①的圈套。为此,各方通过设立专门的消费者金融权益保护机构、完善信息披露制度、加强对信用评级机构的监管等来加强对消费者的保护。③提升国内监管机构彼此之间的协调以及加强国际监管合作成为共同认识。纵览主要国家的金融监管体系,都存在多个监管机构并存的情况。这种多头监管的格局一方面有助于形成监管竞争,促进监管机构专业性的提升;另一方面,也容易导致监管套利,从而降低监管效率。从目前的情况来看,多头监管会在较长时间内存在,但其趋势是通过加强监管机构之间的协调来避免多头监管的弊端。在提升国内监管机构相互协调的基础上,进一步发展国际间的监管合作也为改革的关键之一。金融全球一体化不单单表示着金融行为超过国家边界的限制,也意味着全球的金融风险发生与传播机制日益紧密地联系在一起。② 这在金融危机就是很好的例证。针对系统性的金融风险,每个国家都难以单独地应对和处理,进一步加强国际监管合作成为必然的选择。

回顾域外主要国家的虚拟经济立法历史,我们可以发现,虚拟经济由个别到一般,从局部到全局,从一国到另一国,是由小变大、由点到面发展壮大而来的,与此历程相对应的虚拟经济立法,当然也是由星星之火而成燎原之势。从虚拟经济个别法律问题研究,到虚拟经济行业法律研究,再到跨虚拟经济行业的"金融法"研究,从无到有,从简单到复杂,从粗略到精细,正是这一历史演进的写照。在这一进程中,我们也可以清晰地发现,虚拟经济立法的发展总是与金融危机相伴。实体经济是大国崛起的基础,但是自由放纵的虚拟经济也成为金融风险的根源。虚拟经济本身是向"实"而生的。虚拟

---

① 对于"掠夺性贷款"并没有一个统一的定义。一般来说,"掠夺性贷款"是指以不了解信贷市场且信用记录较低的购房者或借款者为目标的一种有误导性或欺诈性的贷款行为,是一种有利于抵押贷款经纪人、贷款人和证券化者,但有损于借款人利益的贷款行为。参见 Kathleen C. Engel, Patricis A. McCoy: Turning A Blind Eye: Wall Street Finance of Predatory Lending(2007),转引自宋晓燕:《美国抵押贷款证券化中的消费者保护问题》,《法学》2011 年第 3 期,第 123—124 页。
② 石俊志:《金融危机生成机理与防范》,中国金融出版社,2001,第 134 页。

经济的发展是以实体经济的发展需求为其发展限度。但如果虚拟经济发展超过了实体经济发展需求这一必要限度,就会出现所谓的泡沫问题,反而会制约实体经济的发展。

无数事例昭示我们,如果放任虚拟经济中系统性风险的星星之火,其成燎原之势的金融危机、经济危机势在必然。历史上危机的发生很大程度上是虚拟经济过度发展所致。每次金融危机均会推动社会陷入沉思,思考当下的金融运行机制、观念以及制度潜在的不足和疏漏。从而颁布对应的法律规章去弥补疏漏,推动市场秩序完善。获利为资本的天性,贪婪则是资本家的本性,他们往往会通过金融创新来突破已有的法律架构,或者说服政府颁布放松管制的法律。这在一定的时间内可以实现较好的发展和繁荣,但长此以往势必会导致新一轮的经济危机,进入又一轮的立法潮流。也就是说,立法放纵虚拟经济的发展,迟早会导致灾难,会导致法律匆忙收缩,而短期的法律收缩一旦被冲破,又会出现放任发展的局面,彼时法律又需要匆忙收缩。这种循环可以总结为:放松管制—金融危机—法律变革—加强监管—克服危机—金融创新、放松管制—经济繁荣、盛极而衰—金融危机—新一轮法律变革。① 这种反复轮转的历程折射出一种结论,在实体经济与虚拟经济并存发展中又有所偏离的经济金融市场,虚拟经济立法必须与时俱进,切忌在金融的每次创新中得意忘形,要做到在整个金融市场领域不留法律真空,应对风险适时全面覆盖。现代虚拟经济领域是一个极其复杂的系统,不管风险管控手段怎样高明,即便再完善的单个金融机构也难以避免源于机构内部原因或市场外部的变化而遭受风险事件的影响。这是由虚拟经济市场的高不对称性、高杠杆比率、高度关联等特征所决定的。美、英、日等国在过去几十年的虚拟经济立法中,每次法律制度的变革都显示了先前制度在监管上的不足,尽管如今他们的法律制度和监管机制较过去已然成熟和

---

① 李喜莲、邢会强:《金融危机与金融监管》,《法学杂志》2009 年第 5 期,第 14 页。

完善了太多,但由于其先天对经济金融奉行的"自由主义"理念,他们在法律制度及监管机制的变革上始终留下了"自由"的影子。对强调自由市场的他们来说,监管好似是强加在其身上的"重石"。所以在立法实践中,他们总是有畏首畏尾的担忧,也正是如此,世界历史上惨重的经济(金融)危机几乎都来源于这些国家。[①]

其实,世界上从来就没有纯粹的自由放任的市场经济。经济危机的教训也在不断地警醒着世人,过度强调自由化的金融以及推动金融自由化的发展,拒绝政府的管制,则会把整个金融市场暴露于真空环境下。任由其无限度的自我发展,最终结果也必然是整个金融市场内在缺陷的系统爆发,由此诱发全球性的经济危机事件。[②] 世间万物的发展应控制在其自身发展规律与需求的一个度,过犹不及,乃人类发展史上已获公认的铁律。在历次危机面前,包括像美国这样奉"金融自由化"为圭臬的国度,也越来越重视政府有形之手对金融市场的管理和调节。那么在虚拟经济领域,这个风险积累最深、最不稳定的部分,其必然的趋势——自由只可以是相对而并非绝对的,只可以是有管制的而并非放纵的,只可以是有限的而并非无限的。

---

① 胡光志等:《中国预防与遏制金融危机对策研究:以虚拟经济安全法律制度建设为视角》,重庆大学出版社,2012,第102页。

② 车亮亮:《论美国金融危机的法律成因及启示》,《当代法学》2010年第4期,第127—128页。

第二章　我国虚拟经济立法的历史考察

　　读史使人明鉴,我们要了解过去、把握现在、引领未来。前事不忘,后事之师,我们要以史为鉴,创造更加美好的未来。考察虚拟经济立法史的首要目的在于以史实说明虚拟经济立法现象的客观存在,并提示其与虚拟经济发展的关联性,而不是非要证明其一定古老。①

　　第一次鸦片战争爆发以前,具有虚拟经济特征的经济现象还在孕育中,不可能成为一种可以和实体经济相提并论的经济制度安排。但是,这一时期存在的实体经济虚拟化进程中的经济虚拟现象潜移默化地影响着虚拟经济立法。我国虚拟经济立法大抵起源于清末时期,在 1840 年第一次鸦片战争爆发至 1949 年新中国成立前,清政府、北洋政府、南京国民政府以及民主革命时期根据地都进行了不同程度的虚拟经济立法。由于我国近代以来的社会动荡及人民革命等,虚拟经济立法呈现一定的不连续性,线状与块状时有并存。

　　1949 年新中国成立后,从解放初期的承认、限制、逐步取消,到文化大革命时期的彻底毁灭,再到改革开放后的复活,我国虚拟经济立法经历了曲折的发展演化过程。② 从 1978 年实施"改革开放"发展战略到 1994 年社会主义市场经济体制的确立再到 2001 年加入 WTO 初期,我国逐渐从政策性的

---

① 胡光志:《虚拟经济及其法律制度研究》,北京大学出版社,2007,第 125 页。
② 胡光志:《虚拟经济及其法律制度研究》,北京大学出版社,2007,第 131 页。

开放经济演进为制度性的开放经济。虚拟经济本身是一个经济学上的舶来品,是一个与实体经济相对应的概念。我国虚拟经济与实体经济的概念正式被采用是在中国共产党第十六次全国代表大会的报告中,该报告指出,正确处理、发展高新技术产业与传统产业、资金技术密集型产业与劳动密集型产业、虚拟经济与实体经济的关系。十八届三中全会又提出要构建"开放型经济新体制",为我国经济今后一个时期的发展指明了方向。2013年,十八届三中全会通过的《中共中央关于全面深化改革若干重大问题的决定》提出了"构建开放型经济新体制""扩大金融业对内对外开放"的战略构想。2017年,全国第五次金融工作会议更是要求"要积极稳妥推动金融业对外开放,合理安排开放顺序,加快建立完善有利于保护金融消费者权益、有利于增强金融有序竞争、有利于防范金融风险的机制";2019年,十九届四中全会通过的《中共中央关于坚持和完善中国特色社会主义制度推进国家治理体系和治理能力现代化若干重大问题的决定》提出"建设更高水平开放型经济新体制";2020年,十九届五中全会审议的《中共中央关于制定国民经济和社会发展第十四个五年规划和二〇三五年远景目标的建议》要求"推进金融双向开放"更是为近几十年的金融发展格局奠定了基调和指明了方向。开放型经济是相对于封闭、半封闭经济而言的,是外向型经济的升华,是我国对外开放的科学总结。自改革开放以来,随着经济社会改革的深化、世界经济一体化的加强以及虚拟经济的发展,我国虚拟经济立法取得了长足发展,成绩斐然。

这里以1840年中英第一次鸦片战争爆发、1949年新中国成立、1994年社会主义市场经济体制确立这三个历史节点分为:1949年新中国成立前;1949年新中国成立至1993年计划经济时期;1994年以来社会主义市场经济时期的虚拟经济立法三个历史阶段进行考察。从每一历史阶段的虚拟经济发展情况出发,具体考察虚拟经济立法概况及其特点。

一、1949 年新中国成立前的虚拟经济立法

1840 年第一次鸦片战争爆发是我国历史上一个重要历史节点。1840
年第一次鸦片战争爆发以前是我国历史上所称的"古代";1840 年第一次鸦
片战争爆发至 1949 年新中国成立前是"近代"。我国古代具有虚拟经济特
征的虚拟经济现象还处于萌芽态势,这一时期没有产生实质意义上的虚拟
经济立法。近代中国由于社会动荡不安及人民革命等,清政府、北洋政府、
南京国民政府以及民主革命时期根据地都进行了相应的虚拟经济立法,虚
拟经济立法呈现出一定的不连续性,线状与块状时有并存。

(一)本阶段虚拟经济发展情况

1.1840 年第一次鸦片战争爆发以前

人类商品交换的历史演进:物物交换—商品货币(牲畜、石头、贝壳)—
贵金属货币(青铜、金银)—铸币—纸币(信用货币,法定货币符号)。人类
在满足自身此方面需要有了此剩余物品以及为了满足彼方面需要欠缺彼物
品时偶然地发生了简单的、直接的以物易物交换即物物交换。但是,物物交
换的种类多且不固定,无法进行相互间交换价值的公平、准确衡量,并且以
物易物交换也带来诸多不便。于是渐渐地演进到将等价物固定在牲畜、石
头、贝壳等媒介物品上的商品货币阶段,这样就可以把自己不需要的剩余物
品转换成牲畜、石头、贝壳媒介物品,再用牲畜、石头、贝壳去换取需要的欠
缺物品。虽然用牲畜、石头、贝壳充当商品货币较之直接的物质交换能更加
公平地衡量相互间交换价值,但仍存在使用与保存牲畜、石头、贝壳等价物
的不便。后来,慢慢地演进到以青铜、金银充当等价物的贵金属货币阶段。
贵金属其本身价值比较稳定,这使商品的交换价值得以更加公平、准确地衡
量,但贵金属材料稀缺,容易磨损,不便携带。随着社会经济发展,统治阶级
为了管理和统治的需要,以国家的名义制定了统一的度量衡,规定不同数

量、大小、形状的贵金属代表一定量的价值,于是出现了铸币。但是,铸币仍需要大量实物属性的贵金属制作而成,并且不便携带。随着商品经济的发展,铸币逐渐被国家统一发行的纸币所代替。以国家信用作为担保,通过立法形式由国家统一发行的货币符号(纸币)取代了足值的货币,并且规定了每单位纸币代表一定的金量,但不能兑换金银。① 纸币流通的特殊规律只能从纸币是金的代表这种关系中产生。这一规律简单说来就是,纸币的发生限于它象征地代表的金(或银)的实际流通的数量。②

从物物交换—商品货币(牲畜、石头、贝壳)—贵金属货币(青铜、金银)—铸币—纸币(信用货币,法定货币符号)的产生不是偶然的,是社会经济发展到一定历史阶段的必然产物,是人类商品交换演进的质的飞跃。纸币的发行和流通,由于纸币是国家发行的强制使用的法定货币符号,当其取代金属货币后,人们对财富的尊崇逐渐由实物财富转移到具有货币表征的价值财富。

简单的、直接的物物交换以及通过牲畜、石头、贝壳等媒介物品的交换,虽然具有货币的初始形式,但是没有创造任何信用,与信用无关。经过漫长的历史过程,直到贵金属铸币全部退出流通,信用与货币结合在一起成为信用货币,它是虚拟经济形成的起点。③

我国南北朝时期就发生过"货币名目主义与金属主义之争"。④ 当时统治阶级为了聚集和搜刮财富,一再实行铸币贬损的政策,发行贬值的铜币。赞同发行贬值铸币的观点,主张货币名目主义,认为铜钱不过是无用之物,铜钱的价值是政府根据国家利益的需要赋予的而已。而反对发行贬值铸币

① 崔祥龙:《起源、演变及实现:虚拟经济研究》,西南财经大学博士论文,2014,第54页。
② 中共中央马克思恩格斯列宁斯大林著作编译局:《马克思恩格斯选集(第二卷)》,人民出版社,2012,第145页。
③ 吴秋璟:《虚拟经济制度与结构变迁的研究》,复旦大学博士论文,2004,第31页。
④ 宋杰:《中国货币发展史》,首都师范大学出版社,1999,第130页。

的观点,主张货币金属主义,认为铜钱本身具有内在的价值,其名义价值应该和铜币本身的重量相符。从我国货币发展史的一个短暂时期的货币现象来看,货币名目主义与金属主义之争在一定程度上反映了从实物货币到信用货币发展阶段上的一个真实缩影。①

北宋时期四川地区的"交子"是我国最早出现的纸币,也是世界上最早出现的纸币。"交子"的出现是金融货币制度发展的重大变革和创新,是货币虚拟化的开端和重要起点。《宋史食货志》写道:"会子、交子之法,盖有取于唐之飞钱。"一定程度上来讲,宋代的"交子"是从唐朝的"飞钱"演变而来的。② 为了适应商人外地办货的交易需要,唐朝后期出现的具有汇票性质的"飞钱",实际发挥着货币的部分职能,可以带到汇所换成铜币。但是,"飞钱"不能支付和购物,不是真正意义上的货币。

北宋的"交子"也是适应当时商品交易的需要发展起来的,其肇因始于宋代铜钱与铁钱溷用而不便于携。北宋的"交子"大致历经以下三个发展阶段。第一阶段,政府不予限制,商人自由发行。一些经营现钱保管业务的商人开出一种"收据"式票券,称为"交子",民间支付可以用来充当货币,但私人发行出现许多伪造、违约等弊端。第二阶段,政府出面整顿,商人联合发行。"交子"具备了大部分货币职能,可以用于购买商品、地产、庄园。虽然商人联合发行"交子"信用度有所提高,但是违约、破产等弊端时有呈现。后来政府出面整顿商人联合出现的"交子铺"或称"交子户",最后"交子"也难逃被废弃之命。第三阶段,政府发行"官交子"。为了规范"交子"的使用,北宋政府对"交子"的每期发行额、票面金额、流通地域、流通期限等作出相应规定。1023 年(宋仁宗天圣元年),宋朝设置了益州交子务。1024 年,发

---

① 崔祥龙:《起源、演变及实现:虚拟经济研究》,西南财经大学博士论文,2014,第 74 页。
② 崔祥龙:《起源、演变及实现:虚拟经济研究》,西南财经大学博士论文,2014,第 76 页。

行了"官交子",成为世界上第一个发行国家纸币"交子"的国家。[①] 宋代纸币的产生标志着我国经济虚拟化现象的出现。毕竟通过这种信用货币进行的商品交换不是金属货币阶段的交换,也不是间接的媒介物品阶段的交换,更不是直接以物易物阶段的交换。北宋"交子"基本具备了现代纸币的雏形,但是由于经济基础不雄厚、商品经济不发达、发行动机不纯正等因素,世界上最早的纸币未能逃脱夭折之厄运。[②]

宋代发行纸钞与铜钱并行,纸钞可以兑换,并有白银流通;元代发行"中统元宝钞"开始时可以兑换,但很快停止兑换;明代发行"大明宝钞"不可兑换,开始时曾禁铜乃至禁金银流通,后解除禁令。[③] 现代意义上的纸质货币是指由国家发行并强制流通的以国家信用为基础的不可兑现信用货币。[④] 纸币是国家法定的货币符号,就其本身无任何价值,也不代表一定的金量,是不能兑换金银或贵金属的。

金融的原本意义是资金融通,即资金剩余者与资金需求者以信用方式进行的资金余缺调剂。在现代意义上的银行概念传入我国之前,从南北朝(约 5 世纪)开始至明朝前期(约 15 世纪),曾出现以发放高利贷为业的质库、廨典库;以代客保管钱财为业的柜坊、邸店;以专门从事金银、钱钞等货币和盐钞、茶引等具有汇票性质的有价证券买卖为业的交子铺、交引铺、金银盐钞引交易铺。但以上这些类似银行的金融组织均未发展成为以经营存贷款和汇兑为主要业务的银行业。[⑤]

2.1840 年第一次鸦片战争爆发至 1949 年新中国成立前

近代中国社会动荡不安,实体经济不发达,恶性通货膨胀时有发生。证

---

① 宋杰:《中国货币发展史》,首都师范大学出版社,1999,第 195—198 页。
② 崔祥龙:《起源、演变及实现:虚拟经济研究》,西南财经大学博士论文,2014,第 77 页。
③ 吴秋璟:《虚拟经济制度与结构变迁的研究》,复旦大学博士论文,2004,第 32 页。
④ 曾婕:《虚拟经济演进机制研究》,浙江大学硕士论文,2009,第 28 页。
⑤ 马志刚:《中国近代银行业监理法律问题研究》,中国政法大学博士论文,2001,第 6 页。

券市场投机的风险小于实体经济的投资风险。因此,近代中国证券市场投机盛行成为一种必然现象。① 近代中国证券市场投机之风盛行,社会大量资金进入证券市场造成过度投机的局面,最终形成实体经济发展缺乏资金支持,导致整个实体经济不发达。

清末时期,随着通商口岸的被迫开放,越来越多的外国商人进入通商口岸并设立股份公司,通过发行股票筹集资金。现代股票、债券等虚拟经济形式是近代才从西方过来的"舶来品"。近代中国的证券市场主要是指股票市场和债券市场,其组织形式是证券交易所,最初的证券交易所由外商创办,随后国人亦创办了自己的交易所。证券交易在我国大约起始于鸦片战争之后。据史料记载,1869 年,我国上海就已经有了主要从事外国企业股票买卖的外国商号,但当时的买卖并不兴隆。1872 年,中国近代第一只华商企业股票发行。在洋务运动兴起后,中国人于 1880 年前后开始从事自己的证券交易。1882 年 8 月 12 日的《申报》载:"现在沪上股份风气大开,每一新公司起,千百人争购之,以得股为幸。"②同时,期货交易也发端于清朝末年,如梁启超组织的"股份悬迁公司"(即交易所)、1918 年创建的北平证券交易所、1920 年上海的证券物品交易所,则是我国期货交易所的最早形式。③ 清末股票、证券交易行为以及专门交易所的出现,标志着我国有价证券和证券市场的诞生。④

清光绪二十三年(1897 年),盛宣怀正式创办中国第一家银行即中国通商银行,开中国新式银行之先河,总行设在上海。1905 年 9 月 27 日,官办户部银行在北京成立,这是中国最早的中央银行。清光绪三十二年(1906

---

① 王志华:《略论中国近代证券立法》,《江西财经大学学报》2004 年第 6 期,第 74 页。
② 宁晨新、刘俊海:《规范的证券市场》,贵州人民出版社,1995,第 21 页。
③ 林一:《中外期货交易所法律监管制度研究》,大连海事大学硕士论文,2001,第 45 页。
④ 尹振涛:《中国近代证券市场监管的历史考察:基于立法与执法视角》,《金融评论》2012 年第 2 期,第 104 页。

年),无锡富商周廷弼(舜卿)创办信成商业储蓄银行,这是中国第一家纯粹由私人资本创办的商业储蓄银行。[①]

北洋政府时期,公债、股票发行增多,但由于监管不力,此时的证券市场发展无序,大起大落。[②] 民国十年(1921年)年底,上海还是爆发了因滥设交易所、信托公司以及股票严重投机而引发的金融风潮,证券价格暴跌,致使大批交易所的信托公司倒闭,史称"民十信交风潮"。究其原因,早期交易所获利丰厚,交易所和信托公司跟风设立,引发过度投机,是其直接原因;北洋政府对交易所重审批、轻监管,是其根本原因。[③]

近代中国工商业发展不平衡,商业资本始终大于工业资本。民国时期尤为明显……1936年全国民族资本中,工业净产值为11.7亿元,同年的商业营业额高达30亿元,高出工业产值近3倍,而越到后来商业资本所占的比重越大,抗战前中国的商业资本约占工商业全部资本的70%……银行业作为商业中一个主要行业,与国内工商业的发展并不协调。无论从数量还是经营资本上,都远远超过国内工业以及其他商业发展速度。从1897年中国第一家银行设立到1911年,中国共设立本国银行30家,资本总额约2 557.7万元;在1912—1927年,中国新设银行多达313家,资本总额高达20 602.8万元。[④]

在土地革命时期、抗日战争时期、解放战争时期,面对敌人的军事围剿与经济封锁,各革命根据地按照中央的财经决定,为了应对敌人的经济封锁和克服根据地面临的经济困难,几乎在各个历史时期都曾借用金融手段发

---

① 虞瑾:《论我国银行法体系的演进:兼论银行公法与银行私法的有关问题》,华东政法大学博士论文,2009,第78页。

② 郑仁木:《民国时期证券业的历史考察》,《史学月刊》1998年第3期,第99页。

③ 宋承国:《中国期货市场的历史与发展研究》,苏州大学博士论文,2010,第26页。

④ 虞瑾:《论我国银行法体系的演进:兼论银行公法与银行私法的有关问题》,华东政法大学博士论文,2009,第48页。

行过货币、流通券及证券。在民主革命时期,中华苏维埃共和国临时政府、晋察冀革命根据地、定凤滁三县等都发行过各种不同类型的证券。[①] 据统计,在土地革命战争、抗日战争和解放战争时期,革命根据地所发行的证券,种类达 122 种。这些证券包括饭票(红军饭票)、米票、本票、粮草票、赈灾券、公债券等。各革命根据地发行的银行券、流通券、代价券、人民券等,具有货币的性质。其中,股票是最典型的有价证券,也是最具流通性的证券。从现有资料来看,最早发行股票的根据地是闽浙赣革命根据地,时间是在第二次国内革命战争时期的 1932 年。后来,川陕革命根据地还出现过近乎合股公司性质的"合作社",合作社资金的来源是合股,到时按股分红。山东根据地的北海银行清河分行为扩大经营规模,粉碎日伪的经济侵略,也曾发行过股票。由此可见,股票作为现代金融融资手段,在根据地的经济生活中曾扮演过十分重要的角色。[②] 在这一特殊时期,根据地充分发挥革命的创造性,所发行的流通券、证券等得到广大人民群众的支持,成为非常有效的融资手段,筹集了革命斗争与经济建设的经费,为革命取得最后胜利奠定了重要的物质基础。

(二)本阶段虚拟经济立法概况及其特点

遵循人类社会经济发展历史脉络,考察我国虚拟经济立法演进历程。1840 年第一次鸦片战争爆发以前,我国虚拟经济现象还处于萌芽态势,具有虚拟经济特征的经济现象寥寥可数,不可能成为一种可以和实体经济相提并论的经济制度安排。毕竟,当时实体经济占据压倒性主体地位,没有留给

---

① 中华苏维埃共和国临时政府、湘鄂西、湘赣、湘鄂赣、闽浙赣、陕甘宁边、晋西北、晋察冀、苏皖边、豫鄂边、华南、皖南、粤赣湘、襄西区、粤桂、东北、琼崖等革命根据地,以及闽西南军政委、山东省胶东区、定凤滁三县、盱眙县、阜宁县、湖东行政办事处、东江纵队、广东省东北江人民行政委员会、潮梅人民行政委员会、云南省等都发行过各种不同类型的证券。参见中国人民银行金融研究所:《中国革命根据地货币》,文物出版社,1982,第 103 页。

② 田东奎:《论革命根据地的证券法律制度》,《政法学刊》2004 年第 3 期,第 110 页。

虚拟经济之花盛开所需的阳光、雨露与土壤,这也是当时的社会经济所处的时代使然,符合虚拟经济自身演变发展的内在规律。其实,统治者为了解决当时的财政困境,在违反金属本位制的财政限制情况下,短暂地打造了虚拟经济活动的制度环境和制造了虚拟经济活动的产品,才呈现出了这些偶尔发生的虚拟经济活动现象。[①] 尽管1840年第一次鸦片战争爆发以前没有真正意义上的虚拟经济,当然更谈不上虚拟经济立法,但是可以更直观地呈现我国虚拟经济及其立法从无到有的演变历程。从立法的专业性来看,尽管1840年鸦片战争前没有真正意义的虚拟经济立法,但是这一时期存在的实体经济虚拟化进程中的经济虚拟现象潜移默化地影响着虚拟经济立法。

虽然这一时期没有真正意义上的虚拟经济立法,但是虚拟经济现象还是在孕育产生中。这也是虚拟经济立法从0到1的孕育过程,毕竟万物生长乃从0开始。为了纵观虚拟经济立法全貌,当然不应只考察虚拟经济立法从1到100的发展过程。但我国古代立法是民刑不分、实体法与程序法不分的状态,介于我国虚拟经济现象还处于萌芽态势,这一时期没有产生实质意义上的虚拟经济立法。

我国虚拟经济立法大抵起源于清末时期,真正进行较大规模的虚拟经济立法则是在南京国民政府时期。但由于中国近代以来的社会动荡及人民革命等,清末时期、北洋政府时期、南京国民政府时期、民主革命根据地时期虚拟经济立法呈现出一定的不连续性,线状与块状时有并存。例如,清政府末期的《公司律》虚拟经济立法有名无实;北洋政府时期的《公司条例》《证券交易所法》《物品交易所法》等虚拟经济立法也属短命;南京国民政府时期存在《公司法》《新交易所法》《交易所法施行细则》等虚拟经济立法;在国民党统治时期共产党领导的革命根据地也有虚拟经济立法。[②] 见表2.1。

① 吴秋璟:《虚拟经济制度与结构变迁的研究》,复旦大学博士论文,2004,第31页。
② 胡光志:《虚拟经济及其法律制度研究》,北京大学出版社,2007,第130页。

表 2.1　我国近代主要的虚拟经济立法情况

清政府时期主要的虚拟经济立法	
法规名称	颁布或修订时间/年
公司律	1904
银行通行则例	1908
北洋政府时期主要的虚拟经济立法	
法规名称	颁布或修订时间/年
公司条例	1914
证券交易所法	1914
证券交易所法施行细则	1915
证券交易所法附属规则	1915
物品交易所法施行细则	1921
物品交易所法附属规则	1921
银行通行法	1924
银行通行法施行细则	1924
南京国民政府时期主要的虚拟经济立法	
法规名称	颁布或修订时间/年
公司法	1929
交易所法	1929
交易所法施行细则	1930
银行法	1931
修正交易所法	1935
公司法	1946
银行法	1947

1.清政府时期的虚拟经济立法

介于清朝末年的政治、经济环境以及股票、债券是从西方过来的舶来品,尽管已出现证券交易所及证券交易,但尚未对此进行专门性立法,没有构建起关于社会经济中出现的这一新事物的"游戏规则"。

我国的证券相关性立法可以追溯到清末时期。证券市场的基础法律制度需要股份制度的相关规定予以支持。证券发行肇始于公司成立和扩张对资金的需求,因此,证券发行与公司之间存在着紧密联系。19世纪晚期,近代中国虽已有股份公司的设立和股票发行,但依据的仅是"国际约章、立案合同、试办的奏咨和批准的章程",并没有统一的国家层面制定的法规可以遵循。[①] 清末时期,股票与债券在近代中国不断蔓延,为规范此类行为,1904年3月,清政府颁布《公司律》,规定公司必须申报商部注册"方能刊发股票,违者股票作废",同时要求"每股银数至少以五圆为限,惟可分期缴纳""股份银数必须划一,不得参差"。[②]《公司律》对公司招股信息披露也作了一定的规定,"如须招股,必先刊发知单,并登报布告众人"。[③]《公司律》是我国历史上涉及证券内容的第一部基本法规,尽管《公司律》关于股票发行的规范还非常简略,但仍具有开创性的历史意义。

金融之于国家,犹如血液之于人体,须臾不可或缺。清光绪二十四年(1908年),清政府颁布了我国第一部现代意义上的银行法规——《银行通行则例》,其第十六条是适用普通商业银行的条例,标志着我国银行立法的开端。[④]《银行通行则例》对监管主体、监管对象、监管措施等作了详细的规定。毕竟清末银行立法处于萌芽和探索阶段,《银行通行则例》规定仍存在着诸多不足。例如,虽然规定了银行设立实行注册制度,但是没有统一规定

---

① 王效文:《公司法》,商务印书馆,1936,第35页。

② 尹振涛:《中国近代证券市场监管的历史考察:基于立法与执法视角》,《金融评论》2012年第2期,第104页。

③ 王志华:《中国近代证券法》,北京大学出版社,2005,第52页。

④ 施春红:《近代中国金融法规研究:以1931年、1947年颁布的〈银行法〉为例》,东华大学硕士论文,2012,第1页。

银行的组织形式;虽然规定了银行注册时必须详报资本总额,但是没有规定最低资本限额;等等。尽管清末银行业发展向前迈进了一步,驶入了法律化的发展轨道,但还是未能终结银行之设立、货币之发行、业务之经营的无政府状态;银行金融风潮的此起彼伏,也未能彻底平息。[①]

2. 北洋政府时期的虚拟经济立法

晚清时期,因股票投机而引发的 1883 年金融风潮、1910 年橡皮股票风潮等,北洋政府吸取前车之鉴,高度重视证券市场监管,以期规范证券市场发展,降低证券市场风险。北洋政府通过先行立法的方式引导和促进证券市场的发展,加强对证券市场的监管。[②] 到了北洋政府时期,我国开始了专门的证券立法。1914 年,北洋政府在继承清末《公司律》的基础上颁布了《公司条例》,共六章二百五十一条,总体结构分为总纲、无限公司、两合公司、股份有限公司、股份两合公司、罚则、附则。《公司条例》在内容上更为丰富,新增很多规定。例如,在第四章股份有限公司这部分就具体分为设立、股份、股东会、董事、监察人、公司之计算、公司债、变更章程、解散、清算十节。《公司条例》关于股票的发行有了更加详细的规定,公司可依照章程发行优先股、记名股或无记名股,股票可以自由转让,但记名股票转让时,必须将承买人的姓名、住址记载于股东名簿;股份有限公司可平价或溢价发行股票,但不得少于票面银数,第一次当缴之股银,不得少于票面银的四分之一;等等。《公司条例》是一部颇具水准的公司法,基本奠定了公司法的模式,对后续国民政府的公司立法影响甚大。[③] 1914 年 12 月,北洋政府颁布了《证券交易所法》,设置了总则、组织及设立、经纪人、职员、交易、监督、罚则、附则,共八章三十五条。该法明确规定设立证券交易所须经农商部核准,对证

---

① 聂柳:《中国近代银行监管立法研究》,华南理工大学硕士论文,2010,第 6 页。
② 宋承国:《中国期货市场的历史与发展研究》,苏州大学博士论文,2010,第 75 页。
③ 王志华:《略论中国近代证券立法》,《江西财经大学学报》2004 年第 6 期,第 71 页。

券交易所的组织形式、成立程序、组织结构、业务范围、监督管理以及经纪人必须具备的条件和证券现货交易进行了规范。在近代证券市场形成与发展的进程中,证券立法存在明显的时滞性。从1872年中国近代第一只华商企业股票发行,到1914年我国历史上最早的有关证券交易的专门法规——《证券交易所法》的颁布实施,经历了40余年的漫长历程。[①] 尽管《证券交易所法》的规定还较为简单,但这对促进当时我国证券交易市场的发展具有重要意义。[②]《证券交易所法》反映了立法者监管证券市场的法律思想以及建立民族交易所的强烈愿望,立意高远,具有开创性的历史意义。[③]《证券交易所法》的颁布,标志着证券市场进入蓬勃的发展阶段。

1915年5月,北洋政府颁布了作为《证券交易所法》的配套规定《证券交易所法施行细则》和《证券交易所法附属规则》,进一步完善了设立证券交易所的法制环境。其中《证券交易所法施行细则》共计26条,对设立证券交易所的具体条件、必备手续、申请程序等方面作出细化规定。《证券交易所法附属规则》共计13条,对证券交易所的股本、营业保证金、经手费、经纪人保证金等具体问题进行了规定。[④] 1918年,中国人自己创办的第一家证券交易所——北平证券交易所成立。随后,上海证券物品交易所、上海华商证券交易所、上海金业交易所也相继宣告开业,中国期货市场初步形成。1921年3月,北洋政府颁布了《物品交易所法》,共计四十八条,对商品期货市场进行了规范,对市场监管部门及监管权限作出类似于证券市场的规定。1921年4月,北洋政府公布了《物品交易所法》的配套规定《物品交易所法

①　尹振涛:《中国近代证券市场监管的历史考察:基于立法与执法视角》,《金融评论》2012年第2期,第110页。

②　王志华:《略论中国近代证券立法》,《江西财经大学学报》2004年第6期,第71页。

③　宋承国:《中国期货市场的历史与发展研究》,苏州大学博士论文,2010,第76页。

④　尹振涛:《中国近代证券市场监管的历史考察:基于立法与执法视角》,《金融评论》2012年第2期,第105页。

施行细则》三十三条以及《物品交易所法附属规则》十六条，对交易所的设立以及商品定期买卖的方法等方面进行细化补充规定。[①] 北洋政府颁布实施的《证券交易所法》《物品交易所法》及相关配套细则、附属规则，使得在我国境内设立交易所有章可循、有法可依，对规范交易所以及促进期货市场发展意义非凡。

1924 年，北洋政府制定了《银行通行法》，共二十四条，以及《银行通行法施行细则》，共十九条，遗憾的是这两部银行法规没有在实践中得到实施。但是，在理论层面为近代中国银行法制建设作出了不可抹杀的贡献。[②] 北洋政府《银行通行法》是在大清《银行通行则例》的基础上进一步修订、完善而形成的。其进步之处主要表现在：①首次将外国银行纳入监管范围，外国银行在华设立分行和代理机构必须遵守相关法律规定；②限制小银行的滥设，降低金融风险，规定了设立银行的最低资本限额；③明确银行业务范围，规范货币流通，统一货币发行；④财政部行使银行监管职责，有权责令银行暂停营业；等等。但是，《银行通行法》未对银行固定资产管理、银行利润分配比例管理、股份管理、入股管理等方面作出相应的规定。[③]

3.南京国民政府时期的虚拟经济立法

我国真正进行较大规模的虚拟经济立法则是在南京国民政府时期。在全面修订北洋政府《公司条例》的基础上，南京国民政府于 1929 年 12 月颁布了《公司法》。该法共六章一百三十三条，其中股份有限公司一章最为详细，共分十节，在股票发行与上市交易方面的规定比以前更加充实。[④]

---

① 宋承国：《中国期货市场的历史与发展研究》，苏州大学博士论文，2010，第 76 页。

② 施春红：《近代中国金融法规研究：以 1931 年、1947 年颁布的〈银行法〉为例》，东华大学硕士论文，2012，第 1 页。

③ 聂柳：《中国近代银行监管立法研究》，华南理工大学硕士论文，2010，第 13—14 页。

④ 尹振涛：《中国近代证券市场监管的历史考察：基于立法与执法视角》，《金融评论》2012 年第 2 期，第 105 页。

　　1946 年,对《公司法》进行了修订,条文增至三百六十一条,更加详细地规定了股份公司的有关内容,简化关于公司债的募集程序,使《公司法》内容更为丰富,结构更为合理,也更具有现代性。但是,《公司法》对于发行公司债变得过于轻易,仅须董事会决议即可发行,不再像以前那样需要股东会特别决议方能发行,此乃此次修订《公司法》一大疏漏之处。① 为了严惩伪造有价证券等证券违法行为,1935 年颁布施行的《刑法》中新增了第十三章"伪造有价证券罪",以维护证券市场经济秩序。

　　同时,南京国民政府于 1929 年 10 月颁布的《交易所法》,是在合并、修改、补充原北洋政府颁布的《证券交易所法》和《物品交易所法》的基础上形成的。该法共八章五十八条,分为设立、组织、经纪人及会员、职员、买卖、监督、罚则和附则。南京国民政府颁布的《交易所法》较北洋政府颁布的《证券交易所法》共增加二十三条,内容较前丰富。其中增加或改变的内容主要有:①同一物品在同一地区只能设立一所交易所;②交易所可以自行选择股份公司或同业会员两种形式;②③无行为能力者不得为证券交易所经纪人;④经纪人和委托人向交易所缴纳保证金或证据金以及交易所向国家缴纳保证金;③ ⑤加大对违法者刑事责任的追究。④ 此后,1930 年 3 月,南京国民政府工商部又颁布了《交易所法施行细则》。1935 年 4 月,为了进一步加强证券市场的监管力度,规范证券市场的发展,南京国民政府实业部颁布了《修正交易所法》,共八章六十一条。其修正的主要目的是"取缔公务员为买

① 王志华:《略论中国近代证券立法》,《江西财经大学学报》2004 年第 6 期,第 71 页。
② 尹振涛:《中国近代证券市场监管的历史考察:基于立法与执法视角》,《金融评论》2012 年第 2 期,第 106 页。
③ 王志华:《略论中国近代证券立法》,《江西财经大学学报》2004 年第 6 期,第 72 页。
④ 原《证券交易所法》罚则部分仅有两条,只规定了罚金,对违法者处以财产刑;现《交易所法》罚则部分增加为八条,并对违法者追究刑事责任。

空卖空之投机交易,使经纪人不得接受公务人员之委托"。① 1935 年的《修正交易所法》相比 1929 年的《交易所法》,加大了对证券市场违法行为的打击力度,以期重拳打击证券市场长期存在的市场操纵和内幕交易顽疾。但是,在这一时期,由于战争破坏、经济制约以及市场投机等因素的影响,交易所被视为投机场所,期货市场应有的功能没有发挥出来,反而成了投机的代名词。②

南京国民政府后来又颁布了新的《交易所法》,对证券市场进行了规范与整顿,使市场逐渐步入规范有序的发展轨道,但最终却因经济崩溃而告终。③ 新中国成立后,南京国民政府迁往我国台湾地区,其证券立法为我国台湾证券立法所承继和完善。在总结前述立法经验的基础上,我国台湾地区于 1968 年 4 月通过了《证券交易法》,从此建立了我国台湾地区比较完善与成熟的证券立法。④

1931 年,南京国民政府起草《银行法》,这是直接以"银行法"命名的法规,完备性超过了之前的其他银行法。为了彻底改善银行法律,1931 年的《银行法》贯彻宗旨如下:银行"营业范围之确定""图银行资本之充实""助长稳健之经营""保护存户之利益""冀监督之周到""防遏不当之竞争""谋银行改善之进步"。⑤ 相比清末的《银行通行则例》和北洋政府的《银行通行法》,《银行法》首次明确规定银行必须采取公司制的组织形式;对银行最低资本额作出了更加严格的限制性规定等。随着人们对银行监管内容与方法认知的提高,反映在《银行法》中对银行监管内容与方法的规定比以前更加

---

① 尹振涛:《中国近代证券市场监管的历史考察:基于立法与执法视角》,《金融评论》2012 年第 2 期,第 106 页。
② 宋承国:《中国期货市场的历史与发展研究》,苏州大学博士论文,2010,第 102 页。
③ 郑仁木:《民国时期证券业的历史考察》,《史学月刊》1998 年第 3 期,第 103 页。
④ 胡光志:《虚拟经济及其法律制度研究》,北京大学出版社,2007,第 130 页。
⑤ 虞瑾:《论我国银行法体系的演进:兼论银行公法与银行私法的有关问题》,华东政法大学博士论文,2009,第 150 页。

具体详细,这也体现出中国银行立法的进步。① 但是,由于社会各方对《银行法》反应强烈,尤其遭至钱业公会的大力抵制,该法最终未能得到真正实施而告终。

1947 年,南京国民政府重新制定《银行法》,可以称为近代银行立法成熟的标志。该法在立法思想、结构、内容等各个方面都达到了较高的水平,基本得到了金融界人士的认同。但是,这部《银行法》在我国大陆地区实施效果甚微。在国民党政权退居到我国台湾地区后,该法成了我国台湾地区银行制度的发展源流。②

4. 民主革命时期根据地的虚拟经济立法

在这一时期立法史上,有一个非常特别的现象,就是民主革命时期革命根据地立法中居然存在一些虚拟经济现象和相应规范,田东奎先生曾对革命根据地的证券法律制度做过研究。

与虚拟经济现象相对应,根据地存在着一些虚拟经济立法。介于根据地当时所处的具体环境,制定现代意义的证券法规是不现实的,也是不可能的。但是,从历史史料来看,根据地还是发布了不少的有关证券方面的法规,使得证券发行与管理于法有据,有章可循。1934 年 1 月,毛泽东在第二次全国苏维埃代表大会的报告中指出,经济建设中资本问题的解决,主要依靠经济建设公债、银行招股、信用合作社等方式吸收群众资本。③ 这一时期发行的较典型的证券方面的法规有:湘赣省苏财政部发布的"建立公债发行的管理系统的通知";闽浙赣省苏政府发布的"发行决战公债条例";晋察冀边区发布的"晋察冀边区救国公债条例""晋察冀边区救国公债募集办法"

---

① 聂柳:《中国近代银行监管立法研究》,华南理工大学硕士论文,2010,第 36 页。

② 施春红:《近代中国金融法规研究:以 1931 年、1947 年颁布的〈银行法〉为例》,东华大学硕士论文,2012,第 5 页。

③ 解放战争时期,华南、东北解放区都发行过"胜利公债",这些公债上都印有类似"公债条例"的文字说明。

"晋察冀边区救国付息暂行办法";等等。解放战争时期,华南、东北解放区都发行过"胜利公债",这些公债上都印有类似"公债条例"的文字说明。这些证券的发行及条例都事先经过了各根据地人民政府的批准。①

民主革命时期根据地的虚拟经济立法不是严格意义上的以规范形式存在的法规,而是表现在中央或根据地的有关文件、决议、命令和条例中。虽然根据地的证券发行已有相关管理制度,但是缺乏有效的监管机制对证券的发行与交易进行监管。当然,在当时特定的历史条件下要建立监管机制是不现实的。总体而言,民主革命时期根据地的虚拟经济立法,不仅在当时引导和规范了根据地虚拟经济的运行,而且根据地的虚拟经济立法具有极高的持续性和权威性,其影响是深远的。②

由前述本阶段虚拟经济立法可以看出,虚拟经济立法是虚拟经济发展在立法上的反映。毕竟,法律作为上层建筑,是由一定的社会物质生活条件所决定的。1840 年第一次鸦片战争爆发以前的我国"古代"时期,商品交换经过了物物交换—商品货币(牲畜、石头、贝壳)—贵金属货币(青铜、金银)—铸币—纸币的不同历史演进阶段。虽然每一递进阶段都发生了某种程度的质的飞跃,但是这一时期具有虚拟经济特征的虚拟经济现象仍然处于萌芽态势。这也从根本上决定了这一时期不可能产生实质意义上的虚拟经济立法。然而,清末时期,诞生了有价证券和证券市场,外国商人进入通商口岸设立股份公司,通过发行股票筹集资金;1872 年,中国近代第一只华商企业股票发行;1918 年北平证券交易所、1920 年上海证券物品交易所的出现;等等。我国的证券相关性立法可以追溯到清末时期。1840 年第一次鸦片战争爆发至 1949 年新中国成立前的我国"近代"时期,虚拟经济开始发展,虚拟经济立法也应运而生。

---

① 田东奎:《论革命根据地的证券法律制度》,《政法学刊》2004 年第 3 期,第 110 页。

② 胡光志:《虚拟经济及其法律制度研究》,北京大学出版社,2007,第 131 页。

虚拟经济立法呈现出一定的不连续性,线状与块状时有并存。近代中国政权更迭较为频繁:清政府—北洋政府—南京国民政府;民主革命根据地历经不同时期:土地革命时期—抗日战争时期—解放战争时期。由于近代中国社会动荡不安及人民革命等,不同政权、不同时期都进行了相应的虚拟经济立法,使得虚拟经济立法呈现出一定的不连续性,线状与块状时有并存。

虚拟经济立法内容比较简单,立法时滞性显见。虚拟经济立法作为正式性制度安排是虚拟经济发展的重要保障,可以对虚拟经济主体构建起相应的预期。但是本阶段虚拟经济立法不完善,例如,1904 年清政府颁布的《公司律》,关于股票发行的规范尤显简略;1908 年清政府颁布的《银行通行则例》,相关规定存在诸多不足;1914 年北洋政府颁布的《证券交易所法》,相关规定较为简单;1924 年北洋政府制定的《银行通行法》存在不少缺陷;等等。我国近代虚拟经济立法的时滞性也是显见的。例如,1872 年,我国近代第一只华商企业股票就已发行,但直到 1914 年我国历史上最早的有关证券交易的专门法规——《证券交易所法》才颁布实施,由此可见　斑。

虚拟经济立法实施效果不甚理想。特别是由于国内战争及政局的不稳定,清政府、北洋政府、国京国民政府,在短短十多年时间即发生了多次政权更迭,早期的立法并未得到很好的实施。[1] 例如,1924 年,北洋政府制定的《银行通行法》以及《银行通行法施行细则》没有得到实施;1931 年,南京国民政府起草的《银行法》,虽然其完备性超过了之前的其他银行法,但是该法最终还是没有得到真正实施;1947 年,南京国民政府重新制定的《银行法》,可以称是近代银行立法成熟的标志,但其在大陆地区实施效果甚微。而就生效运行的证券相关法规来看,无论是北洋政府时期的《证券交易所法》《证券交易所法施行细则》《证券交易所法附属规则》,还是南京国民政府时期的

---

[1]　胡光志:《虚拟经济及其法律制度研究》,北京大学出版社,2007,第 130 页。

《交易所法》《交易所法施行细则》,其实施效果都不理想:禁止投机和操纵,但投机盛行,内幕操纵丑闻不断;禁止场外交易,但屡禁不止。由此形成如下局面:证券市场投机之风盛行—社会大量资金进入证券市场—实体经济发展缺乏资金支持—实体经济不发达—投资实体经济的风险增大—资金转投证券市场—证券市场过度投机。

虽然本阶段虚拟经济立法存在不少的问题,但是从历史唯物主义来看,我国虚拟经济及其立法在这一阶段经历了从无到有的历史演变过程,囿于当时国家、民族历史背景,呈现出或多或少的问题也无可厚非。毕竟,在当时较为特殊的政治、经济环境下,虚拟经济领域开创性地进行了一些相关立法。例如,1904 年,清政府颁布我国历史上涉及证券内容的第一部法规——《公司律》;1908 年,清政府颁布我国第一部具有现代意义的银行法规——《银行通行则例》;1914 年,北洋政府颁布我国历史上最早的有关证券交易的专门法规——《证券交易所法》。这在当时不仅引导和规范了虚拟经济的运行而且具有开创性的历史意义。即使民主革命时期根据地的虚拟经济立法不是严格意义上的以规范形式存在的法规,也在当时引导和规范了根据地虚拟经济的运行。这都在不同程度上潜移默化地影响着后续虚拟经济立法。

二、1949 年新中国成立至 1993 年计划经济时期的虚拟经济立法

这一时期历经 1949 年新中国成立、1966—1976 年文化大革命、1978 年改革开放等几个重要历史节点。新中国成立后,从解放初期的承认、限制、逐步取消,到文化大革命时期的彻底毁灭,再到改革开放后的复活,我国虚拟经济立法经历了曲折的发展演化过程。1978 年 12 月召开的中共十一届三中全会作出了把党和国家的工作重点转移到社会主义现代化建设上来和实行改革开放的战略决策。从 1978 年实行改革开放到 1994 年社会主义市场经济体制的确立,是我国由计划经济向社会主义市场经济转变的重要过

渡时期。我国建立了以出口导向为主和以扩大创汇为目的"外向型经济"，总体上是一种政策性的开放经济。虚拟经济及相应的虚拟经济立法进入了一个新的发展阶段。

（一）本阶段虚拟经济发展情况

1. 1949 年新中国成立至 1978 年改革开放初期

1949 年新中国成立至 1978 年改革开放初期，我国实行高度集中的计划经济管理体制。1949 年新中国成立后，政府决策者一直对期货交易持否定的看法，认为期货交易本身具有投机性，实行计划经济体制不需要市场经济及其诸种成分，并且期货交易与新中国的社会主义制度不相容，应当列入打击对象的范畴。由于建国前夕物价飞涨以及投机分子对银元的疯狂投机，新政府发动了"银元之战"，旨在消除通货膨胀，打击市场投机。在此背景下，新政府尝试在共和国建立新式交易所，对接收的天津和北京交易所进行改造，关闭了上海证券交易所。不过经过改造的交易所变成了现货市场，只能进行现货交易而不能进行期货交易，已不再是实质意义上的期货市场。到 1952 年，连被改造成现货市场的交易所也先后被清算关闭。自此时起至改革开放前，中国期货市场形成了长达 30 年断层的局面。[①]

新中国成立之初，面临恢复国民经济、稳定金融秩序的严峻形势。在这一时期高度集中的计划经济管理体制下，中国人民银行统一计划安排国家的各项金融活动，形成了我国高度集中的金融调控体制的雏形。这种中国人民银行"大一统"体制一直维持到第一个五年计划时期及其以后的多年间。从 1953 年开始，中国人民银行总行统一掌管全国信贷资金，实行"统存统贷"的管理办法，这种高度集中统一的综合信贷计划管理体制一直延续到

[①] 宋承国：《中国期货市场的历史与发展研究》，苏州大学博士论文，2010，第 106 页。

1978 年。[①]

在这种高度集中的计划经济管理体制下,实体经济产、供、销基本由国家统一调配,企业融资方式、资本金等也基本由国家财政统一解决,抑制了实体经济对金融服务方面的基本需求。因此,虚拟经济结构在这一时期呈现如下特点:金融结构单一,只有中国人民银行这一家金融机构;金融业务单一,基本只有存款与贷款等服务;融资方式单一,几乎全是银行贷款间接融资。[②]

总体来看,1949 年新中国成立至 1978 年改革开放初期,国家重视财政计划的作用,忽视虚拟经济的发展,这与高度集中的计划经济管理体制是分不开的。这一时期,虚拟经济发展基本上处于从属、次要的地位。我国虚拟经济的占比仅为 4% 左右,而 1970 年美国虚拟经济的占比就已经高达 19.72%。与发达国家相比,我国虚拟经济起步相对较晚,还处于比较落后的地位。[③]

2. 1978 年改革开放至 1993 年计划经济时期

1978 年 12 月召开的具有划时代意义的中共十一届三中全会作出了把党和国家的工作重点转移到社会主义现代化建设上来和实行改革开放的战略决策。由此,我国开始了举世瞩目的经济体制改革,金融体制改革也开始了艰难的起步。1992 年小平南方谈话,搁置了针对资本市场"姓资姓社"的意识形态争论,资本市场更得以迅速扩展。这一时期,还是由计划经济向市场经济转变的重要过渡时期,实体经济迅速发展,经济货币化程度不断提高,虚拟经济发展进入了一个新的发展阶段。

我国改革开放后的第一只股票是 1984 年 11 月中国工商银行上海信托

---

① 崔鸿雁:《建国以来我国金融监管制度思想演进研究》,复旦大学博士论文,2012,第 58—59 页。

② 杨琳:《虚拟经济与实体经济》,中国社会科学院博士论文,2001,第 147 页。

③ 胡天阳:《我国经济"脱实向虚"现象的成因、影响及对策》,江西财经大学硕士论文,2019,第 15—16 页。

投资公司静安证券业务部(中国工商银行上海分行信托投资公司是我国最早的证券公司;上海静安证券营业部是我国最早的证券交易场所)向社会代理发行的飞乐音响公司股票。1986 年 11 月,纽约证券交易所主席约翰·凡尔霖来北京参加中美金融市场研讨会向邓小平赠送了一枚纽约证券交易所的所徽作为礼物,当时邓小平特地选了一张飞乐音响的股票作为礼物回赠给凡尔霖。1990 年 12 月 19 日,上海证券交易所正式开业,1991 年 7 月 3日,深圳证券交易所正式开业(已于 1990 年 12 月 1 日试开业),这意味着我国资本市场交易基地落成,证券市场发展踏上新征程。1992 年,上海、深圳上市公司只有 53 家,而至 1994 年年底已发展至 291 家,规模增加了 4.49倍。为了应对证券监管,1992 年 10 月证监会成立,标志着我国证券市场统一监管体制开始形成。在这短短的二十年时间,证券业实现了从 0 到 1 的突破,从孩童学步到稳步行走,这既是对我国证券市场已经取得成绩的肯定,也是对未来发展前景的昭示。[①]

　　我国国债于 1981 年恢复发行,这是虚拟经济发展历程中具有里程碑意义的又一事件。在 1981—1990 年国债发行的恢复时期,国债发行数量与规模受制于当时的总体经济水平,年均发行额不足 40 亿元;在 1991—1993 年国债发行的发展时期,国债发行数量与规模较以前大幅度增长,年均发行额超 300 亿元。[②]

　　期货市场是市场经济发展到一定阶段的较为高级的市场组织形式。随着商品经济的持续发展与信用制度的逐步建立,我国的期货市场于 20 世纪80 年代形成发展。毋庸置疑,我国是世界经济的重要组成部分,参与期货市场游戏角逐,发展期货市场是中国特色社会主义市场经济发展的必然选

---

①　胡光志:《虚拟经济及其法律制度研究》,北京大学出版社,2007,第 132 页。

②　裴汉青:《我国虚拟经济发展状况及对实体经济的影响》,《经济纵横》2004 第 3 期,第 17—18 页。

择。① 1988 年,国务院批文"中国要研究国外期货市场并结合中国实际制定试点方案",开启了我国期货市场发展的新征程。1990 年 10 月,郑州粮食批发市场正式开业,这是我国第一家蕴含期货交易味道的农产品交易市场,标志着我国期货市场的诞生。② 郑州粮食批发市场以现货交易起步,逐渐引入期货交易机制,在我国期货市场发展画卷上画上了浓墨重彩的一笔。此后,在深圳、上海、北京等地也相继建立了期货交易市场;期货交易品种由粮食、有色金属扩展到外汇和国债。③ 1991 年 6 月,我国第一家以期货交易所形式进行期货交易的交易所——深圳有色金属期货交易所成立;1992 年 9 月,我国第一家期货经纪公司——广东万通期货经纪公司成立;1992 年 9 月,我国第一个商品期货标准合约——特级铝期货合约诞生。

在商品期货市场迅速发展的同时,金融期货交易也在悄然兴起。1992 年 6 月,上海外汇调剂中心率先尝试开办了外汇期货交易,开创了中国金融期货交易的先河。继上海之后,广州、深圳等地也相继推出外汇期货交易。

为适应实体经济市场化改革和发展,在金融机构设置方面,1984 年,中国工商银行、中国银行、中国建设银行、中国农业银行四大专业银行恢复建立,到 1990 年,银行固定资产贷款余额已占到当年社会固定资产投资总额的 50% 以上;在金融市场建设方面,同业拆借市场、商业票据、国债、金融机构债券等市场先后建立并得到长足发展;在金融对外开放方面,允许外国金融机构在中国设立分支机构、代表处等。④ 1979 年,日本输出入银行在北京开设代表处,成为我国银行业对外开放标志性事件。这是我国批准设立的第一家外资银行在华代表处。截至 1993 年年底,外资银行资产总额达到 89 亿美元,在我国 13 个城市设立了 76 家营业性机构。

---

① 林一:《中外期货交易所法律监管制度研究》,大连海事大学硕士论文,2001,第 45 页。
② 吴秋璟:《虚拟经济制度与结构变迁的研究》,复旦大学博士论文,2004,第 133 页。
③ 胡光志:《虚拟经济及其法律制度研究》,北京大学出版社,2007,第 133 页。
④ 杨琳:《虚拟经济与实体经济》,中国社会科学院博士论文,2001,第 148 页。

1989—1993 年是我国新旧经济体制和金融体制矛盾冲突集中暴露的时期。这一时期,实际 GDP 增长幅度下降,年均增长 8.76%,1989 年、1990 年、1991 年增长速度分别为 5.45%、2.23%、9.7%,其后恢复到 l0% 以上的增长速度;虚拟经济规模与 GDP 比例从 0.98 上升到 1.37,年均增幅 7.8%,虚拟经济发展出现过快的势头。①

与此同时,尽管存在一些理论分歧与认识差异,我国衍生品交易还是以不可阻挡的势头发展起来。我国金融衍生工具发展的历史较短,起步于 20 世纪 90 年代初。当时已开发的品种有外汇期货、国债期货、外汇期权三种。1992 年 6 月,上海外汇调剂中心推出外汇期货业务。② 1992 年 12 月,上海证券交易所首次推出了国债期货合约,标志着中国债券期货市场诞生。③ 随着我国经济发展而出现的期货、期权等新的金融衍生品交易,无论在深度和广度上都拓展了我国以证券市场为核心的虚拟经济的界域。④

(二)本阶段虚拟经济立法概况及其特点

证券市场正处于“新兴加转轨”时期,是在“摸着石头过河”中前行。证券法治建设也是在不断借鉴、摸索中从无到有发展。相比其他证券市场发展成熟的国家和地区,我国对证券市场发展规则框架的认识有待深入,证券法律制度体系建设有待完善,证券市场法治运行环境有待优化。1981 年的《中华人民共和国国库券条例》是新中国的第一个证券立法。1987 年 3 月,国务院发布了《企业债券管理暂行条例》和《国务院关于加强股票、债券管理的通知》。为顺应证券市场发展形势所需,我国政府于 20 世纪 90 年代初正式介入,证券立法如雨后春笋般发展起来。1990 年,《证券公司管理暂行办

---

① 杨琳:《虚拟经济与实体经济》,中国社会科学院博士论文,2001,第 148 页。
② 胡光志:《虚拟经济及其法律制度研究》,北京大学出版社,2007,第 134 页。
③ 宋承国:《中国期货市场的历史与发展研究》,苏州大学博士论文,2010,第 155 页。
④ 陈文飞:《期货犯罪透视》,法律出版社,1998,第 26 页。

法》《上海市证券交易管理办法》发布;1991 年,《深圳市股票发行与交易管理暂行办法》出台;1993 年,《股票发行与交易管理暂行条例》《证券交易所管理暂行办法》《禁止证券欺诈行为暂行办法》施行。其中,1993 年证券市场立法取得了长足发展,在我国证券立法史上具有里程碑的意义,成为我国证券市场的法规年。[①] 但是,证券市场以上立法主要体现为行政法规、部门规章及地方性法规,效力层级低,权威性不高,系统性不强。我国这一时期缺乏统领性的证券业基本法,这也在一定程度上反映了我国证券业及证券立法的不成熟性。全国人大财政经济委员会曾成立证券法起草小组,并于1993 年向全国人大提交审议《中华人民共和国证券法》(草案),但未获通过。

1980 施行的《中华人民共和国刑法》专设了"投机倒把罪",将期货交易视为投机倒把行为。因此,在 1990 年郑州商品交易所建立以前的 40 年里,法律明文禁止期货交易行为和设立期货交易所。[②] 我国期货市场在法律"开禁"之后迅速进入了"井喷式"发展阶段。然而,在这一时期,囿于认识的偏差、利益的诱导、监管的不力与法制的匮乏,我国期货市场也呈现出盲目发展的无序态势。[③] 1993 年 11 月,中国人民银行发出《关于严格控制开办金融期货业务的紧急通知》,明确指出鉴于金融期货业务风险大、投机性强,目前只限于在上海、广州、深圳 3 个城市试办金融期货,在未取得成功经验时其他地方不得试办;非金融期货公司(含商品期货公司)一律不得开办金融期货业务;凡未经中国人民银行总行批准设立的金融期货公司必须立即撤销。[④]

鉴于期货市场日趋狂热与疯狂,其风险剧增并逐渐失控,1993 年年底,

[①] 符启林:《中国证券法律制度研究》,法律出版社,2000,第 16 页。
[②] 宋承国:《中国期货市场的历史与发展研究》,苏州大学博士论文,2010,第 102 页。
[③] 石溪:《我国〈期货法〉的立法选择与总体构想》,四川师范大学硕士论文,2015,第 7 页。
[④] 宋承国:《中国期货市场的历史与发展研究》,苏州大学博士论文,2010,第 154 页。

中央指示要求对期货市场从严控制并严肃整顿。然而,《期货经纪公司登记管理暂行办法》作为我国期货监管的第一部法规直到 1993 年 4 月才出台,之前的整个期货市场运作处于无法可依与无章可循的状态。1993 年 6 月,国家外汇管理局发布了《外汇期货业务管理试行办法》。1993 年 11 月,国务院出台《关于制止期货市场盲目发展的通知》,标志着国家对期货市场开始进行规范和整顿。

　　1950 年 11 月,《中央人民政府中国人民银行试行组织条例》规定了人民银行的 9 项职能,确立了人民币单一本币的地位。1950 年 3 月的《中央金库条例》和 1950 年 12 月的《货币管理实施办法》保证了中国人民银行的货币发行权。诞生于 1948 年 12 月 1 日的中国人民银行,是前改革开放时期(1949—1977 年)中国金融体系中几乎唯一的存在。从 1949 年新中国成立到 1978 年改革开放初期,这种控制性的金融管理思想,实行"统存统贷"的管理,利用严格的信贷计划和利率管制进行金融宏观调控,有利于国家集中有限的金融资源开展重点工程项目的建设,是适应并服务于当时高度集中计划管理体制的。在三年经济调整时期,1962 年,中共中央、国务院颁布了《关于切实加强银行工作的集中统一,严格控制货币发行的决定》,这种严格控制银行信贷和货币发行的高度集中统一的管理机制,有效地抑制了通货膨胀,稳定了金融秩序,积累了利用金融业促进国民经济调整的经验。[1]

　　1978 年 2 月 23 日,根据十一届三中全会通过的《中共中央关于加快农业发展若干问题的决定(草案)》,国务院正式恢复建立中国农业银行,打破了我国传统的"大一统"的金融体制格局。1983 年,国务院颁布《关于中国人民银行专门行使中央银行职能的决定》,中国人民银行成为专门从事金融监管和实施货币政策的央行,中央银行制度框架初步确立。自 1978 年开始

---

[1]　崔鸿雁:《建国以来我国金融监管制度思想演进研究》,复旦大学博士论文,2012,第 65 页。

的 6 年间，通过一系列的虚拟经济制度建设，我国形成了以中国人民银行为中央银行，中国农业银行、中国银行、中国建设银行和中国工商银行等为专业银行的银行金融体系。银行金融体系架构完成后，国家开始制定相应的法律制度来规范经济活动。1986 年，国务院发布《中华人民共和国银行管理暂行条例》，成为新中国成立后银行业的首个法律规范，标志着我国虚拟经济立法的开端，同时开启了我国虚拟经济依法监管的时代。1988 年，国务院发布了《中华人民共和国现金管理暂行条例》，1992 年发布了《储蓄管理条例》。除上述三部主要的行政法规外，中国人民银行还发布了《中华人民共和国现金管理暂行条例实施细则》等有关金融类规范性文件。1993 年 12月，国务院发布《关于金融体制改革的决定》，明确了中国人民银行制定并实施货币政策和实施金融监管的两大职能，并明确提出要把我国的专业银行办成真正的商业银行。至此，专业银行开始进入大规模发展阶段。

由前述本阶段虚拟经济立法可以看出，我国虚拟经济立法经历了曲折的发展演化过程：1949 年新中国成立初期的承认、限制与逐步取消；1966—1976 年文化大革命时期的彻底毁灭；1978 年中共十一届三中全会作出把党和国家的工作重点转移到社会主义现代化建设上来和实行改革开放的战略决策后的复活。

虚拟经济立法活跃度随着国家经济发展战略和经济管理体制的变化而增强。1949 年新中国成立至 1978 年改革开放初期，我国实行高度集中的计划经济管理体制，国家更重视财政的作用，忽视虚拟经济的发展，再加上1966—1976 年文化大革命这一特殊时期的叠加影响，虚拟经济发展基本处于从属、次要的地位。例如，1949 年新中国成立后，新政府对交易所进行关闭或改造，期货市场被改造成现货市场，最后连改造成现货市场的交易所也被清算关闭。在这种高度集中的计划经济管理体制下，企业融资方式、资本金等也基本由国家财政统一解决，实体经济对金融服务形式、金融服务水平、金融工具选择等产生不了基本的需求。这一时期虚拟经济立法十分有限,处于承认、限制、逐步取消直至彻底毁灭的态势。然而,从1978年实行改革开放到1994年社会主义市场经济体制的确立,这是计划经济向市场经济转变的重要时期,建立了以出口导向为主和以扩大创汇为目的的政策性"外向型经济",使实体经济迅速发展,经济货币化程度不断提高。同时,十一届三中全会之后,党和国家作出了把工作重心转移到经济建设上,围绕经济建设中心以立法推动虚拟经济市场化改革。虚拟经济及相应的虚拟经济立法进入一个新的发展阶段。例如,1990年上海证券交易所与1991年深圳证券交易所正式开业,成为南北两个极其重要的资本市场交易基地;1992年证监会成立;1990年我国第一家"具有期货交易色彩"的郑州粮食批发市场正式开业;期货、期权等新金融衍生品交易的出现进一步拓展了我国虚拟经济发展的深度与广度;等等。毕竟,作为反映虚拟经济发展的虚拟经济立法与国家不同时期的经济发展战略、经济管理体制密不可分,存在千丝万缕的联系。可以说,要想放好"虚拟经济立法"这个风筝,好的天气、对的风向是必不可少的。

通过一系列的虚拟经济制度建设,虚拟经济立法涉及面呈现逐步扩大的趋势。银行金融体制格局也由中国人民银行"一元"结构演进为"多元"结构,即以中国人民银行为中央银行,中国工商银行、中国银行、中国建设银行和中国农业银行等为专业银行。这一时期,证券法治建设也在不断借鉴、摸索中从无到有发展起来。例如,1981年,我国颁布了第一个证券立法《中华人民共和国国库券条例》;《股票发行与交易管理暂行条例》《禁止证券欺诈行为暂行办法》《期货经纪公司登记管理暂行办法》《外汇期货业务管理试行办法》《中央人民政府中国人民银行试行组织条例》《关于中国人民银行专门行使中央银行职能的决定》《关于金融体制改革的决定》等法规文件相继出台。不过,我国证券立法主要体现为国务院的法规、部门规章及地方性法规,效力层级低。我国这一时期缺乏统领性的证券业基本法,这也在一定程度上反映了我国证券业及证券立法的不成熟性。

虚拟经济立法持审慎的态度。无论是解放初期虚拟经济立法的承认、限制与逐步取消，还是从1978年实行改革开放到1994年社会主义市场经济体制确立时期的复活，我国虚拟经济立法一直保持十分审慎的态度。当然，这与我国实行高度集中的计划经济管理体制是分不开的。即使是在1978年实行改革开放后，在计划经济向市场经济转变的这一重要时期，虚拟经济立法活跃度增强、立法涉及面扩大，虚拟经济立法也仍然保持审慎的态度。从短期来看，其可能在一定程度上限制了虚拟经济的自由发展。但从根本上来讲，虚拟经济的发展源于实体经济，以服务实体经济发展、经济安全为宗旨。虚拟经济发展的速度与规模也理应与实体经济发展需求相契合，这样国家整体经济才能安全、健康与可持续发展。由此，虚拟经济立法保持审慎的态度，才能最大限度地发挥其对虚拟经济发展的规范与促进作用。历史证明，这也成为我国后续虚拟经济立法的经验所在。

三、1994年以来社会主义市场经济时期的虚拟经济立法

1978年实行改革开放、1994年社会主义市场经济体制的确立、2001年加入WTO到2013年《中共中央关于全面深化改革若干重大问题的决定》提出"构建开放型经济新体制""扩大金融业对内对外开放"的战略构想以来，我国逐渐构建起根植于社会主义市场经济体制的制度性的开放型经济新体制。随着经济社会改革的深化和世界经济一体化的加强，我国虚拟经济取得了长足发展；但我国虚拟经济发展也存在一定程度的"脱实向虚"倾向，对我国实体经济和整体经济安全构成了一定的潜在风险。

为了适应社会主义市场经济以及开放型经济的发展，防范与化解虚拟经济风险，确保经济安全，我国加快了经济体制、金融体制以及外汇管理体制等一系列改革，与改革需求相适应的虚拟经济法律制度正处于一个不断完善和革新的发展阶段，构建起了我国虚拟经济法制的整体框架。

（一）本阶段虚拟经济发展情况

我国证券市场随着市场行情的变化，波动较大，但总体来看还是呈上升趋势。从 20 世纪 90 年代的股市疯狂，到 21 世纪初几年的"熊途"慢慢；从 2006 年新一轮的爆发，到 2007 年年底股指期货日程表的出台，中国的证券业一步一步地向前发展，走向成熟。[1]

据统计，1997 年，沪深两市上市公司为 821 家，股票市价总值达到 17 529 亿元；2000 年沪深两市上市公司为 1 086 家，股票市价总值达到 48 090.94 亿元；2003 年沪深两市上市公司为 1 287 家，股票市价总值达到 42 457.72 亿元。2007 年是中国证券市场具有重大意义的一年，股权分置改革等基础制度建设成功推进；清理上市公司资金占用问题取得重大进展；高风险证券公司风险得到有效化解；市场监管及产品创新取得很大成效；等等。至 2007 年年底，我国证券市场总市值已达 32.71 万亿元，占我国 GDP 的 158%，占全球总市值的 7.37%，市值规模跃居亚洲第一，并成为继欧洲、美国之后的第三大资本市场。中国证券市场以惊人的发展速度，用十多年时间走过了发达国家用一百多年走过的路。[2] 截至 2014 年 11 月，中国股市总市值增至 4.480 万亿美元，成为仅次于美国的全球市值第二大股市。截至 2015 年 3 月，境内上市公司数量达到 2 693 家。2015 年，股票市场达到高潮，其股票市价总值占 GDP 的比重达 370.2%。2017 年，全国共有 131 家证券公司，证券公司总资产 6.14 万亿元；沪深两市上市公司有 3 485 家，证券市场总市值达 56.71 万亿元（表 2.2）。

---

[1]　许鹏：《中国虚拟经济发展现状及对策研究》，河北师范大学硕士论文，2008，第 16 页。
[2]　范永进、强纪英：《回眸中国股市》，上海人民出版社，2001，第 1 页。

表 2.2　1994—2012 年我国股票市价总值及其与 GDP 的比重①

年份/年	股票市价总值/亿元	国内生产总值/亿元	市价总值与 GDP 比重/%
1994	3 691	48 197.9	7.66
1995	3 474	60 793.7	5.71
1996	9 842	71 176.6	13.83
1997	17 529	78 973.0	22.20
1998	19 506	84 402.3	23.11
1999	26 471	89 677.1	29.52
2000	48 091	99 214.6	48.47
2001	43 522	109 655.2	39.69
2002	38 329	120 332.7	31.85
2003	42 457.72	135 822.8	31.26
2004	37 055.57	159 878.3	23.18
2005	32 430.28	184 937.4	17.54
2006	89 403.89	216 314.4	41.33
2007	327 141	265 810.3	123.07
2008	121 366	314 045.4	38.65
2009	243 939	340 902.8	71.56
2010	265 423	401 512.8	66.11
2011	214 758	473 104.0	45.39
2012	230 358	518 942.1	44.39

　　不幸的是,2015 年发生了 A 股以来最为严重的一次股灾,呈现"千股停

---

① 参见黄忠武:《我国虚拟经济的发展研究》,福建师范大学硕士论文,2015,第 19 页。

牌满屏绿,百万股民遍地哀"的惨景。股灾发生前,股市作为经济的晴雨表,感受到所谓"新经济增长时代"的到来,在 A 股强大赚钱效应的趋势下,融资融券业务再度红火起来,配资公司也如雨后春笋般纷纷成立,越来越多的资金以配资方式涌入股市,指数呈现非理性疯狂增长直至失控,从千股涨停到千股跌停、千股停牌,股市惨烈暴跌。股灾使沪深两市市值在一年之内蒸发了 25.69 万亿元,2015 年,中国 GDP 约为 67.67 万亿元,沪深两市一年蒸发的市值相当于该年 GDP 的 1/3 还多。① 我国股价暴跌对投资者的影响十分严重,同时对资本市场的影响也很巨大。

我国第一家公司制证券交易所——北京证券交易所于 2021 年 11 月 15 日成立,81 家首批上市企业集体亮相,首日成交金额达 95.76 亿元。至此,我国大陆股市已经形成上海证券交易所、深圳证券交易所和北京证券交易所"三足鼎立"的格局。

北京证券交易所是以新三板精选层为基础组建而成,这将进一步提升精选层的法律地位和市场功能,突破体制机制上的发展瓶颈。全国中小企业股份转让系统(也称"新三板")是经国务院批准,依据《证券法》设立的全国性证券交易场所。"新三板"于 2012 年 9 月正式注册成立,2016 年完成基础层、创新层的分层,2018 年引入集合竞价,2020 年设立精选层,至此建立起"基础层、创新层、精选层"层层递进的市场结构,可以为不同阶段、不同类型的中小企业提供全口径服务。"新三板"经过不断的改革探索,已发展成为资本市场服务中小企业的重要平台。北京证券交易所将整体平移精选层各项基础制度,探索、完善、契合中小企业自身特点与发展规律的制度安排,打造服务中小企业创新发展的专业化平台。

北京证券交易所是为创新型中小企业量身打造的交易所,为创新型中小企业开辟了一条持续发展壮大的路径。我国的民营企业和中小企业是最

① 陈华:《股灾一周年:教训反思与政策建议》,《中国发展观察》2016 年第 13 期,第 25 页。

基础的经济构成,对经济社会一直存在"56789"这一说法,即贡献了50%的税收、60%的GDP、70%的技术创新、80%的就业和90%的新增就业。北京证券交易所将牢牢坚持服务创新型中小企业的市场定位,不断提升服务能力与水平,打造服务创新型中小企业主阵地。

北京证券交易所与沪深交易所错位发展、互联互通、突出特色,与"新三板"创新层、基础层协同发展并起到示范引领作用。北京证券交易所的创立,是新形势下全面深化资本市场改革的重要举措,是我国资本市场改革发展的又一标志性事件。这对落实创新驱动发展国家战略、促进多层次资本市场高质量发展、探索资本市场支持服务中小企业科技创新的普惠金融之路等,都具有十分重要的意义。

从发展历程来看,中国的证券市场从建立到成型,发展迅猛,可谓惊奇。但与同期的发达国家相比,我国证券市场的规模与融资水平还很低,对外国资本冲击的抵抗力较弱。此外,我国证券市场下的金融工具种类太少,除了股票、债券、基金,衍生工具数量有限。

"327"和"319"国债期货风波。1992年12月,上海证券交易所首先向证券商自营推出了国债期货交易。1993年10月,上海证券交易所向社会公众开放国债期货交易。国债期货交易是对资金的保值套利交易。与此同时,北京商品交易所在期货交易所中率先推出国债期货交易。1994—1995年,国债期货交易场所从2家跃升至14家。1994年,全国国债期货市场总成交量达2.8万亿元。"327"是国债期货合约的代号,该券发行总量为240亿元人民币,兑付办法是票面利率加保值贴息。这一期国债相对以前固定利率的国债期货多了一个保值贴补率的大悬念,增大了该产品的投机价值,深受热捧。1995年2月23日,上海万国证券公司违规交易"327"合约,酿成"327"风波。各交易所吸取教训,为了抑制国债期货市场投机,采取了提高保证金比例、设置涨跌停板等措施。但由于各种因素,国债期货交易仍然风波不断,5月10日又酿成"319"风波。1995年5月17日,中国证监会认为我国目前尚不具备开展国债期货的基本条件,作出了暂停国债期货交易试点的决定。至此,我国第一个金融期货品种宣告夭折。从制度方面来看,在"327"事发前,我国没有颁布《中华人民共和国证券法》和《中华人民共和国期货法》,没有全国统一的交易及监管制度,国债市场与国债期货市场分立;上海证券交易所没有严格实行限仓制度、涨跌停板制度、不合理的交割制度,也是造成"327"事件的原因之一。

随着期货市场法制体系的不断构建以及法治环境建设的不断推进,我国期货市场驶入了快速、健康发展的轨道。到 1995 年,我国正式获批的试点期货交易所已达 15 家,期货合约品种已达 28 种,期货市场成交金额已达9.9 万亿元。① 政府从 1996—1999 年出台了一系列规章制度,加大期货市场监管力度,规范整顿过度投机的期货市场。到 2000 年,期货交易所撤并为 3家,交易品种缩减至 12 个,期货市场交易量不断萎缩。② 此后,我国期货市场经过调整,又见新起色。2003 年是我国期货市场发展史上最为辉煌的一年,交易所期货品种交易活跃,市场成交规模达到 10 万亿元,成交额创 1995年来的历史新高,重振雄风。当时我国期货市场也仅用了 20 年的时间,走完发达国家一百多年的历程,已跻身世界商品期货的前列。到 2007 年,我国商品期货成交量占全球的 26%,农产品期货交易量则占到全球的 49%,其中全球成交量最大的 10 个农产品中有 6 个来自中国市场。③ 期货市场交易额的迅速攀升则开始于 2007 年,年交易额占 GDP 的比重也逐渐超过了150%。2008 年,尽管受到美国次贷危机的影响,我国期货交易额仍旧高速增长,超过了 GDP 的 200%④(表 2.3)。我国期货市场起步较晚,机构投资者加入期货市场的时间也比较晚,随着期货市场的不断完善,金融创新产品

---

① 　陈文飞:《期货犯罪透视》,法律出版社,1998,第 26 页。

② 　廖湘岳:《我国虚拟经济现状分析及发展对策研究》,《求索》2003 年第 2 期,第 30 页。

③ 　宋承国:《中国期货市场的历史与发展研究》,苏州大学博士论文,2010,第 215 页。

④ 　郭琨:《我国虚拟经济发展状况初探》,《广义虚拟经济研究》2015 年第 6 卷第 1 期,第 75 页。

甚至混合型金融产品不断出现,期货市场将会迎来更快、更好的发展。①

表2.3 全国期货市场交易情况统计(2009—2018 年)

年份/年	成交金额/亿元	同比增减百分比/%
2009	1 305 142.92	81.48
2010	1 545 624.89	18.43
2011	1 375 162.44	−11.03
2012	1 711 269.36	24.44
2013	2 674 762.01	56.30
2014	2 919 882.54	9.16
2015	5 542 346.94	89.81
2016	1 956 343.83	−64.69
2017	1 878 950.60	−3.96
2018	2 108 057.48	12.19

2004 年,包括中国银行、中国建设银行等多家国有商业银行开始组建大型金融控股公司,进行更深层次的金融混业经营。随着银行业全面开放的深入,金融创新的驱动,互联网对金融机构间业务融合的加速,我国混业经营的探索不断扩大,金融混业经营已经成为不可逆转的趋势。2017 年,银行业金融机构总资产为252.4 万亿元,总负债232.9 万亿元,净利润2.2 万亿元,全部金融机构本外币存款余额为169.3 万亿元。

1993—2000 年是我国金融体制变革、金融总量和金融结构变动较为剧烈的重要时期。这一时期,不仅虚拟经济结构变革层出不穷,金融工具、金融机构、金融市场创新不断,而且推动了虚拟经济总量的快速发展。虚拟经济规模与 GDP 比重从 1993 年的 136.9% 增加到了 1999 年的 164.9% ,年均

① 胡天阳:《我国经济"脱实向虚"现象的成因、影响及对策》,江西财经大学硕士论文,2019,第16 页。

增幅3.4%。同期实际GDP年均增幅为10.5%,虚拟经济与实体经济快速发展在总量上基本是相适应的。①

亚洲基础设施投资银行(亚投行,Asian Infrastructure Investment Bank, AIIB)是一个政府间性质的亚洲区域多边开发机构。其宗旨是通过在基础设施及其他生产性领域的投资,促成亚洲区域的建设互联互通化,推进中国及其他亚洲国家和地区的区域合作和伙伴关系,应对发展挑战,促进亚洲经济可持续发展。亚投行的主要业务是为亚洲各国的基础设施建设项目提供包括贷款、股权投资以及提供担保等方式的融资支持。亚投行是首个由中国倡议设立的多边金融机构,总部设在北京,法定资本1 000亿美元。2015年12月25日,亚洲投行正式成立;2016年1月开业。截至2021年10月,亚投行有104个成员国。亚投行的成立是国际经济治理体系改革进程中具有里程碑意义的重大事件。其有利于促成亚洲区域的建设互联互通化,有利于缓解亚洲经济体面临的融资瓶颈,有助于提升本地区共同应对金融危机的能力,从而促进亚洲经济社会稳健发展,进而为全球经济发展提供新动力。

随着市场经济的不断发展,以及经济全球化和信息化的不断深化,虚拟经济在一国经济总量中的比重越来越大,而且相对独立运行。虚拟经济是一国经济发展所不可或缺的,可以在更高层次上优化配置社会资源,可以较好地解决资本要素的有序流动和高效利用问题。但是,虚拟经济为经济发展带来诸多效率和便利的同时,存在高风险性、不稳定性、脆弱性等诸多弊病。20世纪以来的经济史业已证明,虚拟经济既是推动一国经济发展的重要力量,也是经济危机的最直接和最重要的诱因。随着我国对外开放步伐的加快,虚拟经济的国际化势在必行,我国虚拟经济的运行将面临更加复杂的国际国内矛盾以及前所未有的风险和挑战。在开放经济条件下,虚拟经

① 杨琳:《虚拟经济与实体经济》,中国社会科学院博士论文,2001,第148页。

济的高风险性则表现为更高更广的流动性,风险呈现出跨国性和高传导性,一旦发生风险,任何一个参与国际经济分工与合作的国家都难独善其身。十九届五中全会上通过的《中共中央关于制定国民经济和社会发展第十四个五年规划和二〇三五年远景目标的建议》依然要求"完善现代金融监管体系,提高金融监管透明度和法治化水平,完善存款保险制度,健全金融风险预防、预警、处置、问责制度体系"。可见,从国家的长远战略层面来看,未来仍然需要高度重视虚拟经济的风险防控问题。

(二)本阶段虚拟经济立法概况及其特点

为适应社会主义市场经济以及开放型经济的发展,我国加快了经济体制、金融体制以及外汇管理体制等一系列改革,与改革需求相适应的虚拟经济立法得到快速发展。除不断修改完善既有的虚拟经济法律法规,使其更有利于我国虚拟经济市场的稳定发展外,国家还制定了多部新的虚拟经济法律法规,形成了较完整的虚拟经济法律规范体系。这一阶段,国家在虚拟经济所关涉的主要板块(证券、期货、银行等领域)进行专门立法,构建起了我国虚拟经济法制的整体框架。

全国人大于1998年12月颁布了我国历史上第一部正式的证券法——《中华人民共和国证券法》(以下简称《证券法》),在我国虚拟经济立法进程中具有里程碑意义。《证券法》的颁布与实施,规范了证券发行和交易行为,开启了证券立法的新篇章,结束了我国证券立法不规范、不统一、层级低的局面,构建起我国证券市场发展所需的坚实的法律基底,也使我国证券市场真正步入了法制化的轨道,促成我国证券市场发展在质与量方面都取得了比较大的进步。《证券法》与时俱进,于2005年进行了第一次修订。2006年1月施行的修订后的《证券法》更加突显"规范"与"发展"两个特点,在规范中发展,在发展中规范。一方面,给予证券市场发展较大的"预留空间",以期证券市场在日益完善的社会主义市场经济体制中发展得更好;另一方面,更加重视规范证券发行和交易行为,力求防范与化解证券市场风险,最大限度保护投资者的合法权益。[①]《证券法》最近的一次修订是在 2019 年,本次修订,在总结我国证券市场改革发展、监管执法、风险防控的实践经验基础上,按照顶层制度设计要求,作出了一系列新的制度改革与完善:全面推行证券发行注册制度;显著提高证券违法、违规成本;完善投资者保护制度;进一步强化信息披露要求;完善证券交易制度;落实"放管服"要求,取消相关行政许可;落实中介机构市场"看门人"法律职责;建立健全多层次资本市场体系;强化监管执法和风险防控;扩大证券法的适用范围;等等。《证券法》力求打造一个规范、透明、开放、有活力、有韧性的资本市场,进一步完善证券市场基础制度,体现了市场化、法治化、国际化方向,为证券市场稳健发展提供了坚强的法治保障。新修订的《证券法》于 2020 年 3 月施行,共十四章二百二十六条,包括总则、证券发行、证券交易、一般规定、证券上市、禁止的交易行为、上市公司的收购、信息披露、投资者保护、证券交易场所、证券公司、证券登记结算机构、证券服务机构、证券业协会、证券监督管理机构、法律责任、附则等内容,对我国证券市场的发展具有非常重要而深远的意义。

与证券发行紧密相关的 1993 年《中华人民共和国公司法》(以下简称《公司法》)早于《证券法》问世。为契合证券市场的发展,1999 年,《公司法》作出相应调整,支持有条件的高新技术股份公司进入证券市场;2004 年,《公司法》删除对溢价发行股票的批准要求;2013 年,《公司法》对出资方式作出调整;2018 年,《公司法》对收购本公司股份作出调整;等等。2002 年 12 月,中国证监会和中国人民银行联合发布的《合格境外机构投资者境内证券投资管理暂行办法》正式实施,中国资本市场开始被纳入全球化资本市场体系。2000 年 4 月,中国证监会和财政部联合发布《证券交易所风险基金管理

---

① 叶小青:《新〈证券法〉拓宽证券市场发展空间:新〈证券法〉政策解读》,《天津市财经管理干部学院学报》2006 第 2 期,第 33 页。

暂行办法》和《证券结算风险基金管理暂行办法》。为了规范证券投资基金活动,促进证券投资基金和资本市场的健康发展,2004 年 6 月,《中华人民共和国证券投资基金法》(以下简称《证券投资基金法》)颁布实施,于 2012 年进行了一次修订,主要修订内容:将非公开募集基金纳入调整范围;完善公开募集基金制度;强化保护基金投资者权益;增加基金服务机构相关规定;等等。本次修订后的《证券投资基金法》于 2013 年 6 月施行,共十五章一百五十五条,包括总则、基金管理人、基金托管人、基金的运作方式和组织、基金的公开募集、公开募集基金的基金份额的交易申购与赎回、公开募集基金的投资与信息披露、公开募集基金的基金合同的变更终止与基金财产清算、公开募集基金的基金份额持有人权利行使、非公开募集基金、基金服务机构、基金行业协会、监督管理、法律责任、附则等内容。修订后的《证券投资基金法》进一步规范了证券投资基金活动,对证券投资基金和资本市场的健康发展具有重要的促进作用。期货市场在开放经济条件下发挥着越来越重要的作用。但是,虚拟经济固有的高投机性、高风险性在期货市场的表现尤甚。鉴于期货市场发展热度陡增,呈现狂热势头,期货市场风险增大,国家相继出台了一系列规章制度对期货市场进行了多轮次的规范与整治。1994年 5 月,国务院办公厅转发《国务院证券委员会关于坚决制止期货市场盲目发展若干意见请示的通知》。[1] 1995 年 2 月,上海国债期货市场发生了我国最大的衍生金融交易违规案——"327 事件",这给我国国债期货市场发展带来一次沉重打击和深刻警示。1995 年 2 月,证监会、财政部颁布《国债期货交易管理暂行办法》,共六章六十六条,包括总则、国债期货交易经纪机构、国债期货交易结算及交割、国债期货经纪业务管理、法律责任、附则等内容,为规范国债期货市场发展提供了法律制度保障。[2] 1998 年 8 月,国务院

---

[1] 吴秋璟:《虚拟经济制度与结构变迁的研究》,复旦大学博士论文,2004,第 134 页。
[2] 严建红:《衍生金融工具在我国前景如何:327 事件留下的思考》,《新金融》1995 年第 5 期,第 38 页。

批转中国证监会《证券监管机构体制改革方案》的通知,全国证券、期货业的监管由中国证监会统一负责,形成了集中统一的监管体制雏形。[1] 1998 年 8 月,国务院发布《关于进一步整顿和规范期货市场的通知》,中国证监会开启"重拳出击"模式,大力整治期货市场,力图打造清澈、透亮的期货市场环境。其中,通过这次整治,将现有 14 家试点期货交易所进行整顿和撤并,只在大连、郑州、上海保留 3 家期货交易所。1999 年 6 月,国务院颁布《期货交易管理暂行条例》,通过对期货交易的规范与管理,我国期货市场的混乱局面逐渐变得更为有序、稳定。随后的一年里,证监会制定了《期货交易所管理办法》《期货业从业人员资格管理办法》《期货经纪公司管理办法》《期货经纪公司高级管理人员任职资格管理办法》。这些条例与办法的颁布实施,构成了我国期货市场运行的法律基础,形成了国内期货业监管格局,我国期货市场因此得以逐步规范与稳定发展。2000 年 12 月,全国期货行业自律性组织——中国期货业协会在北京正式成立。中国期货业协会作为连通政府管理部门与市场主体的桥梁,把自律监督管理理念与机制融入到期货市场监管体系中,为期货业发展注入了新鲜血液,将促进期货业进一步向好发展。[2] 2006 年 9 月,中国金融期货交易所在上海成立,这是内地第一家金融衍生品交易所。2007 年 4 月,国务院在《期货交易管理暂行条例》基础上修订后的《期货交易管理条例》施行,共八章九十一条,包括总则、期货交易所、期货公司、期货交易基本规则、期货业协会、监督管理、法律责任、附则等内容。《期货交易管理条例》适用范围从原来仅适用于商品期货增加至适用于金融期货、期权合约交易。我国相继出台《中国金融期货交易所交易规则》《中国金融期货交易所会员管理办法》《中国金融期货交易所结算细则》《中国金融期货交易所风险控制管理办法》《中国金融期货交易所违规违约处理办法》

---

[1] 吴秋璟:《虚拟经济制度与结构变迁的研究》,复旦大学博士论文,2004,第 134 页。
[2] 宋承国:《中国期货市场的历史与发展研究》,苏州大学博士论文,2010,第 164 页。

等,为我国金融期货交易所的规范运行提供了良好的制度环境,为金融期货和期权上市交易奠定了良好的制度基础。这些法规的颁布和实施,扫清了期货市场进一步发展的障碍,奠定了期货市场法治化运行的基底,标志着我国期货业从此告别了无法可依、艰难探索的漫漫长夜。[1]

但是,我国期货领域缺失效力层级高的基本法,"合力"效应尚未充分形成,不能更好地推动我国期货市场"爬坡上坎"、稳健前行。我国期货市场最高层级的法规仍是 2007 年施行,后经多次修正与修订(包含 2017 年修订)的《期货交易管理条例》。《期货交易管理条例》更多的是从行政规范的视角来规制期货市场,行政管理色彩较为浓厚。期货市场具有强烈的规则导向性,我国期货法律制度目前仍处于日臻完善的阶段。这样的法制现状与迅速发展的期货市场格格不入。我国期货领域需要一部效力层级高的期货法,这样可以从行业基本法的高度对期货市场发展进行定调与导航,这正是我国期货市场走向繁荣之路的关键钥匙。[2]《期货法》作为期货市场的基本法,以达到纵向统领期货法规规章、自律规则,并加强横向平行沟通的作用。[3]

随着银行体制的改革,我国于 1995 年颁布了《中华人民共和国中国人民银行法》和《中华人民共和国商业银行法》,2003 年颁布了《中华人民共和国银行业监督管理法》,共六章五十条,包括总则、监督管理机构、监督管理职责、监督管理措施、法律责任、附则等内容,构成我国银行法制体系的核心;国务院颁布了《中华人民共和国外资银行管理条例》《中华人民共和国人

---

① 宣蓓:《国际虚拟经济立法规制问题研究》,南京财经大学硕士论文,2009,第43页。

② 石溪:《我国〈期货法〉的立法选择与总体构想》,四川师范大学硕士论文,2015,第31页。

③ 从金融法体系来看,目前的法律有《中华人民共和国中国人民银行法》《中华人民共和国商业银行法》《中华人民共和国保险法》《中华人民共和国证券法》《中华人民共和国票据法》《中华人民共和国信托法》,涉及银行、保险、证券、信托等金融领域,如果期货领域的立法仍停留在行政法规层面,不利于各个金融领域的沟通与协调,以及混合型金融产品的开发与推广。

民币管理条例》《中华人民共和国外汇管理条例》《中华人民共和国外资金
融机构管理条例》等行政法规;中国人民银行发布了《金融违法行为处罚办
法》《同业拆借管理办法》《商业银行资本管理办法》《中国人民银行紧急贷
款管理暂行办法》等部门规章,构成我国银行法制体系的主体;司法相关解
释作为补充,我国现代银行业法制体系已初步建立。① 2001 年 12 月 11 日,
我国正式成为世界贸易组织成员,我国金融领域全面对外开放和融入世界
金融体系的步伐进一步加快,我国金融立法制定和修改了多部法律规范。
在此背景下,2001 年 12 月,我国颁布了新的《中华人民共和国外资金融机构
管理条例》,共七章五十二条,包括总则、设立与登记、业务范围、监督管理、
解散与清算、法律责任、附则等内容。中国人民银行于 2002 年 1 月发布《中
华人民共和国外资金融机构管理条例实施细则》。2004 年 9 月实施新的《中
华人民共和国外资金融机构管理条例实施细则》,共七章一百二十条,包括
总则、设立与登记、业务范围、任职资格管理、监督管理、解散与清算、附则等
内容,对外资银行的市场准入、经营范围、经营地域等进行了修订,构建起我
国对外资银行风险监管的指标体系。② 在现有法规框架下,切实理清法律、
行政法规、部门规章之间存在的重叠和冲突之处,进一步完善外资银行法规
与 WTO 规则、国际银行规则存在的不协调之处,从而最大限度地发挥出法
规的合力效应。在金融全球化背景下,应加强我国金融监管法制体系建设,
健全中央银行和银保监会的监管机制,增强其监管效能。改革金融监管体
制,形成"一委一行两会"(国务院金融稳定发展委员会、中国人民银行、中国
证券监督管理委员会、中国银行保险监督管理委员会)的金融监管框架,其
中,中国人民银行主要负责审慎监管,银保监会主要承担微观审慎监管、市

---

① 聂柳:《中国近代银行监管立法研究》,华南理工大学硕士论文,2010,第 38 页。
② 虞瑾:《论我国银行法体系的演进:兼论银行公法与银行私法的有关问题》,华东政法大学博士论文,
2009,第 203 页。

场监督和消费者保护等职责。2019 年 7 月,国务院金融稳定发展委员会办公室为贯彻落实党中央、国务院关于进一步扩大对外开放的决策部署,按照"宜快不宜慢、宜早不宜迟"的原则,在深入研究评估的基础上,发布《关于进一步扩大金融业对外开放的有关举措》,具体推出十一条措施来进一步扩大金融领域对外开放。在金融业对外开放的背景下,在实体经济发展壮大的基础上,虚拟经济通过制度创新驶入了快车道发展。[①]

近年来,我国的金融衍生品市场以不可阻挡的势头发展起来。虽然我国金融衍生品立法并未停止,但是没有完全跟上金融衍生品市场的发展步伐。金融国际化趋势日渐增强,境外资本市场不断推出中国公司的股指期货,这些境外机构开办有关的金融衍生品对我国的金融竞争力造成影响,对金融安全带来威胁。[②] 为了顺应国内外金融衍生品发展趋势,规范金融衍生品交易,防范金融衍生品市场风险,我国银监会于 2004 年 3 月公布施行《金融机构衍生产品交易业务管理暂行办法》,共五章三十四条,包括总则、市场准入管理、风险管理、罚则、附则等内容,后续经过 2007 年、2011 年修订完善。这将金融衍生品市场纳入了法治化的轨道,提高了金融机构衍生产品交易业务的风险管理和控制水平。2006 年 1 月新修订的《证券法》正式赋予证券衍生品的地位。《证券法》授权国务院制定证券衍生品种发行、交易的具体管理办法。金融衍生品立法从此跨入一个新的发展时期。[③]

开放经济要求虚拟经济形成开放的发展格局,意味着我国虚拟经济必须走向世界,与各国虚拟经济站在同一平台上进行博弈。要适应这一时代的要求,就必须改变虚拟经济立法理念,就要以未来发展和全球眼光来审视和革新我国现行的虚拟经济立法:不仅要顾及其他国家虚拟经济运行的法

---

① 杨琳:《虚拟经济与实体经济》,中国社会科学院博士论文,2001,第 148 页。

② 刘哲昕、刘伟:《金融衍生工具的法律解释》,《法学》2006 年第 3 期,第 49 页。

③ 胡光志:《虚拟经济及其法律制度研究》,北京大学出版社,2007,第 135 页。

律机制,也要顾及虚拟经济运行的国际法律规范,还要强调虚拟经济发展中的国际协调和国际合作。可见,开放经济对虚拟经济立法提出了新的要求,立法者必须对我国现行虚拟经济安全法律制度进行回应性更新和优化。

由前述本阶段虚拟经济立法可以看出,虚拟经济法律制度正处于一个不断完善和革新的发展阶段。我国证券市场波动较大,但发展速度惊人,总体呈现上升态势,仅用十多年的时间走过了发达国家用一百多年走过的路;我国期货市场进入了快速、健康发展的崭新阶段,仅用二十年的时间走完发达国家一百多年的历程;我国的金融衍生品市场也以不可阻挡的势头蓬勃发展。为适应社会主义市场经济以及开放型经济的发展,我国加快了经济体制、金融体制以及外汇管理体制等一系列改革,与改革需求相适应的虚拟经济立法得到快速发展。除不断修订、完善既有的虚拟经济法律法规,使其更有利于我国虚拟经济市场的稳定发展外,国家在虚拟经济所关涉的证券、期货等领域进行了专门立法,形成了较完整的虚拟经济法律规范体系。例如,1998年《证券法》的颁布与实施,结束了我国证券立法不统一、不规范、层级低的局面,我国证券市场发展真正步入了法制化的轨道;鉴于期货市场发展日趋狂热,期货市场风险突显,1999年6月,国务院颁布《期货交易管理暂行条例》,2007年4月施行的《期货交易管理条例》就是在1996年《期货交易管理暂行条例》的基础上修订而成,后续经过2012年、2013年、2016年、2017年等多次修正与修订,规范了期货交易行为,加强了对期货交易的监督管理,确保了我国期货市场发展的良好秩序;为了规范和监管金融衍生品市场,我国银监会于2004年3月公布施行《金融机构衍生产品交易业务管理暂行办法》,后续经过2007年、2011年等多次修订、完善,提高了金融机构衍生品交易业务的风险管理和控制水平;等等。我国的虚拟经济法律制度虽然数量不少,但是仍存在诸多的不完善之处,尤其是部分新业态、新问题的出现加速了制度变革的需求。法律的修订较为频繁,表明法律制度正在与当前的社会变革相适应,虚拟经济法律制度体系正处于日益完善的进程中。我国资本市场法制化建设已经趋于完善，但仍存在一些需要解决的问题，如欺诈发行、虚假陈述、内幕交易等违背市场"公平、公正、公开"原则的行为时有发生等。虚拟经济立法分散而庞杂，并且带有明显的行业发展倾向，形成了一种"各扫自家门前雪"的分而治之的局面。庞杂的虚拟经济法律制度缺乏一个统领，并没有形成一个紧密合作的虚拟经济法律制度体系，行业分工的特色十分明显，进而也形成了各自较为独立的行业规范体系。

虚拟经济立法适应虚拟经济市场国际化发展的需要。虚拟经济结构变革层出不穷，金融工具、金融机构、金融市场创新不断，推动了虚拟经济总量的快速发展。2001年，我国正式加入世界贸易组织。为了我国金融领域全面对外开放和融入世界金融体系，我国对相关法规进行了系统梳理，进一步完善了外资银行法规与WTO规则、国际银行规则存在的不协调之处，与时俱进，制定相关法规文件。例如，2002年实施的《合格境外机构投资者境内证券投资管理暂行办法》，我国资本市场开始被纳入全球化资本市场体系；2001年实施的《中华人民共和国外资金融机构管理条例》与2004年实施的《中华人民共和国外资金融机构管理条例实施细则》，构建了我国对于外资银行风险监管的指标体系；2019年发布的《关于进一步扩大金融业对外开放的有关举措》，进一步扩大金融领域开放；等等。但是，与同期的发达国家相比，我国证券市场的规模与融资水平还很低，对于外国资本冲击的抵抗力较弱；证券市场下的金融工具种类太少，除了股票、债券、基金，金融衍生工具数量有限。结合我国金融基本法律的实施和我国加入世界贸易组织后的新形势，国家不断制定和修改了多部金融法律法规，使其更符合我国金融业发展实际，更好地适应金融业国际发展的需要。

虚拟经济立法逐步形成了虚拟经济应服务实体经济的基本共识。毕竟，虚拟经济的产生、存在与发展都依赖于实体经济。若无实体经济存在，虚拟经济便无从谈起。虚拟经济以服务实体经济为发展宗旨，不是为了发展虚拟经济而发展虚拟经济。虚拟经济立法规范、促进虚拟经济发展,其制度设计初衷还是要落实到服务实体经济这一根本上,从而确保整体经济运行安全。虚拟经济立法正逐步从虚拟经济由政府完全管控向虚拟经济服务市场化的转变。但是,虚拟经济法律制度还未充分对接实体经济。既有的部分虚拟经济法律制度存在过于关注虚拟经济本身,而忽视虚拟经济与实体经济的整体对接问题。例如,证券法律制度更多关注证券的发行、交易等系列行为,而尚未切实体现证券融资如何为实体经济发展服务的内在目标,具体表现在市场结构上,资本市场结构与企业构成没有完全有效匹配,资本市场服务实体经济能力不够强。①

　　虚拟经济立法在较大程度上受到行政权力的主导。这不仅仅是过去的写照,也在最新的立法动向中有着明显的体现,尤其是不同行业的监管机构在立法中扮演了十分重要的角色。我国的金融监管在金融监管法制变革下经历了从分业监管到混业监管、从微观审慎监管到宏观审慎监管与微观审慎监管并重、从机构监管到功能监管的不同发展阶段,②相应的金融监管机构体系也从"一行"(中国人民银行)发展到"一行一会"(中国人民银行、中国证券监督管理委员会)、"一行两会"(中国人民银行、中国证券监督管理委员会、中国保险监督管理委员会),再到"一行三会"(中国人民银行、中国证券监督管理委员会、中国保险监督管理委员会、中国银行监督管理委员会),以及进入"一委一行两会"(国务院金融稳定发展委员会、中国人民银行、中国证券监督管理委员会、中国银行保险监督管理委员会)的新时期。从制定主体来看,国务院在我国的虚拟经济立法中扮演着十分重要的角色,很大一部分的虚拟经济立法是国务院所主导的,这表明我国的虚拟经济立

---

① 辜胜阻、庄芹芹、曹誉波:《构建服务实体经济多层次资本市场的路径选择》,《管理世界》2016 年第 4 期,第 1 页。

② 郝静明、张莹:《经济学视角下的金融监管改革》,《经济师》2018 年第 11 期,第 42 页。

法的行政主导程度偏重。例如,我国期货市场最高层级的法规是 2017 年修订的主要从行政规范的角度对期货市场进行规制的《期货交易管理条例》,与蓬勃发展的期货市场格格不入。当然,近年来地方也在积极参与到虚拟经济立法中来,这对由中央长期垄断相关制度供给的传统有所突破。我国的虚拟经济法律制度大致经历"部门规章—行政法规—国家立法"的演进过程,即法律制度的位阶层次不断升格,这与我国法律制度的变革历程基本一致。同时,金融监管机制处于变革中,金融监管法制建设尚需进一步加强。我国的宏观审慎监管立法不健全。由于我国的宏观审慎监管实践起步较晚,金融监管法制建设尚存在一些缺陷,完善的宏观审慎监管法律框架并没有成型,且既有的规范体系也存在效力层级较低,系统性、操作性较差等问题,存在一定程度的监管法律制度供给不足,不能完全适应资本市场健康发展的客观需求。

第三章　虚拟经济立法的历史演进规律

前文已论及,虚拟经济的出现及发展为实体经济发展至某一节点的必然产物。该类经济作为一种新型的经济形态,既有与实体经济相似的方面,也有与实体经济的重大区别。在运行过程中,虚拟经济一方面在自身完成财富积累的同时,也给实体经济带来巨大的好处。另一方面,虚拟经济是一种高风险的经济,尤其是从根源上可能引致经济泡沫和泡沫经济,从结果上与近代以来世界各地的经济危机不可分割。纵观世界各国,虚拟经济立法的出台及完善总是与危机的爆发密切相关,各阶段都有各自的特点,但其发展轨迹并非无章可循,而是具有相应的演变规律。

一、对虚拟经济的放任发展

在虚拟经济萌芽与成长的历程中,往往有一个自然发展的过程。受当时经济规模及影响的限制,虚拟经济并没有引起国家的重视,各国政府也没有刻意地要限制或鼓励虚拟经济的发展。如前文对虚拟经济发展历史的梳理,不管是起源于14、15世纪意大利威尼斯的银行业,还是萌芽于16世纪西欧的证券交易,早期的金融活动基本上是私人的自由活动。从法律角度来看,其更大程度上属于各国民法的自治范畴,依靠自律管理,政府并未作为稳定金融活动的支持力量,这种情况在各国国内和国际都普遍存在着。[1] 虽

---

[1]　尚金峰:《开放条件下的金融监管》,中国商业出版社,2006,第16页。

然 18 世纪初,英国颁布了旨在防止证券业过度投机行为的《泡沫法》,但研究人员指出,《泡沫法》无疑开启了政府对金融实施监管的历史。① 各主要国家也开始出现关于银行、证券、期货等金融领域的立法。但是,这些并不是主流,并没有真正开启对虚拟经济规范立法的历史大幕。这与对虚拟经济立法体制变革有着重大影响的思想基础,即宏观经济理念的变革与金融理论的不断深入密切相关,毕竟思想基础在很大程度上影响着制度变迁的走向、方式和模式。② 彼时,核心经济理论都以对资本主义经济的内在调节机制的认同为前提,并以经济自由为一般原则,"放任主义""不干涉主义"被视为资本主义经济的"金科玉律"。③

18 世纪 70 年代,学者亚当·斯密编纂了《国富论》,自此"看不见的手"成为市场经济的准则。围绕这只"看不见的手"建立起规范以及高度诉诸自由政策的古典经济学逐步形成。根据斯密的观点,任何人在未有违背正义戒律的情况下,均应当赋予绝对的自由,促使其依据个人的观念,谋求个人利益,基于个人的劳动以及占有的资本同他人或其他阶级等展开角逐。市场以"看不见的手"的身份存在,对比于政府所发挥的作用更为明显突出,更有助于推动生产的实现。究其缘由,即是在社会大背景下,所有人均在试图基于个人的资产,促使其生产的商品能够实现价值最大化。通常而言,其并非希望提升公共福利,也不了解所带来的高福利情况,其谋求的不过是个人自我的安乐,只是其自我利益的实现。在这样的行为背后,会存在一只"看不见的手",推动其达成这一目的,而此类目的也绝非其本身所追求的。基于对个人利益的追求,其往往会带动社会效益,这一成效对比他真正希望推

---

① 白钦先:《20 世纪金融监管理论与实践的回顾和展望》,《城市金融论坛》2000 年第 5 期,第 9—10 页;谢伏瞻:《金融监管与金融改革》,中国发展出版社,2002,第 3 页。

② 吴秋璟:《虚拟经济制度与结构变迁的研究》,复旦大学博士论文,2004,第 16 页。

③ 盛学军等:《全球化背景下的金融监管法律问题研究》,法律出版社,2008,第 5 页。

动社会效益情况下所带来的成效更为显著。① 总的来说,市场通过理性经济人的自利行为并结合竞争,会自主地达成个人和社会两方面利益的共同提升。故而,斯密认为对于个体人的行为,无需法律介入,自我的利害关系以及私欲,自然会引领个人将社会的各项资源,尽量地依据最适宜社会的形式以及比例,配置于社会内的各个用途之中。② 只要相关经济人等存在私利心态,政府部门只需为其营造相对宽松的环境,无需施以约束以及管控等措施,利己心态的驱使即可带来工作和就业机会,缔造更多的效益,继而推动资源的合理分布。

　　"看不见的手"的更深层的理论前提即为斯密在市场秩序方面的研究和掌握。于其之前,知名学者魁奈就曾给出了推动"看不见的手"机理的"自然秩序"观点。其强调,经济活动秩序的形成是物质和道德两方面秩序共同作用形成的自然秩序,市场内的价格以及竞争体制,促使表面看似凌乱的经济行为实质可以如同人体血液系统一般可持续、稳定的工作。斯密在此基础上,详细而又创新性地重新解读了"自然秩序"这一观点,并给出了受到业内高度关注的"引力定律"。依据其观点,市场经济内暗含着一些类似于万有引力性质的力量,即市场机制力,这一作用力在价格体制等的引领下随即会自主地推动市场经济秩序趋于稳定,并实现长期发展。基于此,亚当·斯密认为除开国防、教育等其他公共产品,政府部门应当只是以经济行为的守门人或守夜人等角色存在,不应该直接介入和干预经济运行。19 世纪 70 年代,边际革命即便于价值来源层面推翻了古典经济学的劳动价值观点,而瓦尔拉斯所提出的一般均衡模型,则把古典经济学中的"看不见的手"这一理念于形式层面获得了客观、严谨的数学佐证。故而,构建于对古典经济学"扬弃"基础上的新体制,即新古典经济学逐步成形并且迅速发展起来,并得

① 亚当·斯密:《国富论》,唐日松译,北京联合出版社,2005,第 23 页。
② 同上。

到了业内学者的广泛认可。即便同之前的古典经济学有很多不同,但在自由放任的主张上二者又是一脉相承的。新古典经济学同样推崇自由放任的经济政策,支持通过市场的自发行为来达到资源配置的"帕累托最优",故而,也极力反对政府对经济活动的过多干涉。①

"尽管诞生之初它只是一种对于非官僚主义的方法的偏爱,但渐渐地它演化为一种真正的信仰,认为人可以通过自我调节的市场实现世俗性的拯救。"②自由主义思潮的兴盛与资本主义的世界兴起呈现出时代的同步性:在自由主义思潮的掩护之下,自由放任的政策导向成为资本主义世界高举的意识形态大旗,而在资本主义经济的反哺之下,自由主义思潮又经历了经久不衰的考验。至少在20世纪30年代资本主义世界经济危机爆发前,自由主义思潮的合理性并未受到广泛质疑,整个经济理论界古典经济学派和新古典经济学派的自由主义占据绝对地位,放任自由的经济政策也获得了西方主流社会的广泛认可,他们坚定地认为"看不见的手"有着绝对的能力,并且坚信市场机制的完美性。客观而言,早期资本主义社会经济的高速发展与短期繁荣某种程度上可以归功于政府对经济的放任。

这种思想深刻地影响着政府的经济政策和法律制度的供给。"管制最少的政府是统治最好的政府"基本成为自由市场经济国家宏观政策的教条。③ 这一时期,国家的管理职能主要在履行公共事业方面。在金融领域,根据亚当·斯密的观点,只需商业银行的核心投资集中在实际生产方面的短期商业票据,就能够实现国家货币供应保持在一个合理水平上,不会引发通货膨胀或紧缩,"看不见的手"仍然能够发挥作用,并不需要国家专门来管理货币。即使是逐渐建立的中央银行制度,其主要目标也只是提供一个稳

---

① 白钦先主编:《发达国家金融监管比较研究》,中国金融出版社,2003,第3页。

② 卡尔·波兰尼:《大转型:我们时代的政治与经济转型》,冯钢、刘阳译,浙江人民出版社,2007,第116页。

③ 宋海、任兆璋:《金融监管理论与制度》,华南理工大学出版社,2006,第54页。

定和弹性的货币供给,通过履行最后贷款人的职责为相关金融机构给予必要的资金与信用保证,同时完善存款保险制度以规避挤兑行为等导致经济运行出现激烈的振荡。另外,对金融机构的具体经营行为均秉持不介入的理念,更不会直接介入利率等有关服务与市场价格的形成。在证券、期货等领域,也普遍存在交易不规范、无法可依的局面。可以说,有相当长一段时间,各国对包括虚拟经济在内的金融业没有明确的制度安排和法规条例,更多依靠行业习惯自发调节,[①]亦没有形成专门的监督管理体系,呈现出一种对虚拟经济发展自由放任的局面。

二、对虚拟经济的全面干预

经济自由主义维护了资本主义上百年的辉煌,完全竞争深入演变为垄断,明显的收入分配不公导致主要资本主义国家于 20 世纪初期出现了各种形式的危机,最后资本主义遭受重创,留下了不可磨灭的记忆,即 1929—1933 年这一时期的经济大萧条。我们普遍认为政府对市场的自由放任以及对虚拟经济的忽视是本次危机爆发的根本原因。因此,在危机过后的 20 世纪 30—70 年代,以美国为代表的资本主义国家对金融市场的核心态度由自由放任转变为国家的全面干预,尤其包括虚拟经济在内的金融业的严格监管,以保障经济整体的安全。

(一)政府干预虚拟经济发展的理论依据

根据古典经济学的理论,不管是处于经济繁荣还是逐渐衰退,政府部门均不应当干涉经济行为,"看不见的手"能够自主地推动经济趋于平稳。但是,市场机制的作用并不总是充分有效的,基于多方面的因素,在某些时候"看不见的手"并不能够有效地发挥作用。市场制度无法自主地推动经济总

---

① 这也不足为奇,因为法律制度常常是应市场发展的现实需要而产生的,在法律制度规范之前必然有一段市场自发调节阶段。

量趋于平衡,无法供给公共产品,也无法切实规避经济行为对他人带来的负面外部干扰,无法规避垄断的出现,无法自动实现公平的法律价值等,诸如此类均是市场失灵的主要表征。① 尤其面对经济危机的爆发和扩散之时,"看不见的手"更显得束手无策,反而可能使矛盾更加尖锐。以美国为例,在"大萧条"爆发之前,自由主义思潮在美国社会达至顶峰,胡佛政府在自由放任的政策导向下力推政府在经济发展中的有限性,为市场的发展提供最大的自由度。与此同时,我们仍应发现这种自由主义思潮存在的诸多问题:其一,政府监管职能的失位。在自由放任政策之下,市场自发发展中的风险并未得到有效的遏制,并且政府职能定位模糊,对市场监管的能力存在不同程度的抵消。其二,金融市场投机行为增多。不同于实体经济发展中风险的原始性,在逐利导向之下,金融市场投机行为的增多使得实体经济与虚拟经济的关联平衡被打破,虚拟经济的过度发展最终会对实体经济发展产生影响。而被世人所熟知的"庞氏骗局"(Pyramid Scheme)正是发生在此期间。其三,产业结构发展的合理性问题。在"柯立芝繁荣"期间,美国第一产业与第二产业的差距日渐明显,缺乏合理有效的规划,不仅不利于产业结构的合理性,而且垄断资产阶级的形成在客观上加大了贫富差距,极易衍生社会矛盾。可以说,在自由主义思潮之下,美国政界与社会舆论保持对经济发展的乐观主义,缺乏对经济社会风险的及时捕捉也成为"大萧条"形成并扩散的重要原因。

在这样的背景下,自由主义经济观点的固有不足以及弱点于此次危机内全面显现出来,为世人所诟病。"看不见的手"于危机内的失效引发资产阶级的反思:推动垄断资本和国家政权的高度统筹,促使政府部门肩负起脱离危机以及推动经济发展,维系社会平稳发展,保证国内国际经济的平衡,从而更好地维系资本主义社会长期发展的重任。凯恩斯正是迎合时代的要

---

① 卢代富:《经济法中的国家干预解读》,《现代法学》2019 年第 4 期,第 118 页。

求,于20世纪30年代推出了《就业、利息和货币通论》,①正式开启了对这只"看不见的手"的介入管控,提出了政府对经济运行干预的系统性观点,即凯恩斯理论。凯恩斯指出,古典自由主义经济理论中"看不见的手"要充分发挥作用,必须建立在一个关键的假设上:市场机制是完全的。② 然而,现实中市场的不完全——"市场失灵"才是经济生活的常态。正如约瑟夫·斯蒂格利茨指出:"帕累托效应——理想形式的竞争的市场经济可以达到,但现实的市场经济却难以企及。"③由于市场失灵的切实存在,需要有一个市场之外的力量对市场加以控制,以便帮助市场在充分发挥作用的同时,规避其存在的缺陷。

在此基础上,凯恩斯提出了著名的"有效需求"理论。他认为由于人们的经济行为总是受到三个基本心理因素——边际消费倾向、资本边际效能和流动性偏好的影响,单纯的依赖市场调整的资本主义不会自动实现社会供求的平衡,继而可能导致社会有效需求的不足,要提高有效需求,就必须实行国家干预。既然这只"看不见的手"难以实现对市场的全面有效调节,"政府不作为就等于听任有效需求不足继续存在,听任失业与危机继续存在"。④ 在"看不见的手"够不着和无法管控的方面就要交给"看得见的手"来实现。因此,应当让政府担当起调节供求关系的部分责任。他写道:"为确保充分就业所必须有的中央统治,已经把传统的政府机能扩充了许多。……不能让经济力量自由运行,须由政府来约束或指导,"⑤"要让国家

---

① 约翰·梅纳德·凯恩斯:《就业、利息和货币通论》,商务印书馆1998年版,第326页。
② 完全的市场机制要符合以下条件:存在着一个充分竞争的市场;市场信息是完全且对称的;规模报酬不变或递减;企业和个人的经济活动不会形成负外部效应;交易成本很小,可以忽略不计;完全理性的经济人。
③ 宋海、任兆璋:《金融监管理论与制度》,华南理工大学出版社,2006,第59页。
④ 凯恩斯:《就业利息和货币通论》,商务印书馆,1998,第326页。
⑤ 凯恩斯:《就业利息和货币通论》,商务印书馆,1998,第327页。

之权威与私人之策动力量互相结合。"①建立在不完全市场、主张国家干预政策的凯恩斯主义"在战后的资本主义世界一直居于正统地位,并且在经济理论和实践领域都享有盛誉"。② 现代国家干预主义也由此占据了经济理论界的主导地位。

与其他形式的市场相似,虚拟经济的活动也是完全自由的,听由"无形之手"的安排。虚拟经济领域的全部交易都建立在双方平等、自主、自愿的基础之上,贯穿于整个市场的运行过程。在这一过程中,不仅交易双方互相不具有(也不能具有)管束对方的权力,而且任何人也没有(也不能具有)干预他人之间的交易活动的权力。③ 换言之,作为市场经济的最高表现形式,虚拟经济具有市场的基本特征,与此同时,也具有市场的一切优势与所有不足。因此,虚拟经济的产生不仅没有克服传统市场经济的弊端,相反在某些方面甚至集中或放大了市场的缺陷,使市场失灵表现得更加充分。例如,它在充分发挥个体效益的同时,无法顾及市场的整体效益,不能顾及市场总的供需,不能把握市场总的运行方向,缺乏抑制恶意操纵的强制力;虚拟经济引发的脱实就虚会造成就业问题等社会风险;会导致经济进一步虚化,并且很难再工业化;引发一个国家的贸易收支失衡,甚至引发巨大的贸易逆差等。特别是,虚拟经济具有高风险性,这些风险的防范与控制,单靠虚拟经济市场本身是无法解决的。换言之,虚拟经济不可能在自己的运行中产生强大而足以自控的力量;如果人类要保留虚拟经济以服务实体经济进而谋取更大的社会福利,那么就不得不在虚拟经济之外寻求一种力量来抑制或克服其弊端。

理论和历史已经证明,来自市场外的力量除国家之外,并无更合适的选择。首先,发展经济、管理经济本是国家职能的应有内涵。任何一个国家的

---

① 凯恩斯:《就业利息和货币通论》,商务印书馆,1998,第326页。
② 吴秋璟:《虚拟经济制度与结构变迁的研究》,复旦大学博士论文,2004,第99页。
③ 胡光志等:《中国预防与遏制金融危机对策研究》,重庆大学出版社,2012,第53页。

主权均应当是完善的,管控国内经济和确保市场稳定是国家主权的关键组成部分。当经济发展到一定时期,以前的放任政策明显不利于市场的健康发展时,国家可以随时改变放松管制的政策,而采用"看得见的手"控制市场。其次,国家有着强有力的国家机器,如此庞大、全面的组织架构使得国家能够承担起干预市场的职能。人类社会发展至今,最强有力的社会组织莫过于国家系统了,它不仅有权力机构、执行机构和监督机构,更以军队、警察和法庭为后盾。任何社会组织和自治团体,不管它有多么强大,都无法与国家机器分庭抗礼。因此,不论人们是否愿意,也不管人们是否承认,国家仍然是干预市场的最佳选择。经济虚拟化是历史的必然,其功绩是不可抹杀的。然而作为市场经济的组成部分和市场经济的最高表现形态,虚拟经济比实体经济更需要国家的干预。这是因为,虚拟经济不仅存在着一般市场的天然缺陷,而且还存在着比实体经济更高的风险。引入国家干预是希望借助国家力量的介入保障虚拟经济能够克服自身异化的风险,使其保持在以实体经济为基础并为实体经济服务的基准线内可持续发展,进而实现虚拟经济和实体经济的良性互动和共存。

某一时期占据主导性的理论观点,大多会被掌权的统治阶层等视作政策目的而予以采纳。[①] 在凯恩斯主义经济理论的影响下,政府管理从主张自由竞争和不干预转向对包括虚拟经济领域在内的金融市场的全面管制。其中,一条重要的路径就是以法律的形式保障国家干预行为的实施。众所周知,法律体系内含的强烈的规范性以及制定程序的严格性无疑保证了法律在国家的众多社会管制手段中是最具正当性的制度体系。虚拟经济作为一种新的经济形态和经济运行方式,只要有对其规制的必要,就必须强化对法律制度的仰赖。在经济危机率先爆发的美国,围绕罗斯福新政,连续颁布了包括《格拉斯—斯蒂格尔法案》、1934年的《证券交易法》等多个关键性的金

① 李昌麒:《经济法:国家干预经济的基本法律形成》,四川人民出版社,1995,第28页。

融法案。通过这些法案的颁布施行,金融制度也发生了重大变革。包括:①明确分业经营的理念。当时的立法思想认为银行和证券等行业的混业经营是导致20世纪30年代期间股市出现危机以及大量银行破灭和发展成经济萧条的关键要素。为此,其确立了银行业、保险业与证券业的分业经营原则,限制不同类别金融机构之间业务的交叉和过度竞争的出现,以保证金融业的稳定。②严格的监管体制得以形成。政府不再是"守夜人",在立法中,传统中央银行的货币管理职能开始转向制定和执行货币政策、管制和约束金融机构、保障金融安全等目标,并通过强化立法,从法律法规和监管重点上对包括虚拟经济在内的金融活动进行规制和干预。这一时期,联邦储备委员会的金融监管主体地位进一步地提升和巩固,同时通货监理署、联邦存款保险机构等也肩负起了相应的监管责任,从而形成了一个规模庞大、分工协作的金融监管体系。这一体系的形成标志着政府摒弃了长期实行的银行自由经营原则,从而实现了向以维持金融稳定和保障存款安全为目标的集中统一管理的历史性转折,致使整个金融体系的运行从此被纳入政府严格监管的轨道。此外,"面对严峻的经济形势,美国政府开始意识到证券市场在经济生活中的特殊意义以及自由放任所酿成的恶果。痛定思痛,美国政府决定以法律形式对证券市场进行干预和控制"。[1] 为此设立证券交易委员会,专司证券市场的监管职责。③包含着大量直接而广泛的监管方式在立法上得以确立。包括金融机构谨慎经营的理念,信息披露规范和对不正当交易行为的处罚等各种制度,利率管制、市场准入管制等监管方式也紧锣密鼓的登台。和美国的情况相类似,欧洲各国的金融监管体系也在不断变化、完善。例如法国,除了发挥法兰西银行作为中央银行的监管职能,还首次设

---

[1]　胡光志:《内幕交易及其法律控制研究》,法律出版社,2002,第206—207页。

立了统一监管全国证券市场的机构——证券交易委员会。[①] 即便是以往一度倾向于行业自我管控的英国,也颁布了包括 1946 年的《银行法》等在内的数个金融监管法律法规。另外,日本、加拿大等国家纷纷效仿美国,确立了分业经营的理念,建立了严格的金融监管体制。

20 世纪五六十年代,政府对市场的系统性干预帮助主要资本主义国家实现了一段时期的高度繁荣发展,物价相对平稳,失业率持续下降,经济增长较为明显。由此,强有力的政府介入是应对市场失灵的有效手段得到人们的广泛认同。

(二)虚拟经济安全理念的确立

在 20 世纪 30 年代之前,同自由放任的市场经济理念以及"管得越少的政府是越好的政府"对应的观点即私有财产不可被侵犯、私法自治以及契约自由等。法律实践更多地呈现出其对于个体金融机构权利的保障,自由银行体制以及全能金融机构大行其道。[②] 30 年代大危机之后,随着商业银行等大批金融机构的破产倒闭,整个金融和经济体系遭受的打击是难以想象的,资本主义制度的经济基础受到空前的重创。由此,主要资本主义国家开始高度关注政府职能的实现,通过提升金融管控,维系金融制度稳定,虚拟经济安全的理念也逐步得以明确。

在法律所追求实现的诸多价值中,安全是其中的基础性价值,也就是说,法律追求实现的自由、平等、效率等价值都是以安全性价值的实现为前提。这是因为,"安全有助于使人们享有诸如生命、财产、自由和平等其他价值的状况稳定化并尽可能地持续下去",是人类进行社会活动的重要基础。在某种程度上也可以说,正是率先以"追求安全的欲望促使人类寻求公共保

---

① 盛学军:《法德英证券监管体制研究:以证券监管主体在近代的变迁为线索》,《西南民族大学学报(人文社会科学版)》2006 年第 5 期,第 176 页。

② 张忠军:《论金融法的安全观》,《中国法学》2003 年第 4 期,第 110 页。

护,以抑制对一个人的生命、肢体、名誉和财产所为的非法侵权"①为基础,法律秩序才得以被视作文明社会建设的关键基础以及必须的建构内容。

"经济安全是一切安全之本",②是包括经济活动在内的人类所有活动的基本前提。经济安全的本质是利益安全,它表示人们于经济活动期间效益以及行为的切实保证和遭遇损害的概率。③ 金融安全为经济安全的重要组成部分,这主要基于金融行业的信用脆弱特质,金融机构潜在脆弱性和金融资产价格浮动等所致,目前也已然得到了现代金融学的佐证。④ 对国家主权来说,金融安全涵盖了三方面的关键要素,首先是宏观方面的安全性,一个国家的金融总的安全;其次是中观金融安全,即具体的特定范围中的部分金融安全;最后是微观金融安全,表示单个金融机构和投资人员、存款方、投保方等的金融用户权益的安全性。由于金融交易的复杂性、金融资产的虚拟性、行为的关联性等特性,金融资产有没有受到损害的问题实质和金融市场的价格波动、货币利率以及社会经济内的投融资供求联系和国际市场的金融发展趋势存在一定的关联性,也就决定了影响金融安全的关键要素自单一的财产层面进一步发展至金融制度的各个层面,自货币信用有关虚拟经济方面进一步拓展至实体经济方面,关系到的主体也由金融活动当事人拓展至中介单位、市场的组织以及行业管理方、职能部门、央行和国际机构等。不难发现,在这个层级上金融法律所强调的安全价值,是更多涉及区域的、蕴涵着多层次要素的综合性范畴。尤其随着虚拟经济在一国经济总量中的攀升,经济危机已经不再以传统的生产过剩的形式表现出来,而是以金融系统剧烈动荡的形态呈现。在此背景下,为了防止、应对经济危机的侵扰,保证金融体系乃至整个经济体系的稳定,相关法律首要关注的是主权国

---

① E.博登海默:《法理学:法哲学与法律方法》,邓正来译,中国政法大学出版社,1987,第293页。

② 王全兴、管斌:《经济法与经济民主》,机械工业出版社,2003,第64页。

③ 何文龙:《经济法的安全论》,《法商研究》1998年第6期,第16—17页。

④ 殷孟波:《中国金融风险研究》,西南财经大学出版社,1999,第10—15页。

家范围内的包含虚拟经济的宏观金融安全。

为切实把控虚拟经济的多方面隐患,有效维系金融市场平稳性,保障金融安全性,依法就该行业予以监管成为各国的统一措施。作为金融法规关键构成的金融监管法基于下述内容明确了维护金融安全的法律制度。首先,虚拟经济宏观调控制度。在虚拟经济安全保证层面,存在诸多体制都能够直接或非直接地实现保障虚拟经济安全的功能。比如,打击市场上的违规犯罪行为,优化股份有限企业的治理模式,强化股份制企业高管的忠实和勤勉义务,完善市场信用保障制度,等等。然而,此类体制在虚拟经济安全保证方面的应用,大多潜藏着非直接、微观以及非全局等特点,通常在面对重大以及全局性风险等情况下,实现不了其价值。不同的是,宏观层面的调控制度能够直观地结合经济全局考量,就经济的系统性建设以及安全性给出更为灵活和高效的介入,故而是实现虚拟经济安全的关键性保障。宏观调控制度的落实,不仅有助于虚拟经济领域重大风险的预防,也能促进已有风险的化解。其次,虚拟经济市场管理制度。国家依法对市场主体的市场行为所展开的审批、监督、违法处理等均属于市场管理的范畴。宏观调控制度和市场管理制度都属于政府对经济秩序的维护,但市场管理行为更体现在日常的管理活动中,针对的是更加具体的市场行为,这是它与宏观调控制度的显著不同。可以这么认为,对虚拟经济的市场管理是国家介入的基础手段,也是国家宏观调控的重要基础。宏观调控管理制度不单单能够借助于管理、维系虚拟经济市场发展,也能够很大程度上规避以及降低市场隐患的出现;不单单能够维系市场主体等的合法权益,也能够切实确保交易的安全性。故而,各国虚拟经济立法均尤为关注市场管理制度的构建,大多以法律规定的方式确立管理体制。市场监管涵盖三个层面,第一个层面为市场准入的监管,即依照法律规定的准入条件,对市场参与主体的资格条件、能力条件进行审查,防止劣质公司、被禁止主体等进入市场,严把市场准入大门。第二个层面为对市场准出的监管,就是对市场主体退出市场的条件和程序进行监管,确保市场合理的竞争体系与优胜劣汰规则,维系市场的高质量发展,确保其运行的安全性,包括暂停或终止公司股票交易、对股份公司收购进行监管等。第三个层面是对市场行为的监管,既包括对市场参与主体之间的交易行为和交易过程的监管,也包括对整体市场交易情况的监管。前者管控的宗旨在于交易的合法性,后者监管的目标则为找出有没有异常或是潜在的风险隐患。

虚拟经济安全理念的确立是法律发展的一种进步,但当政府作用被过分地强调,又产生了一些前所未有的新弊端。例如,市场自由发挥力量受到限制,在某些领域,市场交易甚至被取消。除了设置利率上限,还有汇率管制、信贷配给、对直接融资市场的抑制、对市场准入的严格限制、不同性质金融机构之间交易界限的严格限制(业界隔离),以及对某些金融工具和中介机构的交易限制甚至取缔等。[①] 在这种背景下,商业银行等金融机构不再单纯地是市场参与的主体,业已成为政府为了达成其发展战略的重要手段,继而形成了银行受到政府控制、企业受到银行控制的格局。在这一格局中,央行也就自然地逐渐失去其独立监管和独立落实稳健货币政策的作用,也变成了政府实现发展战略的工具之一。从长远来看,过度严格的金融管制对稀缺资源配置的市场机制以及价格机制造成一定的破坏性影响,导致国内资本和货币市场等长时间处在被压制的状态下,从而降低金融市场资源配置的效率,束缚国内金融资源的大规模流动,金融系统的内在结构被迫扭曲。因此,就金融增长和经济发展整体来看,金融安全的隐患从此时便被埋下。

三、对虚拟经济的放松管制

20 世纪 70 年代,西方主要的资本主义国家出现了新的危机形态——

---

① 王曙光:《金融自由化与经济发展》,北京大学出版社,2003,第 56、58 页。

"滞涨"。"滞涨",顾名思义就是通货膨胀与经济增长停滞并存的局面,主要表现为经济增长的停滞或衰退、失业人口的不断增多以及严重的通货膨胀等。持续十多年的滞胀问题进一步动摇了人们对凯恩斯的宏观经济政策的支持,其普遍认为过度关注金融系统稳定与安全的政府干预走过了头,完全忽略了金融系统的效率问题。正是在这样的背景下,主张放松管制的自由主义理论逐渐取代了强调国家干预的凯恩斯主义。

(一)新自由经济思潮的崛起

"滞胀"带来的经济增长放慢、赤字增加、失业率攀升等局面难以通过政府干预手段加以克服,面对这些情况,凯恩斯主义显得束手无策。特别是20世纪70年代全球经济危机出现之后的十多年时间中,此类滞胀情况逐步蔓延至各个资本国家,且保持着不断恶化的态势。美、法、日等多个国家的国民生产总值增长持续放缓,但同期的通胀率却保持两位数攀升。有人把这种现象的出现归咎于凯恩斯主义,认为正是奉行了凯恩斯主义使得市场自我调节能力减弱,导致矛盾不断激化,最终出现了滞胀。[1]

基于民众对凯恩斯理论的信心逐步丧失,新自由主义流派开始发起反攻。以货币主义、供给流派为核心的新自由主义经济学派在对凯恩斯理论的讨伐以及质疑中受到了更多的关注。新自由主义学派认为,政府在经济领域的干预程度过深、支出过高,是滞胀产生的重要原因。它们提出,政府的作用只能是维护市场经济的整体秩序,而不能像计划经济体制那样对资源配置起决定性作用,也不能如凯恩斯主义所倡导的,通过经济政策对经济运行实行全面的干预。政府的作用就好比足球赛事中的裁判,仅仅只能维护比赛的秩序,绝不能代替运动员参与比赛。这一思想给西方主要资本主义国家带来了极大的冲击,由此也成为各国政府进一步放松对包括虚拟经

---

[1]　张婷:《经济危机中的政府作为研究:以美国和欧洲为例》,山东大学博士论文,2015,第58页。

济在内的金融管制的重要考量。

以弗里德曼为代表的货币主义学派提出,货币规模的变化对经济生活的影响至关重要,货币供应量的多少直接影响着资本主义社会中的商品生产、物价和就业等主要方面。货币主义与凯恩斯主义的争论焦点在于应该赋予经济稳定政策以多大的重要性。货币主义者认为实施相机抉择策略的必要性远非那样显著。故而,对经济的各种干预均有概率恶化,而非缓和经济的波动。于货币主义者而言,国家和经济专家们对经济都不宜过多的干预。

弗里德曼认为第二次世界大战后,失业与通货膨胀的关系经历了3个阶段:第一阶段两者出现负相关,形成暂时交替,正如菲利普斯曲线所描述的那样;第二阶段两者的关系是呆滞的,无论通货膨胀率如何上升,失业率不变;第三阶段两者出现了正相关,即高通货膨胀率伴随着高失业。在弗里德曼看来,造成两者并发的原因,是国家对经济循环正常进程的干涉。因此,国家干涉不但没有很好地处理问题,还导致问题的进一步恶化,成为影响经济稳定的因素。如何摆脱这些恶果,货币主义者开的药方是:要么通过调整各种制度来适应通货膨胀的长期存在,要么实行市场调节形成价格的政策以及低通胀的政策。

现代货币主义流派的主要观点表现在两个方面:①政府未实施任何干预的背景下,经济浮动的剧烈程度大大低于人们的想象。因此,对政府经济调整政策的需要远不如凯恩斯主义经济学家认为的那样大。②政府的真正职责并不在于短时间内对市场产生影响,而是应确保货币总的规模可以定期或是规律性的提升。

新自由主义学派的代表哈耶克等也支持上述观点。他们认为资本主义国家之所以会出现如此的问题,不是政府干预太少,恰恰相反,是政府干预太多造成的。因为政府的过多干预,束缚了市场自由的竞争,从而累积形成了垄断。新自由主义学者指出,西方资本主义经济的效率根源来自对资源的有效配置,而这一有效配置的实现必须借助市场机制自发调节来完成,唯有市场经济方能确保以尽可能低的成本来实现经济效率的提升。如果更多依靠政府的管制、财政等手段来介入资源的配置,不但不能提升经济的发展速度,反而带来商品价格的攀升,通货膨胀的加剧,使经济发展走向平稳的反面。①

除此之外,还有学者提出了"政府实效"理论,这一理论的代表人物是詹姆斯·布坎南。布坎南以政府失效作为分析政府干预行为的基础,把之前用以研究市场活动的经济人假设拓宽至政治决策方面,他将参与政治决策的官员和选民都视为最大净财富的追求者,②干预通常是共同的利益带给政治家和政府官员们巨大压力的结果。他认为,任何政治活动的最终目标都是实现各自利益的最大化,政党政治也同样如此,不同政党间的竞争都是从不同的角度出发,以实现各自所代表的利益。因此,政府对于经济的干预、资源的调配摆脱不了其所要实现的利益而单纯地针对市场的缺陷,也就不能有效地弥补市场的失灵。以美国的情况来看,高额赤字、高通胀、高失业率的出现既是市场失灵的表现,在很大程度上,也是凯恩斯主义倡导的国家干预所致。市场的失灵并不是将问题移交给政府干预的充足理由。政府干预本身也会带来和市场失效一样的不良后果,有时甚至超出后者。凯恩斯的国家干预主义导致"滞胀"的严重后果说明,为限制政治家滥用权力,一种立宪限制是绝对必要的。

理论上,自由主义思潮不断渗透到金融监管领域,吻合金融自由化下竞争加剧对放松监管以提高金融企业的效率背景,反对监管的金融自由化理论慢慢占据主导。其中,最为突出的代表是麦金农和肖的金融抑制和金融深化理论。他们的理论主要从两个方面对 20 世纪 30 年代以来的监管理论

---

① 马君潞:《金融自由化:原由、历程、影响与前景》,中国金融出版社,1999,第 29—31 页。
② 胡代光:《西方经济学说的演变及其影响》,北京大学出版社,2001,第 456—458 页。

和监管实践提出质疑:①政府对金融领域的严格管制,不但没有促进金融行业的发展,反而降低了金融机构和金融体系运行的整体效率,使得金融监管的效果与经济发展的实际出现了背离;②由于政府在对金融行业实施监管的过程中,同样会面临信息不充分和不对称的问题,加之政府能力等制约,这种不对称问题会更加严重。因此,政府监管的实际效果会因为这种限制而大打折扣,从而产生政府失灵的问题。结合金融自由化观点分析,20世纪30年代就席卷资本主义国家金融危机而对金融领域实行的监管法制,具有强烈的反危机色彩和严格管控的特质。随着市场的发展,人们逐渐认识到如此直接而广泛的金融监管对金融机构和金融体系而言,是过度的和压制性的,对金融领域整体效率的提升和发展产生了负面影响。因此,这一理论认为,为了恢复金融业的活力和效率,应该通过放松利率管制,放宽对经营范围、经营地域的限制,来实现金融业的自由竞争。更值得注意的是,这一理论还特别针对当时发展中国家实行的金融抑制政策提出批评,认为"金融抑制"是发展中国家经济落后的主要根源。它主张发展中国家通过金融深化战略,以金融自由化为主导,放宽或去除非必要性的管制,允许市场自由发展,将生产资金的供求变化、社会储蓄总供给等统统交由市场机制来决定,从而实现市场对资源合理配置,促进经济发展。

这一理论及政策建议对西方发达国家以及一些发展中国家20世纪70年代以来的金融体制改革产生了深远的影响,即纷纷放松对金融业的严格监管,实行金融自由化。虚拟经济领域的金融法制调整也受此影响,有了显著的调整:对分业经营监管的放宽。通过立法逐步弱化对分业经营原则的限制,在银行、保险、证券等领域允许一定程度的混业经营的存在;放松对资本流动的监管。以美国为例,20世纪70年代以前,美国严厉禁止资本的外流,1974年取消了该限制。十年后更是废除了对外国投资者买入政府债券获得的利息征缴的预扣税,这就相当于对外国投资者进一步打开了政府债券市场;①放松对价格的监管,表现为逐步取消佣金、利率等价格限制;放宽对市场准入的要求,表现为立法层面开始支持其他国家金融机构依据特定的要求以及流程参与其他国家的金融市场。关贸总协定以及其他国际多边组织等推动了这方面的进展,尤其通过《金融服务贸易协议》明确了总的原则和一系列具体要求。包括依据市场准入理念,缔约国应当进一步打开本国金融市场,最大程度上允许彼此进入对方的金融服务行业;根据国民待遇原则,针对他国的非居民金融机构在本国的业务活动,应给予与本国金融机构同等的对待。

在一系列限制解除后,虚拟经济曾经被抑制的发展力量喷涌而出,迅速成为风靡全球的一种经济活动形式。虚拟经济带来的资本增殖的新方式及其引发的资本关系的变化决定了经济发展出现新的走向。20 世纪 80 年代,学者德鲁克在美国《外交》杂志发表的论文《发生变化了的世界经济》中指出,最近十年时间,全球经济架构发生了 3 个显著变化,其中之一就是资本转移取代商品和劳务的交易成为左右世界经济的重要因素。商品及劳务的贸易和资本转移或许没有分离,但彼此间的联系已经不如以前紧密,而且难以预测。国际贸易领域占主导的依然是新古典学派的理论,这种理论认为,资本的流向和外汇兑换率是由商品及劳务的交易决定的。而事实是,在 20 世纪 70 年代之后,资本的动向以及外汇兑换率呈现出脱离对外贸易而独立运转的态势。不仅如此,两者实质上在朝着相反的方向发展。② 20 世纪 80 年代英国的《经济学家》杂志同样指出,70 年代初期,世界经济开始出现的显著变化即影响兑换率的因素自商品贸易转移至通货流动。商品经济被货币经济所取代,后者逐步发展成为主导世界经济的关键因素,全球经济结构已然出现了实质性的转变。可以说,虚拟资本在全球经济方面的统治地位

---

① 艾伦·加特:《管制、放松与重新管制》,陈雨露、王智洁、蔡玲译,经济科学出版社,1999,第 4—6 页。

② 吴秋璟:《虚拟经济制度与结构变迁的研究》,复旦大学博士论文,2004,第 50 页。

俨然建立。①

"自由是资本的性格,也是资本主义法权关系的基本要求"。② 回顾次贷危机前美国经济社会发展政策的演变历程,新自由主义思潮表现为金融市场的自由化改革,即通过一系列法案的出台推翻罗斯福新政时期的分业经营理念,通过金融市场混业经营的发展为经济注入更大的"数据"动力。但是,分业经营与混业经营作为金融市场发展的两种态势本身并无对错、好坏之分,无论政府选择何种发展模式,配置相应的监管措施才是更为合理的发展向度。但是,在新自由主义"小政府、大市场"的倡导之下,金融监管工具以及监管法律规范体系的发展并未与金融市场混业经营相同步。混业经营之下的金融市场风险防控失位在更大的范围内引发危机的积聚爆发。

(二) 虚拟经济的立法理念从注重安全转向注重效率

如果说20世纪30—70年代对包括虚拟经济在内的金融系统更为强调安全为先的立法理念的话,金融自由化理论则更加崇尚效率为先的理念。20世纪30年代之前几乎不受管制的自由金融制度在30年代的经济危机中破灭,使得金融系统的安全性成为人们首先考量的因素;20世纪30—70年代,随着金融监管的逐步深入,直接而广泛的管制所带来的对金融市场发展的束缚逐渐暴露,人们对效率、效益的追逐与日俱增,超越了对安全性的需要。换言之,安全曾是传统金融监管法制所追求的最重要目标,随着金融自由化理论及"放松监管"的政策调整,人们反思虚拟经济法制的结果之一便是将关注的视野投向了效率。

效率是经济学关注的重要内容,表示以利益最大化为目标来利用资源和实现满足。③ 发轫于20世纪六七十年代的法律经济学流派,将效率引入

---

① 纳赛尔·赛博:《投机资本》,齐寅峰、古志辉等译,机械工业出版社,2002,第133页。
② 张宇润:《货币的法本质》,中国检察出版社,2010,第183页。
③ 张文显:《二十世纪西方法哲学早期研究》,法律出版社,1996,第209页。

法律价值体系中,把资源的合理配置以及有效利用作为法律制定和实施优劣的评价、检验标准。他们认为,能否促进社会资源的有效配置和充分利用,能否最大程度地促进社会财富的增长,是衡量一项法律好坏的重要依据。[1]　一般认为,法的效率是指"表示法律调解的现实结果和人们期望通过法律而实现的社会目标之间的对比关系"。用公式可以表示为:法律效率 = 法律的社会目标/法律作用的结果。[2]　对此,人们的普遍共识是,对资源的充分利用以及对社会财富最大程度的增进,应该是包含金融法在内的全部法律活动或法律制度所追求的根本目的。由此,效率作为法的价值取向之一,应该是伴随着法的产生而自然具有的。但事实是,直到 20 世纪六七十年代,基于对各国金融管制的反思,效率才被视为独立的法治价值取向。可以说,这与以放松管制为标志的金融制度的调整刚好处在同一阶段,并不是偶然发生,他们彼此存在着密切的联系。[3]　基于对各个国家彼时潜在的过度监管体制的驳斥,有观点强调,围绕治理市场失灵,规避市场效率不高为宗旨的金融管制自身同样潜藏着低效率的内在机制——公共失灵。确立金融立法的效率价值,不单单为修正安全至上的价值理念,同时在于提醒立法者对于是否应用金融法制手段来调整金融市场,以及采用什么样的金融法制来调整,均需要慎重考量。

　　效率作为指导金融立法的基本理念,它的核心内容涵盖下述几个层面。第一,充分尊重市场机制的作用。虽然,由于市场信息的不完备以及金融市场的高杠杆率,会出现市场失灵的现象,但过于严苛的法制监管也会抑制市场的发展,在金融市场领域同样如此。例如,20 世纪 30 年代的大危机期间,诸多银行和金融机构破产倒闭,主要资本主义国家的金融以及经济体系遭

---

[1]　周林彬:《法律经济学:中国的理论与实践》,北京大学出版社,2008,第40—43 页。

[2]　胡卫星:《论法律效率》,《中国法学》1992 年第 1 期,第 99 页。

[3]　盛学军等:《全球化背景下的金融监管法律问题研究》,法律出版社,2008,第 76 页。

到巨大的冲击。这次影响之后,严苛的监管制度逐步得到重视和建立。这样的制度构建可能在一定程度上缓解经济危机的冲击,但与此同时,严苛的管制又限制了金融机构的发展,优化资源配置的需求日益凸显。更多质疑的声音针对金融监管的目标和效果,主要资本主义国家金融法制又开始向金融自由化转变。因此,金融立法不应当也不能够取代市场,更不能破坏市场的价值规律,而应顺势而为,随着金融市场的变化做出及时的调整。第二,借助于立法规避风险隐患,尤其是特地面向金融创新行为完善立法规避潜在隐患,需要结合效率为先的理念,对权利、义务等进行合理分配。学者科斯强调:"合法权利的初始界定会对经济制度运行的效率产生影响,权力、权利调整会比其他安排产生更多的价值。"[1]所以,权利需要借助法律赋予可以缔造大量财富的一方,以维系金融创新的动力。就具体的金融创新来说,它的参与主体大多为最具生产性的金融活动参与方。认可金融创新的合法性价值,同时就其各方面的权利在法规层面予以明确、规范及保障,可以保证合法的市场主体建立起可靠的预期,也可以规避各种投机违法行为,净化市场以及规范市场发展。以往一段时间,各个国家的金融制度过于偏重对安全性的追求,过度地限制了金融机构的经营权利,创新动力也因此被压制。基于全球化的大环境下,市场竞争不断提高,那种缺少活力以及运行效能不高的金融机构,也就难以于激烈的竞争中实现生存,更不必说金融行业的安全以及稳定发展。可以想象,支持和推动创新,维护金融行业的可持续法治已经成为当下金融法规的关键内容。正如美国财政部《美国金融服务系统在满足用户需求方面的优缺点》中所强调的,其21世纪的金融法规旨在支持金融行业内部的竞争和创新发展,务必全面秉持开放的理念对待金融行业的竞争。[2]第三,如果将金融监管效率也视作金融效率的组成部分,

---

[1]　科斯:《企业、市场与法律》,盛洪、陈郁译,格致出版社,2009,第113页。

[2]　徐诺金:《金融监管理念的新变化:从控制风险到隔离风险》,《金融时报》2001年8月18日。

那么,能否有效提升金融监管的效率也应当作为评判金融立法优良的标准之一。在我国目前的金融形势下,由于缺乏第三方监管,政府垄断监管权,同时国有金融又占据垄断地位,很多甚至绝大多数的金融创新无非是为某些既得利益集团创租、寻租提供了机会和场所。① 金融监管供给方的此类唯一性以及垄断性特质,不单会使金融监管工作效率低下,同时可能诱发监管不公正以及腐败行径。

在虚拟经济领域,虚拟经济作为一种制度形态,是市场经济发展到高级阶段的必然结果,布坎南说:"市场是一种制度过程,在期间个人彼此相互作用,其目的在于追逐他们各自的目的。18世纪哲学家伟大的发现是:在适宜地设计的法律和制度中,市场中分散的谋私利的个人的行为产生一种自发的秩序,一个分配结果的模式,它不是任何人选择的,但是它可以合适地归类为反映参加者的价值最大化的秩序。"②因此,虚拟经济法律制度必须加强对效率价值的关注,具体来说,它从以下几个方面来体现其效率价值:第一,确认、保护有效率的虚拟经济运作模式。不管是市场自发形成的,还是人为建构的运行方式和具体制度,如果其符合虚拟经济效率标准,虚拟经济法律制度应当予以确认,并以妥善的措施加以保障,以防止其他个人和机构随意侵犯。第二,通过相应的制度构造,减少交易费用,降低虚拟经济的运行成本。在虚拟经济领域,信息不对称的现象更为突出,专业化的分工常使局外人自己发现、甄别信息的费用异常昂贵甚至不太可能,减少交易费用的制度规范格外重要,以最小的成本耗费达到预期的经济目标,便是虚拟经济法律制度存在和运行的应有之意。事实上,金融市场上的信息披露制度法治化运行、金融市场中介服务机构的法治化存在,都是虚拟经济法律制度为减少交易费用、凸显效率价值的具体体现。第三,通过排除无助于虚拟经

---

① 刘忠和:《第三方监管理论:金融监管主体角色定位的理论分析》,吉林大学博士论文,2005,第70页。
② 布坎南:《自由市场和国家》,吴良健译,北京经济学院出版社,1985,第88页。

济发展的各种因素来促进虚拟经济的发展。从最终意义上,排除的具体形态,既可以是立法排除,也可以是司法排除。前文对各个时期虚拟经济法律制度已做梳理,在此不再赘述。

四、对虚拟经济的约束发展

(一)虚拟经济对实体经济的负面效应

虚拟经济的出现为实体经济发展的必然结果,而虚拟经济作为一种新型的经济形态,既有与实体经济相似的方面,也和实体经济彼此潜藏着一定的差距。运行期间,虚拟经济一方面在自身完成财富积累的同时,也给实体经济带来了巨大的好处;另一方面,虚拟经济也是高风险的经济,尤其是从根源上可能导致经济泡沫或者泡沫经济,从结果上与近代以来世界各地的经济危机不可分割。[①] 前文也已提及,现代市场经济条件下,虚拟经济成为拉动经济增长的主要动力,但是,较之于实体经济,虚拟经济更容易表现出迅速扩张、膨胀、不稳定、高风险等特征。随着虚拟经济在一国经济总量中的攀升,经济危机已经不再以传统的生产过剩的形式表现出来,而是以金融系统剧烈动荡的形态呈现。尤其是20世纪90年代亚洲地区和2008年美国次贷危机两次金融危机事件,反映出虚拟经济发展具有明显偏离实体经济、凌驾于实体经济之上独自发展的"脱实向虚"的趋势。人们看到,虚拟经济似一柄双刃剑,它对实体经济的消极影响不言而喻。

1.虚拟经济可能导致经济结构失衡

由于虚拟经济以实体经济为基础,实体经济的良好运行产生了与之相适应的虚拟经济。如若两者处在合理的发展速率以及体量下,彼此相辅相成,互相推动。而经济体潜在的力量推动虚拟经济的膨胀速率远大于实体

[①] 胡光志:《虚拟经济及其法律制度研究》,北京大学出版社,2007,第99页。

经济。两者的相互背离成为必然,由此滋生泡沫问题。此处的泡沫或许会依附于虚拟经济发展过程中出现的部分非实体经济要素,典型的包括股票、债券以及金融投机交易等。泡沫在适度的范围内,可以有效地刺激市场。但是当泡沫超过适当的限度,则可能导致虚拟经济的过度膨胀,从而背离实体经济,最终形成虚假繁荣的泡沫经济。泡沫经济的出现进一步加剧虚假繁荣现象,而最后必定是泡沫的破灭,使得社会出现明显的震荡,甚至走向经济崩溃。① 就呈现的形态而言,由虚拟经济导致的一国经济结构失衡主要是虚拟经济对实体经济所具有的挤出效应。

"所谓虚拟经济的挤出效应,是指虚拟经济的膨胀过度会吸引原本活跃于实体经济的资本,从而不利于实体经济的健康发展,造成实体经济发展缓慢甚至停滞、倒退,而虚拟经济不正常繁荣的情形。"②之所以会发生虚拟经济对实体经济挤出效应,主要有 3 个方面的原因:第一,虚拟经济运行的特定规律。在虚拟经济领域,交换价格并不取决于对未来收益的预期,而是取决于大众的心理系统,故其投资不像实体经济领域那样受到生产与管理成本、公司资产值、公司分配体制等的限制,即其价格可能是无限开放的。第二,实践结果。虽然实体经济与虚拟经济同时运行,但实践证明,等量的资金投入到两种经济形态中,其收益是大不相同的。一方面,由于实体经济受成本规则的限制,投资回报在一般情况下都低于价格不受成本限制的虚拟经济领域;另一方面,当虚拟经济领域出现泡沫时,投资回报会大大高于实体经济的回报率,甚至是实体经济投资回报率的若干倍。第三,资本的特性,资本的最基本特征在于最大化的增值。假如在一定时期社会流通的货币总量不变或资本供应总量不变,由于虚拟经济投资回报较高,大多数的货币以及资本则会主动流向这一领域,从而减少实体经济的资金供应,并造成

---

① 朱伟骅:《虚拟经济与实体经济背离程度研究》,复旦大学博士论文,2008,第 51 页。
② 胡光志:《虚拟经济及其法律制度研究》,北京大学出版社,2007,第 96 页。

实体经济投资的萎缩,情况更严重时,还可能导致资金从实体经济倒流到虚拟经济的局面。① 这种挤出效应的必然后果,就是一国经济整体当中的虚拟经济和实体经济比例失调,进而引发经济结构失衡。

2. 虚拟经济可能使金融体系变得脆弱

美国学者埃文·费雪早年就开始了对金融系统脆弱性的深入研究。20世纪30年代,基于对前人成果的分析,其指出金融系统的脆弱性和宏观经济周期息息相关,较大层面上源自经济基础的不断恶化。该观点对于1873—1879年美国经济不景气和经济大萧条等有着针对性的说明。之后,研究人员有关金融系统脆弱性的探究逐步淡化经济周期的影响,而是认为即便没有经济周期衰退的因素,金融系统脆弱性也会于外在或内在的偶发事件的作用下酿成金融危机。尤其是金融市场高度膨胀和虚拟经济、实体经济逐步脱离的情况下,金融系统的脆弱性会持续提高。②本书认为,金融的脆弱性,是由现代金融系统的构成元素决定的。前文已论,现代金融是虚拟经济的重要组成部分,现代金融系统的货币、信用以及各种金融创新产品,都是虚拟经济的直接构成部分。因此,得出以下结论便顺理成章:虚拟经济本身的秉性特质决定了金融系统的运行规律,金融脆弱性产生的根源在于虚拟经济明显不同于实体经济的运行特征。这就像我们日常生活中常见的建筑物,其本身的坚固程度不仅与建筑方案的设计科学与否、建筑监管的严格程度等因素有关,更与建筑材料的合格与否相关,日常中大多数的"豆腐渣"工程,是因为建筑材料的以次充好和不合规格,而非其他。

现有文献关于虚拟经济的脆弱性已多有论述,概括起来,学界一般认为虚拟经济的脆弱性主要表现在高风险性和自我异化性这两个方面。所谓高

① 胡光志:《虚拟经济及其法律制度研究》,北京大学出版社,2007,第96页。
② 刘畅、郭敏:《金融体系为何如此脆弱:学术界对金融体系脆弱性研究综述》,《人民日报》2010年6月18日第7版。

风险性,是指虚拟经济相对于实体经济来说,有着较强的不稳定性。究其原因,这是虚拟经济自我本质所决定的。虚拟经济本身存在虚拟性,导致各方面的资本于市场买卖期间,价格并非如同实体经济价格决定的那般尊崇价值规律,而是更多的和虚拟资本拥有者以及交易人员对未来的主观预期相关。在此意义上,我们可以说,虚拟经济具有双重价格风险。具体来说,由于虚拟经济总是依赖于实体经济而存在,但是实体经济与虚拟经济各自有不同的运行系统,在现实社会中,同一财产又会在两个运行系统中分别表现自己的价格。举例而言,股份公司的财产一方面要在实体经济运行中表现自己的价值(如注册资本、成本、利润等);另一方面,又要以股票的市价来反映自己的价值。换言之,股份公司中的任何一项财产都同时存在实体经济价格和虚拟经济价格。正是因为同一财富同时存在两套价格,虚拟经济与实体经济之间的脱节、矛盾在所难免。其实是价格错位的风险。由于虚拟经济与实体经济不一定同步,加之影响虚拟经济运行的因素除了实体经济,还有其他许多因素,因而在同一时间内同样的财产在虚拟经济与实体经济两套价格体系内总是存在着价格差,这种双系统价格差可能带来的风险主要有两个:误导社会资源的流动和配置,并可能最终导致逆向淘汰;影响和破坏实体经济的有序运行,在实体和虚拟经济之间促使投机的出现。在虚拟经济的运行过程中,市场对信息的敏感度提高,价值交易的非人格化,尤其是辅之以发达的电子技术后,财产凭证流动的规模较大,流动的速度极快,而同一种财产凭证在不同的时间内流动往往有不同的价位,这种时间价位差为投机者提供了广阔的空间,投机取巧、人为炒作、恶意操纵,甚至国与国之间的金融控制也成为可能。[①]

另外,虚拟经济还会受到实体经济因素干扰的风险。虚拟经济的运行仍然要尽量与实体经济相吻合,这是虚拟经济得以产生的价值基础。一旦

---

① 胡光志:《虚拟经济及其法律制度研究》,北京大学出版社,2007,第95页。

虚拟经济产生,它又会产生巨大的离心力而日益呈现出自身的独立性,可以说,虚拟经济与实体经济正是在这种矛盾运动中不断成长起来的。虚拟经济的独立性倾向在当今社会表现得非常明显:在虚拟经济程度较高的背景下,实体经济对虚拟经济的决定作用也在日益减弱,而非实体经济因素的决定作用却日益凸显。应当说,在虚拟经济刚刚诞生的时候,其市场运行走势主要取决于实体经济及其运行情况,但是进入当今社会后,这种情况已经发生了很大变化,影响甚至决定虚拟经济市场走势运行的因素,除了实体经济,还有市场信息的供需状况、投资者的投资偏好、市场中介服务的质与量、市场的总体运动趋势、国家对虚拟经济的政策导向、国内国际形势的重大变化等,①这些因素都可能是虚拟经济导致的金融脆弱性的重要因素。

最后还有人为控制的风险。和实体经济相比,虚拟经济更容易为人所控制。在虚拟经济运行过程中,一些掌握实体经济内幕信息的人以及具有经济实力的投资者,为了经济、政治或者其他目的,会趁机进行虚假陈述、内幕交易、市场操纵,甚至最终控制一个地区或国家的全部经济,而所有这些人为的控制活动,都会影响虚拟经济的健康运行。一旦超过市场、公众或社会的承受能力,就会不可避免地爆发经济危机——虚拟经济的崩溃,并最终导致实体经济的瘫痪。② 比如,美国的次贷危机,其背后深层次的原因就是相关金融机构积极参与推动、金融监管当局放任、纵容甚至鼓励的结果。不管美国当局承认与否,其客观上都形成了一个"金融共谋共犯结构"。正是在这一"结构"的作用下,金融虚拟化无度发展,金融脆弱性大幅度提升。③这些现象都是虚拟经济本身所具有的自我异化性、高风险性的表现。在金融系统中,由于基本的构成要素是虚拟经济,因此虚拟经济本身的这些特征

---

① 胡光志:《虚拟经济及其法律制度研究》,北京大学出版社,2007,第95页。

② 胡光志:《虚拟经济及其法律制度研究》,北京大学出版社,2007,第96页。

③ 杨秀萍:《金融相对实体经济发展的约束边界理论研究》,中国社会科学出版社,2016,第203页。

必然会导致金融系统的风险性和不稳定性,而作为一种弊病的集中爆发,金融危机便是其真实的反映。

3. 虚拟经济容易受到国际资本的冲击

虚拟经济引发金融危机是一个不争的事实,更为关键的是,由于虚拟经济所具有的流动性强的特征,使得现代市场经济条件下的金融危机,非常容易突破一国界限而在世界范围内传播。比如,美国次贷危机,在很短的时间内就扩展到同住地球村的世界各国。当今时代,国际金融危机的传染性之所以如此之强,其原因依然在于引发金融危机的虚拟经济的流动性特征。众所周知,相对于实体经济来说,虚拟经济的流动性更强,特别是基于信息技术的发展,股票以及债券等虚拟资本表现为无纸化、电子化,整个交易流程瞬间即可达成,更加强化了虚拟经济的流动性特征。这种流动性冲击主要表现在国际游资的突然进驻或者突然撤离,这都会对本国金融体系造成巨大的影响。

除此之外,金融的全球化也是重要因素。有学者认为,虚拟经济发展的第 5 个阶段是国际金融的集成化。即各国国内的金融市场与国际金融市场之间的联系更加紧密,相互间的影响也日益增大。在这种背景下,任何国家的经济都不仅是自己国家内部的事务,在金融危机爆发时,任何国家都无法独善其身。有人分析认为,在经济全球化背景下,"当一国发生金融危机之后,投资者首先会改变对危机发生国的市场预期,出于'趋利避害'还会对其他有投资的国家和危机发生国进行比较,重新评估其他投资所在国的资产风险。如果其他的投资所在国家其经济结构和金融结构,或者市场运行情况与危机发生国有相似之处,投资者也会改变对该国的预期,重估并调整在该国的资产组合。在网络、通信技术和交易系统高度发达的今天,会导致资本的瞬间流出,并给该国形成货币贬值的压力和降低该国在国际金融市场上融资的能力。这样,在该国的基本面也许并没有出现变化,甚至是在金融市场运行良好的情况下,投资者就开始改变预期并撤资,危机将传染至这个国家"。① 在这种情形下,由虚拟经济引发的金融危机,固然有国内经济失衡、经济政策缺位、错位等因素的策动,但更为重要的原因是外源性因素。②

正是基于上述虚拟经济偏离实体经济自我发展的内在逻辑和外在推动力,资产泡沫不可避免会出现,泡沫达到临界点,市场崩盘成为必然。因此,单靠金融市场的自律难以做到完好,必须具有强大外力的制约,那就是来自政府的对虚拟经济发展的约束。

(二)虚拟经济安全与效率价值的衡平

虚拟经济的安全和效率是既对立又统一的。一方面,虚拟经济法的安全价值需求源自整个金融市场所暗含的多方面风险。遏制潜在风险,维护金融市场稳定,需要借助于对金融领域实施管制。在各国金融法中所确立的市场准入、信息披露等制度都是基于此的考量。然而,对安全的过度看重以及对金融管制的过分倚重会挫伤金融机构的积极性和创造性,不利于金融机构通过实现利润最大化的市场活动来提升市场运行的效率,从而在一定程度上降低了金融行业于国内以及全球市场的竞争性,最终导致金融效率被侵蚀。另一方面,如果只是就效率层面予以考量,听任金融机构的肆意发展,固然在一定的程度和范围中激发金融体系的活力,也可能为社会带来更高质量以及多元化的金融支持,但物竞天择的竞争结果同时会带来部分金融机构的破产倒闭,进而影响整个金融体系的稳定。

不难想象,虚拟经济安全与效率价值彼此潜在的矛盾无可规避。究其原因,正如有学者所论,是"价值主体的多元化和社会经济生活的广泛性与

---

① 卢达钿:《基于虚拟经济视角的金融危机国际传染机制研究:以次贷危机为例》,暨南大学硕士论文,2010,第18页。

② 成思危:《虚拟经济与金融危机》,《管理评论》2003年第1期,第4—5页。

复杂性及社会条件的多重性与多变性"。① 的确,价值之所以产生冲突,从价值本身的属性来看,它是对作为主体的"人"的需要和满足。因此,不同的人——具体到虚拟经济法律制度领域,就是不同的立法者和执法者,他们自然有着不同的价值立场和选择——人性并不完全一致,人性"并不是一系列稳固确定、自相一致的特征,而是一些经常发生冲突的基本倾向"。② 而且,从时空的角度来看,虚拟经济法律制度的价值也会随着时间、地点、社会环境、国际经济环境的不同,其重要程度也会有所不同。在人类金融发展历史上,效率与安全两种不同的价值概念在金融危机前后相互影响,相互修正,进而进入交替存在的平衡状态。以美国为例,20 世纪 30 年代的经济大萧条使人们对自由竞争的金融市场产生了怀疑,凯恩斯主义将美国从金融危机的泥潭中拯救出来,并成为主流的经济理论。随之,金融立法的价值取向便由不干预的自由竞争转向严格管理的金融安全。到 20 世纪 70 年代,由于凯恩斯主义无法解释美国经济中的滞胀现象,以弗里德曼为首的货币主义成为市场的主流经济学,因此,放松管制成为这段时期的经济学思潮,反映在虚拟经济发展的核心价值观上是以自由竞争取代了 20 世纪 30 年代的金融安全。但 2007 年的金融危机过后,越来越多的金融监管当局认识到金融安全与金融稳定的重要性。

然而,将二者完全对立起来也是行不通的。如果只看重安全而忽略效率,则必定对金融行业的全球竞争力以及行业本身的发展造成影响;同样,如果只看重效率而忽视安全,则可能导致金融体系的混乱和失序,效率也就无从实现。虽然,对"法价值的协调,创造一种和谐状态的确是一项充满了巨大困难的使命",③"由于只顾及一种标准而抛弃另一种标准不尽如人意,同时不可能一起采用它们,因此,在各种相互矛盾的标准面前,唯一的出路

---

① E. 博登海默:《法理学:法哲学与法律方法》,邓正来译,中国政法大学出版社,2004,第 239 页。
② 同上。
③ 刘大洪、廖建求:《论市场规制法的价值》,《中国法学》2004 年第 2 期,第 99 页。

就是求助于第三种可能的方法——衡平"。①

　　结合法律史层面分析,虚拟经济法律制度正是近现代经济灾难的必然,其宗旨即为规避以及应对虚拟经济活动中可能出现的不安全事件,属于典型的危机应对策略。一般情况下,每次剧烈的危机之后,便会有应对危机的虚拟经济法律制度产生。比如,1929 年经济危机之后,"面对严峻的经济形势,美国政府逐渐认识到证券市场在经济生活中的特殊意义以及放任自由所酿成的恶果。痛定思痛,美国政府决定以法律形式对证券市场进行干预和控制。"②1933 年的《银行法》严禁商业银行开展投资活动,尤其是严禁银行承购包销企业新发售的股票以及债券。还通过 1933 年的《证券法》对信息公开原则予以明确规定,严禁以欺诈的方式销售证券。此后还颁布了《证券交易法》,确立了证券商注册制度,并指定证券交易委员会为证券执法机构。这些法律法规构成了美国虚拟经济法制的基础。2007 年以来,又制定了《抵押贷款债务减免的税收豁免法》,对按揭住房贷款人进行税收减免援助。2008 年 7 月 30 日通过了《住房和经济恢复法》,设立 3 000 亿美元的专项基金,用于向符合条件的购房者提供担保,保障他们能够获得再融资。于 2008 年 10 月 3 日又通过《金融救援法》,向金融机构提供 7 000 亿美元的救助计划以及其他领域 1 490 亿美元的减税措施等。③

　　从效率与安全的关系来看,二者互为前提、互为保障。安全既是效率的基础,又是效率的保障。所谓"大河有水小河满",一个缺乏整体安全价值的虚拟经济法律制度,注定是缺乏效率的——即便有,也只是暂时的、局部的。因此可以说,任何效率都要以安全为前提。同时,富于创新、充满活力与效

---

① 另外两种方案分别是:其一,以某一种标准为代价,给另一种标准优先考虑;其二,建立一种公式,其中包含几个不确定的变量,同时顾及几种衡量标准。

② 胡光志:《内幕交易及其法律控制研究》,法律出版社,2002,第 206—207 页。

③ 孙天琦、张晓东:《美国次贷危机:法律诱因、应法解危及其对我国的启示》,《法商研究》2009 年第 2 期,第 138 页。

率、健康的金融业，往往才会实现稳定、可持续的金融安全。正如美国通货监理署在 20 世纪 80 年代明确自身使命时所言，"国家利益要求有一个安全与稳定的金融体系，该体系在竞争的市场上为公众提供尽可能多样化的金融服务。监理署为此利益而努力的手段是使下列关系保持适当的平衡：促进与保证全国银行体系各成员业务的安全与健全，并要求它们高度遵守法律和各种规章制度；促进金融服务市场的竞争、效率、一体化与稳定。"①可以说，金融领域安全和效率的平衡才能实现国家利益、社会利益的整体提升。

　　如果我们从人性的角度来探究，就会发现，与虚拟经济效率相比，虚拟经济安全更不具有自发形成的可能性。与其他市场主体一样，参与到虚拟经济法律关系中的主体，依然以利益最大化作为其基本诉求。利益最大化和效率之间有着最为密切的关联，效率问题实质上就是利益最大化问题，在此意义上，我们可以说，效率问题有着深刻的人性基础。但是对于虚拟经济安全，他们缺乏关注的动力，在万千人参与的市场中，他们也不具备关注的能力——在求利的人性动因下，做出维护整体虚拟经济秩序的行为并不会对单个的经济人形成激励。恰恰相反，不能做出或不愿做出才是现实经济生活中的常态：不能做出是因为市场主体知识和信息的不充分；不愿做出是因为更多的时候，维护整体虚拟经济安全和个人利益存在矛盾和背反现象，谁都不愿意为了整体虚拟经济安全而放弃眼前的利益和机会。于是便产生了个体理性导致的集体非理性这一市场经济中的常态，虚拟经济法律制度正是回应这一宏观需要而产生。确保虚拟经济安全，避免各种形态的危机产生，也就成了虚拟经济法律制度核心的使命。

　　就虚拟经济的基本特征来说，与实体经济相比，虚拟经济兼具运行期间的自我异化、高投入以及高风险等特性，②这些特征使其极可能带来各种泡

---

① 张亦春、江曙霞、高路明：《中央银行与货币政策》，厦门大学出版社，1990，第 344 页。

② 单飞跃、卢代富等：《需要国家干预：经济法视域的解读》，法律出版社，2005，第 218—220 页。

沫和危机问题。当下社会的实践已然数次佐证,各个地区出现的经济危机、金融风暴等事件,很大程度都源自虚拟经济领域。故而,立法者的立法目的以及执法者的执法行为也必定要体现出人们对虚拟经济特点的认知,在促进虚拟经济发展的同时将安全作为虚拟经济立法的价值目标。唯有此,虚拟经济才能健康发展,否则,便有被戕害的危险。

在金融自由化的大背景下,虽然对虚拟经济的立法有所放宽,在某些方面也潜在着放松监管的情况,但并未成为主流。对虚拟经济的监管未全面回归到古典经济学自由放任的理念上去,而始终在关注市场不完备的前提下,从制度角度依靠市场自我调整推动经济效率的达成。但随着金融自由化的进一步推进,金融危机出现的频次越来越高,人们逐步意识到金融系统独立于整个经济体系以外的特有运行规律,并就金融系统的不稳定性展开探究。这些研究在很大程度上印证了虚拟经济领域政府行为的恰当性。鉴于在实证研究中所表明的金融体系安全性与运行效率之间存在的替代效应,今后的虚拟经济立法的核心也会随之调整,既会不同于大危机后以安全性为优先原则的强化管制,也会不同于盲目追求自由市场实现效率的完全自由化,而是这二者的某种平衡和融合。

第四章　虚拟经济立法的历史经验与教训

　　虚拟经济立法的发展总是与金融危机相伴随,形成此种循环模式:放松管制—金融危机—法律变革—加强监管—克服危机—金融创新、放松管制—经济繁荣、盛极而衰—金融危机—新一轮法律变革。实际上,这种循环的背后,是金融管制与金融自由的博弈,是立法者和监管者在管制与自由之间的"相机抉择"。

　　虚拟经济发展历史表明,金融市场健康发展需要政府适度干预,才能最大限度防范与化解市场失灵所引发的系统性风险。如果金融市场自由化发展超过必要限度,金融危机、经济危机的发生也就势在必然。不幸的是,虚拟经济发展历程中主要发生了以下危机:18 世纪 20 年代法国的密西西比股市狂潮和英国的南海股市风波;1929—1933 年经济危机;1997 年东南亚金融危机;2008 年美国次贷危机引发的全球金融危机;等等。几乎所有的人,而且都是聪明人,在同样的时间犯了同样的错误,这是经济危机的重要现象。[1] 当然,危机发生的原因是多方面的。从法律制度层面来看,虚拟经济立法规制虚拟经济自由放任发展的缺位或滞后是造成危机的法律原因,这在一定程度上放任了虚拟经济的过度发展。

　　英国经济学家哈耶克曾说,制度是因为人们的理性不足而人们又要把

---

[1]　胡光志:《虚拟经济及其法律制度研究》,北京大学出版社,2007,第 132—133 页。

握错综复杂之现实的详尽细节而渐渐学会使用的一项工具。① 可以说,制度是一个社会的游戏规则,规则缺失或规则不健全,此项游戏是没法玩或玩不好的。制度是重要的,但人的理性又是有限的,即使由所谓智者组成的团体在一定时空域内的认知同样也是有限的。而一个社会的经济运行总是在制度变迁的框架内进行的,这就需要"站在巨人的肩上",集前人之智,与时俱进,不断完善相关制度,保持制度需求与制度供给之间的动态平衡。

其他国家或地区曾多次发生金融危机、经济危机,可以说我国都"幸免大难"。尤其是最近发生的 1997 年东南亚金融危机、2008 年美国次贷危机引发的全球金融危机,尽管也对我国经济社会尤其是对资本市场产生了或多或少的不利影响,但实际上并没有遭受像危机发生国或地区这般严重的损失。当然,这利好局面是多因素造就的。从法律制度层面来看,与国家采用最有效、最正式的法律制度来干预虚拟经济发展是分不开的。

虚拟经济发展需要制度支撑,尤其是作为正式性制度的法律。虚拟经济立法是促进虚拟经济发展的有力保障。虚拟经济法律制度确认和规范虚拟经济发展;虚拟经济法律制度防范和化解虚拟经济风险。同时,要正视虚拟经济的双刃剑属性,通过虚拟经济立法来规制虚拟经济的自由放任发展,确保虚拟经济相对于实体经济的有限发展,最大限度规避虚拟经济过度发展的高风险及其可能导致的危机。

新中国成立后,从解放初期的承认、限制、逐步取消,到文化大革命时期的彻底毁灭,再到改革开放后的复活,我国虚拟经济立法经历了曲折的发展演化过程。我国自改革开放以来,虚拟经济取得了长足发展,成绩斐然;但虚拟经济发展也存在一定程度的"脱实向虚"倾向,对我国实体经济和整体经济安全构成了一定的风险。

虚拟经济的有限发展,不是忌讳虚拟经济的发展,也不是不当束缚虚拟

---

① 哈耶克:《自由秩序原理》,邓正来译,生活·读书·新知三联书店,1997,第 81 页。

经济的发展,而是服务于实体经济的发展,是以实体经济的发展需求为限度的有限发展。

商品生产和发达的商品流通,即贸易,是资本产生的历史前提。世界贸易和世界市场在 16 世纪揭开了资本的现代生活史。[①] 历史本身就是一种力量,就是理性的源泉。[②] 历史是一面镜子,以史为鉴。总结虚拟经济立法经验,吸取虚拟经济立法教训,认识虚拟经济是谁,虚拟经济从哪里来,虚拟经济要到哪里去,才能更好地进行虚拟经济立法。

一、经验：虚拟经济立法是促进虚拟经济发展的有力保障

虚拟经济是实体经济发展到一定阶段回应实体经济发展需求而产生的。虚拟经济已成为市场经济发展的最高表现形态和世界经济运行的主要特征。虚拟经济是实体经济发展使然的一种客观存在,相应的法律确认与规范也就不可避免。法律对虚拟经济的反映是对其中可以模式化和需要模式化的基本运行规律的确认,这是一种复杂的"意志性"反映,而非简单的"镜了式"反映。当虚拟经济的基本运行规律被模式化以后,可以复制性地实施;当虚拟经济关系由正式性制度的法律加以规范以后,有国家强制力作后盾来保障实施。为了确保虚拟经济形成一种良好的运行秩序,促进虚拟经济安全、有效和可持续发展,防范和化解虚拟经济的风险,我们必须用法律的形式对其进行规范。[③]

当然,虚拟经济的发展并不完全以既有的法律框架为限。一方面,法律制度虽然可以进行前瞻性设计,但是也无法完全预判虚拟经济未来发展的所有情形。另一方面,虚拟经济有其自身的内在发展规律,可能会在某些方

---

① 中共中央马克思恩格斯列宁斯大林著作编译局:《马克思恩格斯选集第二卷》,人民出版社,2012,第 156 页。

② 程燎原、江山:《法治与政治权威》,清华大学出版社,2001,第 13 页。

③ 胡光志:《虚拟经济及其法律制度研究》,北京大学出版社,2007,第 136 页。

面突破既有的法律框架。这虽然在某种程度上说明"法律制度也不是万能的",但是,毋庸置疑,"没有法律制度是万万不能的"。

实体经济在主体制度、产权制度、合同制度、信用制度等法律制度的促进下逐渐虚化。虚拟经济形成并非一蹴而就,而是从实体经济的虚化开始,为满足实体经济发展的需求而产生,在法律制度的确认与规范下发展。虚拟经济同样具有实体经济内生的市场失灵,并且具有集中与放大市场失灵的效应。虚拟经济内生具有的这一属性容易引发金融危机、经济危机。

虚拟经济立法是对虚拟经济自然运行状态下的规则的一种正式性制度化,从而建立起虚拟经济活动的法律规范机制。随着虚拟经济的发展和独立经济形态的最终形成,作为上层建筑的法律受变革的经济的影响而产生回应,虚拟经济在法律制度促进下逐步发展与深化。

虚拟经济立法以正式性法律制度形式界定市场主体资格、市场主体的权利与义务、虚拟资产交易范围与条件、市场交易程序、责任形式、纠纷解决机制,等等。由此,从事虚拟经济活动的主体便有了活动的指南与前行的航标,最大限度地避免盲目行事、各行其道的混乱局面,从而保证虚拟经济的规范操作与正常运行。虚拟经济运行的核心和关键在于防范和化解虚拟经济风险。顺应经济国际化发展趋势,构建开放型经济体系,通过虚拟经济立法来防范与化解虚拟经济风险,促进虚拟经济健康、安全和可持续发展。

市场经济是法治经济,虚拟经济是市场经济的最高表现形式,虚拟经济理应是一种高度法治化的经济形式。[1] 简单而言,在法治经济下良法善治,人们的经济行为遵从法律,人们所遵从的法律是良法。现代法治具有法治国家、法治政府与法治社会的三维视角,其共同点在于均把依法治理作为治理的基础性形式,都遵循宪法和法律至上的原则。[2] 兼重法治理论与实践的

---

[1] 胡光志:《中国预防与遏制金融危机对策研究》,重庆大学出版社,2012,第163页。
[2] 王勇等:《社会治理法治化研究》,中国法制出版社,2019,第41页。

共通性,不囿于一时,不偏于一地,无闭塞之虞,则是开放之义。① 虚拟经济立法是促进虚拟经济发展的有力保障。日益成熟和健全的虚拟经济立法体系保障着虚拟经济的安全、有效和可持续发展。虚拟经济法律制度是虚拟经济的调整器、减震器与安全阀,为虚拟经济健康发展保驾护航。虚拟经济法律制度确认和规范虚拟经济的发展;虚拟经济法律制度防范和化解虚拟经济的风险。

(一) 虚拟经济法律制度确认和规范虚拟经济的发展

虚拟经济如同世间万物发展规律一般,最初的虚拟经济处于自在自为的发展状态,历经自然而缓慢的发展历程,逐渐被人们认识与接受。就证券市场发展史来看,第一个证券交易所于 1611 年在荷兰的阿姆斯特丹建立;英国股票商于 1773 年在伦敦的柴思胡同一家咖啡馆建立了英国第一个股票交易所(后演变为现在的伦敦证券交易所),英国政府于 1802 年对此正式予以认可;美国股票商于 1797 年在华尔街一棵梧桐树下聚会,订立了"梧桐树协定",规定了股票交易条款……②直到 20 世纪初期,证券市场呈现的证券交易规范并非正式性的法律制度安排,缺乏法律层面的确认与规范,证券交易在这相当长的历史时期里一直处于自在自为的发展状态,尚未步入规范发展的正常轨道。直到 20 世纪初期,西方各国开始进行证券立法,证券市场具备正式性法律制度的确认与规范,在法律推动下,证券交易取得了长足进步。虚拟经济立法通过对虚拟经济关系的确认,这不是一种简单的"镜子式"或"摄影式"反映,而是虚拟经济发展的催化剂和推动力量。虚拟经济立法的诞生本身就是促进虚拟经济发展的有力保障(表4.1、表4.2)。

---

① 梁治平:《论法治与德治》,九州出版社,2020,第 198 页。
② 宁晨新、刘俊海:《规范的证券市场》,贵州人民出版社,1995,第 15 页。

表4.1 美国虚拟经济的阶段历史①

时间	事件
1865 年	美国芝加哥谷物交易所推出了一种最早开发出来的金融衍生品——期货合约的标准化协议
1884 年	美国发明了反映股票行情变化的股票价格指数雏形——道·琼斯股票价格平均数
1920 年	美国进入股票市场"飞扬的 20 年代"
1921—1929 年	道琼斯指数上升 468%
1929 年	美国股灾爆发
1932 年	美国的银行倒闭风潮出现
1933 年	颁布《证券法》
1934 年	颁布《证券交易法》
1970 年	颁布《证券投资者保护法》

表4.2 英国股票发展的阶段历史②

时间	事件
1553 年	英国成立股份集资的莫斯科尔公司
1581 年	英国成立公开招买股票的凡特利公司
1661 年	股票开始可以任意转让
17 世纪上半叶	股份有限公司成为稳定的企业法人组织形式
1694 年	成立了第一家资本主义国家银行——英格兰银行
1773 年	英国第一个股票交易所(现伦敦证券交易所的前身)成立
19 世纪中叶	英国兴起地方性证券市场
20 世纪 50 年代	伦敦证券市场向海外投资倾斜

---

① 参见邹玉娟、陈漓高:《虚拟经济的发展阶段及对我国的启示》,《经济问题探索》2014 年第 11 期,第 31 页。

② 参见邹玉娟、陈漓高:《虚拟经济的发展阶段及对我国的启示》,《经济问题探索》2014 年第 11 期,第 30 页。

　　美国著名的霍姆斯大法官对法律作了这样的界定,法律就是每一个人对于我这件事情法庭会怎么判的一个预期。法律作为一种正式性制度安排,遵循客观性的社会与经济发展规律为人们提供主观性的行为模式。具体到虚拟经济而言,虚拟经济是一种运行较为复杂的高级经济形态,如果没有法律规范为其运行设定标准性与程序性规则,就无法为人们提供可预期的行为模式,会造成人们盲目行事、各行其道的混乱局面,虚拟经济难以安全、有效和可持续发展。

　　虚拟经济法律制度给虚拟经济活动的主体构建起"公开、公平、公正"的游戏规则。市场主体在虚拟经济市场上参与"角逐"与"竞争",知道自己不能做什么,可以做什么,应当怎样做。正如球赛公开、公平、公正的游戏规则一般,各参与方要想在赛场上取得好成绩,首先,充分熟悉游戏规则,对游戏规则一知半解的运动员不可能成为一名真正优秀的运动员;其次,不断提高自身技能,在此游戏规则下违规竞技会受到处罚甚而被罚出局,练好内功才能增添获胜的筹码。此愿景实际上也正是虚拟经济市场发展所期许的。

　　虚拟经济立法是对虚拟经济自然运行状态下的规则的法律化,以正式性规范形式明确虚拟经济交易主体资格,规定交易主体的权利与义务,界定虚拟资产交易范围与条件,制定虚拟经济交易程序与规则,构建虚拟经济纠纷解决机制,等等。虚拟经济法律规范安排市场交易关系、服务关系、监管关系等虚拟经济领域内的具体社会关系,给虚拟经济运行提供行为模式,从制度上规范虚拟经济活动,防控虚拟经济风险,保障市场良好秩序,化解虚拟经济纠纷,维护投资者权益。由此,从事虚拟经济活动的主体便有了活动的指南与前行的航标,最大限度地避免盲目行事、各行其道的混乱局面,从而保证虚拟经济的规范操作与正常运行。就我国《证券法》的修订而言,有关证券违法的法律责任条款从原《证券法》的三十五条增加到了四十七条(从第一百八十八条到二百三十五条共有四十七条),使得证券违法的法律责任更为全面、更加严厉,大幅提高了证券违法成本。即使发生虚拟经济运行不安全、不规范之处,也易于明辨是非,分清责任,制裁违法,保护良善。虚拟经济良好市场秩序的形成离不开虚拟经济正式性法律规范的维系,正如鱼离不开水一般浅显而不乏深刻的道理。

虽然近代中国证券市场逐步形成了一系列配套的法律规定,但受到诸多因素的影响,从内容上看仍不甚成熟,更谈不上完善。第一,缺失企业上市与股票发行专门性立法。《证券交易所法》和《交易所法》对证券的一级市场发行未作规定,相关企业上市与股票发行规定也只在《公司条例》和《公司法》中有零星体现。第二,缺失证券信息披露法律规范。近代证券立法中没有对信息披露方面进行要求,因信息不透明增大了投资者的风险,加剧了市场信息的混浊程度。① 第三,缺失具体的证券监管实施细则。近代证券立法仅规定了监管权以及监管原则,缺失具体的证券监管实施细则,缺少对证券违法行为严厉的刑事责任认定机制。第四,缺失证券行业自律组织法律界定。近代证券立法没有授予证券行业自律组织明确的法律地位,造成行业自律组织的责、权、利混乱,给证券市场发展带来了不稳定的因素。②

从虚拟经济立法史可以看出,在最初虚拟经济处于自然运行状态时,其发展是自然而缓慢的。这里除了虚拟经济自身表现不充分、人们主观认识不到位等因素,法律态度的不明确也是其发展缓慢的重要原因。作为正式性制度的法律未对虚拟经济明确表态,难免会造成人们对此事物心存疑虑,心里缺失坚实的底子与明晰的预期,进而影响虚拟经济的发展。例如,我国在 1993 年正式以立法方式承认以前证券市场发展较为缓慢;而在得到正式性制度的法律承认与支撑后,证券市场取得了长足的发展。由此可见,虚拟经济法律制度对虚拟经济交易关系的确认成为虚拟经济发展的催化剂和推

---

① 成九雁、朱武祥:《中国近代股市监管的兴起与演变:1873—1949 年》,《经济研究》2006 年第 12 期,第114—123 页。

② 尹振涛:《中国近代证券市场监管的历史考察:基于立法与执法视角》,《金融评论》2012 年第 2 期,第110 页。

动力量。

　　法律的确认是一种动力,如果说这种动力只是立法的一种客观效果,那么,法律中的一些主动型激励机制则是法律的一种主动追求。[①] 我国通过虚拟经济立法构建了一些鼓励其发展的主动型激励机制,在一定程度上排除或者变革了限制虚拟经济发展的制度,在一定范围内促进了我国虚拟经济发展。例如,我国 2005 年 10 月修改的《证券法》构建了一些主动激励型法律规范:允许国有资金、社保资金有条件地进入证券市场;明确了投资基金、金融衍生产品的法律地位;等等。这种法律的主动追求较大地推动了我国虚拟经济的纵深发展。有学者称为"积极推进资本市场发展,减少栓结,与时俱进"。[②]

　　我国期货市场经过从无到有、从否定到肯定、从乱到治、从狂热到理性的历史进程,逐渐步入规范发展的正常轨道。这与我国期货法律制度从无到有、到逐步完善存在正相关性。我国目前建立了以《期货交易管理条例》为核心的法规体系,初步构建起信息披露制度、交割制度、当日无负债结算制度、持仓限额制度、人户报告制度、强行平仓制度、保证金制度、风险准备金制度、风险预警制度、涨跌停板制度等期货交易风险防范法律制度,对保障期货业运行安全发挥着积极的作用。[③] 随着期货市场的发展,我国应制定高位阶的期货基本法——《期货交易法》以及专门性的《期货业监督管理法》,为期货业稳健运行保驾护航。

　　如果我们站在一种历史的角度就会发现,真正有生命力和管用的,都是经过实践检验的东西,这就是来自中国的经验总结、扎根中国现实的理论创新和匹配中国需要的制度建构。毕竟,橘生淮南则为橘,生于淮北则为枳,

① 胡光志、雷云:《法律制度供给与地方虚拟经济立法问题》,《重庆社会科学》2008 年第 9 期,第 56 页。

② 叶小青:《新〈证券法〉拓宽证券市场发展空间:新〈证券法〉政策解读》,《天津市财经管理干部学院学报》2006 年第 2 期,第 34 页。

③ 张军:《我国农产品期货监管法律制度的完善》,《农业经济》2018 年第 1 期,第 1 页。

叶徒相似,其实味不同。所以然者何? 水土异也。① 同时,虚拟经济的产生与发展也如园艺植物的生长一般。园艺植物的生长除了合适的阳光、土壤与雨露等这些必要条件,如果要获得更好的长势以及达成我们预设的更具观赏性的样子,还离不开具有人工干预性质的施肥、修剪、固形等这些必要手段。

虚拟经济的安全运行和健康发展离不开法治的保障。虚拟经济运行中存在的信息不对称、不完全竞争、不正当竞争、市场外部性等市场弊端,都需要借助国家的经济干预法律制度予以克服。② 介于激励与约束之间在较大范围内是一种此消彼长的关系,干预的制度应该在激励与约束之间进行协调。作为市场主体的"经济人"追求自身利益最大化,市场最不缺的就是市场主体"自私自利"性。通过制度激励使"经济人"获得更强大的动力,充分挖掘"自私自利"资源,激发"经济人"潜能;通过制度约束使"经济人"拥有更良好的行为,适度限制"自私自利"资源,约束"经济人"选择,从而使市场真正成为既自利又利他的良性机制。③ 法律作为正式性制度也概莫能外。

虚拟经济运行必须依赖虚拟经济法律规范的维系。例如,建立强制信息披露制度,增强市场信息的清澈程度,打造良好的市场竞争秩序;建立虚拟经济宏观调控制度,控制虚拟经济的市场规模,促进其与实体经济协调发展;建立国家监管制度,防控内幕交易、欺诈客户、过度投机、市场操纵,确保虚拟经济健康发展;等等。法律作为正式制度安排是虚拟经济运行的重要条件,只有强有力的法律保障才能确保虚拟经济的安全、有序、健康运行。④

---

① 《晏子春秋. 内篇杂下》,转引自潘伟杰、侯健、史大晓:《当代中国马克思主义法学研究》,上海人民出版社,2019,第 80 页。

② 李昌麒:《论经济法语境中的国家干预》,《重庆大学学报(社会科学版)》2008 年第 4 期,第 86 页。

③ 种明钊:《国家干预法治化研究》,法律出版社,2009,第 9 页。

④ 胡光志、雷云:《法律制度供给与地方虚拟经济立法问题》,《重庆社会科学》2008 年第 9 期,第 56 页。

(二)虚拟经济法律制度防范和化解虚拟经济的风险

虚拟经济起源于实体经济发展的需求,以实体经济的发展需求为发展限度,以为实体经济服务为发展宗旨。但如果虚拟经济发展超过了实体经济发展需求这一必要限度,背离了为实体经济服务这一发展宗旨,就会反向制约实体经济的发展。甚而引发金融危机、经济危机。同时,虚拟经济由于其强烈的资本逐利性,会导致虚拟经济的资源优化配置功能的异化,产生所谓的逆向淘汰问题,从而对冲实体经济发展中的优胜劣汰规律。马克思在《资本论》第一卷第二十四章中说明了资本的逐利本性,资本害怕没有利润或利润太少,就像自然界害怕真空一样。一旦有适当的利润,资本就大胆起来……①当利润达到100% ~ 300% ,资本敢于践踏一切人间法律,甚至敢于冒绞首之危险,疯狂逐利的资本是十分可怕的。无数的事例昭示我们,如果放任虚拟经济中系统性风险的星星之火,其成燎原之势的金融危机、经济危机势在必然。虚拟经济的这种异化问题需要法律规制来促成其有限发展。

从虚拟经济的发展来看,虚拟经济中的制度是演化的结果,"交易先于规则"这一命题在虚拟经济领域仍然成立。② 但由于没有正式性的虚拟经济法律制度进行确认与规范,英国产生了"南海泡沫"。"南海泡沫"是虚拟资本交易关系自发产生后,没有得到股权融资管制法规及时规范的结果。

西方市场经济国家大多经历了比较充分的自由资本主义发展阶段,特别是19 世纪,在经济领域实行广泛的自由放任政策。与此相适应,法律秩序更多表现为私法自治。直到1929—1933 年经济危机对社会经济造成巨大破坏,以挽救危机为目的的罗斯福"新政"以及相应的经济立法,开创了国

---

① 中共中央马克思恩格斯列宁斯大林著作编译局:《马克思恩格斯选集(第二卷)》,人民出版社,2012,第297 页。

② 成思危:《虚拟经济的基本理论及研究方法》,《管理评论》2009 年第1 期,第12 页。

家大规模干预经济的先河。① 经济危机发生后,以美国为代表的资本主义国家痛定思痛,对虚拟经济由自由放任向国家干预转变,以法律形式加强对虚拟经济的干预,虚拟经济发展进入了一个新的阶段。这一时期关于虚拟经济的立法越来越多、越来越完善,各个国家已逐渐把相关法制建设作为一个自觉的、长期的任务。一系列立法的相继出台,其根本宗旨只有两个字——安全。② 这一时期的虚拟经济法律制度在较大程度上防范和化解了因自由放任金融市场发展所带来金融危机、经济危机,促成资本主义经济在二十世纪五六十年代的繁荣发展。

当然,危机的化解、经济的复苏,是经济、政治和社会等各种因素协同治理的结果。不可否认的是法律在其中扮演着一个更为重要的角色。构建起强大的实体经济基础和优良的法律制度环境,可以最大限度地防范虚拟经济风险的发生,即使发生危机也能更快、更好地化解危机、复苏经济。

20世纪70年代以来,美国各届政府为推动经济发展,促进金融业体制变革,在金融监管领域采取了放松监管的措施,其中以1999年《金融服务现代化法》的颁布最为典型,将"去监管化"的理念推到了一个顶峰,但也为后来的次贷危机、全球金融危机的爆发和产生埋下了伏笔。③ 2008年次贷危机爆发后,美国政府采取了一系列旨在应对危机的政策革新和经济调控,其中最重要的是通过金融监管法律的完善和革新,以此建立健全危机防控的长效机制。其中最为重要的有2008年的《住房与经济恢复法案》、2008年的《紧急经济稳定法案》、2009年的《美国复苏与再投资法案》和2010年的《多德-弗兰克华尔街改革与消费者保护法》。立法变迁反映出美国对虚拟经济发展的认知逐渐由放任走向干预,宏观审慎原则的确立为虚拟经济的可持续发展提供制度环境,而"宏观审慎与微观审慎有机结合的监管安排无疑成

① 庄少绒:《中西方金融法治演进研究》,吉林大学出版社,2009,第87页。
② 马明宇:《美国银行监管法制的几个特色》,《国际金融研究》2003年第12期,第69页。
③ 韩洋:《危机以来国际金融监管制度的法律问题研究》,华东政法大学博士论文,2014,第52页。

为后危机时代国际金融监管立法变革的主旋律"。①

2008 年美国次贷危机引发的全球金融危机发生之前,英国的金融监管体系就已经相对完备了,以《2000 年金融市场与服务法案》为代表,该法案规定以统一机构对金融市场进行全面监管。2008 年全球金融危机发生之后,英国需要采取措施挽救实体经济下行趋势,保证经济刺激计划得以全面实施,防范与化解金融市场的风险。其中,金融监管体制建设已经成为英国政府的核心任务。英国政府从 2009 年开始了监管体制的重大改革,并制定了一系列监管法律。② 例如 2009 年的《银行法案》、2010 年的《金融服务法》、《金融监管新方案:建立更稳定的体系》、《金融监管新方案:改革蓝图》等一系列金融监管改革的新方案。2012 年,英国颁布了新的《金融服务法案》,基本完成了金融监管的体系性变革,既强化了中央银行在金融监管中的审慎监管职能,又确立了微观审慎监管和行为监管的监管模式。③

虚拟经济是一种根植于实体经济的社会价值运动形式,既是回应实体经济发展需求而产生,也是以服务于实体经济而存在,更是为满足实体经济进一步发展的需求而发展。在二元经济格局下,虚拟经济与实体经济相互依存,虚拟经济在整体经济体系中具有不可或缺的地位。而法律作为正式性制度在整体制度体系中具有不可替代性的地位。不可替代性的法律制度与不可或缺的虚拟经济进行有机融合,能更好地确认和规范虚拟经济的发展、防范和化解虚拟经济的风险。

虚拟经济是一柄双刃剑,在促进实体经济及整体经济发展的同时,又存在导致金融危机、经济危机的风险。2008 年美国次贷危机引发的全球金融

---

① 余绍山、陈斌彬:《从微观审慎到宏观审慎:后危机时代国际金融监管法制的转型及启示》,《东南学术》2013 年第 3 期,第 50 页。

② 李凤雨、翁敏:《英国金融监管体制改革立法及对我国的借鉴》,《西南金融》2014 年第 11 期,第 51 页。

③ 吴云、张涛:《危机后的金融监管改革:二元结构的"双峰监管"模式》,《华东政法大学学报》2016 年第 3 期,第 114 页。

危机,留下惨痛教训,令人心有余悸。随着虚拟经济纵深化发展,社会整体经济的虚拟化成分日益增大,倘若发生金融危机、经济危机,无疑将对经济社会造成更加严重的负面影响和不良后果。随着经济社会改革的深化和世界经济一体化的加强,我国虚拟经济自改革开放以来发展态势向好,成绩斐然,但也存在一定程度的"脱实向虚"倾向,对我国经济社会发展构成了一定的威胁。虚拟经济内生着国家干预的需求,而国家干预最有效、最正式的措施就是法律。[①] 虚拟经济的健康发展离不开正式性法律制度。从历史演进来看,虚拟经济法律制度呈现供给缺失——供给不足——供给完善的发展轨迹。虚拟经济法律制度是现代法治社会条件下支撑虚拟经济运行的最重要的条件之一。虚拟经济立法不仅是确认法、激励法与规范法,更重要的还是保障法,防范和化解虚拟经济的风险,为虚拟经济的有效、有序和安全运行保驾护航。

加强虚拟经济的风险防范,实现虚拟经济的有效监管。立法监管是作为监管规范的正式形式,为政府的行政监管以及行业协会的行业自律提供了法定依据。金融监管必须依照法律法规有序进行,金融监管机关之设立、监管职权之行使都离不开健全的金融法律。[②] 银行监管是金融监管中最为重要的组成部分。近代中国银行监管法规体系在借鉴国际经验的基础上从无到有逐步发展起来,为银行监管提供了必要的依据。但是,近代中国银行监管法规体系建设系统性不强,缺乏真正意义上以"银行监管"直接命名的监管法规。银行监管规定主要体现在相关银行法及行政性规定中。而在抗日战争时期更多是以"补丁"式的行政命令取代相关法律规定,这实际也是囿于时代背景做出的无奈选择。

---

① 胡光志、雷云:《法律制度供给与地方虚拟经济立法问题》,《重庆社会科学》2008 年第 9 期,第 56 页。
② 聂柳:《中国近代银行监管立法研究》,华南理工大学硕士论文,2010,第 11 页。

现代金融法是金融规制之法,规制是现代金融法的基石和支柱。① 在世界古代与近代,金融规制主要在于维护金融机构和金融市场的信誉和秩序,维护货币统一和币值稳定。而金融安全不是这一时期金融规制的主旨,金融业缺乏防范与化解风险的必要规制以致金融业缺乏必要的风险防范与化解制度安排,金融危机、经济危机频繁发生也就不足为怪了。从 1825 年英国发生世界上第一场经济危机开始,这种危机在 1837 年、1847 年、1857 年和 1866 年就频繁地造访西方国家,美国也未能幸免。在现代金融法时期,我国金融市场带有显著的规制性质和烙印。例如,《商业银行法》、《证券法》中的金融规制性规范处于压倒性的优势;《银行业监督管理法》、《外资银行管理条例》中的更是被清一色的金融监管性规范所占据。在现代金融法时期发生金融危机、经济危机的频次较之以前大为减少。

虚拟经济风险累积到一定程度就会爆发金融危机、经济危机,像多米诺骨牌效应一样迅速传导至实体经济,必将对整体经济造成严重损害,对民众产生风声鹤唳的恐惧感。政府理应对虚拟经济市场进行适度干预,确保虚拟经济安全运行。虚拟经济监管将为虚拟经济构织安全网来防范系统性风险,是确保虚拟经济稳健运行的一道不可替代性防线。但由于各国国情差异性、虚拟经济复杂性以及国内外经济发展变动性,没有放之四海皆准的固定监管理念与模式可以直接遵循与适用。我国应当放眼世界、立足国情,不断完善虚拟经济监管法律机制,从制度层面为虚拟经济的稳健运行遮风挡雨。

虚拟经济法律制度防范和化解虚拟经济的风险。虚拟经济的基本价值是虚拟经济的秩序与效率,核心价值是虚拟经济的安全。② 市场失灵伴随市场经济体制,是市场内生的现象。虚拟经济作为市场经济的最高表现形式,

---

① 韩龙:《现代金融法品性的历史考察》,《江淮论坛》2010 年第 4 期,第 1 页。
② 胡光志:《虚拟经济法的价值初探》,《社会科学》2007 年第 8 期,第 105—113 页。

不但存在如同实体经济一般市场失灵的问题，而且还有进一步放大失灵的危险。席卷全球的美国 2008 年次贷危机再度警示：敬畏虚拟经济的发展带来的风险，从法律制度层面防范和化解虚拟经济的风险。①

历史和现实均已证明虚拟经济的安全、有效和可持续发展离不开制度的支撑，离不开法治的保障。虚拟经济的双刃剑属性及其高风险性，恰好需要借助法律的力量，在发挥其积极功能的同时，避免其负面效应，以促成其安全、有效和可持续发展。虚拟经济一旦完全离开法律制度的制约，势必成为一个物欲横流的利益交换场所，再加上投资者利益最大化追求，虚拟经济必将走向其反面，最终走向实体经济的对立面，其应有的资源优化配置功能及资金引导功能将损失殆尽。基于此，我们既要总结法治保障虚拟经济发展的经验，大胆地发展虚拟经济并以此促进我国实体经济的发展，又要吸取由虚拟经济领域爆发的全球金融危机、经济危机的深刻教训，加强对虚拟经济的监管，建立一套适应开放经济局面的、强有力的虚拟经济安全法律保障制度。

政府应建构起完善的危机应对法律体系，针对暴露出的问题和弊端不断完善有关法律制度，增强危机法律应对机制的实效性，从而有效防范和应对危机。制度的生命力在于有效运行，不是摆在桌上供观赏的花瓶，而是落在地上解决实际问题的工具。美国学者罗尔斯曾强调，正义是社会制度的首要德性……某些法律和制度，不管它们如何有效率和安排有序，只要他们不正义，就必须加以改造或废除。② 对症下药，药是真药、好药，才可能产生药到病除的疗效。针对老病症，原用药疗效不佳，就需对药加以改进；针对新病症，无药可用，就需研制新药。针对虚拟经济发展中的问题与弊端，与时俱进，不断完善危机应对法律制度，犹如对症下药，也是一样的道理。

---

① 胡光志、雷云：《法律制度供给与地方虚拟经济立法问题》，《重庆社会科学》2008 年第 9 期，第 57 页。

② 约翰·罗尔斯：《正义论》，何怀宏、何包钢、廖申白译，中国社会科学出版社，2009，第 3 页。

　　虚拟经济风险也如洪涝灾害一般。洪涝灾害的防范与控制,需要进行风险评估与预警,制定应急预案,灾情监测与发布,执行抗洪救灾方案,总结经验与教训;等等。对于虚拟经济风险的防范和化解,正如洪涝灾害的防控一样,也需要通过正式的虚拟经济法律制度安排,借助国家干预才能更好地实现。这些制度主要包括:①虚拟经济宏观调控制度。国家应当适时根据经济运行实情充分发挥宏观调控职能,制定产业政策或者利用经济杠杆,建立虚拟经济宏观调控机制,促进虚拟经济与实体经济协调发展。②虚拟经济国家监管制度。建立完善证券上市与退市、内幕人员交易、中介机构服务及机构投资者行为监督机制,防控内幕交易、欺诈客户、过度投机、市场操纵,确保虚拟经济健康发展。③虚拟经济强制信息披露制度。建立强制信息披露制度,增强市场信息的清澈程度,提供公开、公平、公正的决策信息,打造良好的市场竞争秩序。④虚拟经济风险防范化解制度。建立风险防范与化解机制,及时发现虚拟经济市场上的异常情况并预测可能发生的危机,最大效能地将虚拟经济隐患化为零或将虚拟经济带来的负面影响降至最小。

二、教训：虚拟经济立法规制虚拟经济自由放任发展的缺位或滞后

　　现代国家的经济体系几乎已经被固化为实体经济和虚拟经济并存的二元格局。虚拟经济不能离开实体经济而一路向前,实体经济难以离开虚拟经济而一枝独秀。

　　虚拟经济是虚拟资本的持有与交易活动,是从具有信用关系的虚拟资本衍生的,并随着信用经济的高度发展而发展。经济日渐虚拟化是世界经济发展的重要趋势之一。随着信息技术的发展与革新,虚拟资本日益电子化,虚拟资本交易过程更加便捷,虚拟经济流动性进一步增强。虚拟经济发展速度与规模逐渐赶上并远超实体经济。虚拟经济逐渐脱离实体经济的束缚而自成一个相对独立的体系。

世界范围来看，由于金融自由化的推动，特别是20世纪70年代布雷顿森林体系解体后促成了黄金非货币化，虚拟经济发展驶入了快车道，虚拟经济发展速度加快。虚拟经济作为一种与实体经济相关联并独立于实体经济的经济形态，其在股票市场、外汇市场、债券市场的规模日渐扩张。虚拟经济的发展速度与规模超越实体经济，逐渐在经济发展的过程中占据主导地位。[①] 20世纪70年代以来，随着金融管制的逐渐放松和金融业竞争的日益激化，金融产品创新蓬勃发展，在传统金融产品基础上衍生出了期权、期货合约、指数期权、指数期货合约等一系列新的金融产品。21世纪以后，在金融自由化与科技信息化的助推下，虚拟经济发展势头进一步增强，虚拟资本形式更加多样化，经济虚拟化程度不断加深，虚拟经济规模越来越大，虚拟经济在社会经济结构中的占比已经大大超越实体经济。

虚拟经济对实体经济作用具有双重性。虚拟经济适度发展能够优化资源配置，引导资源要素合理流动，分散与规避风险，促进实体经济发展。虚拟经济过度发展会扭曲资源配置方式，降低资源配置效率，增大与引发风险，阻碍实体经济发展。

虚拟经济发展历程中主要发生了以下危机：1715年法国的密西西比股市狂潮；1720年英国的南海股市风波；1929—1933年经济危机；1997年东南亚金融危机；2008年美国次贷危机引发的全球金融危机；等等。从20世纪70年代后的国际金融危机看，无论是发生在美国等发达国家，还是发生在东南亚发展中国家，金融危机对一国金融安全的威胁主要发生在以下三个方面：①金融危机作为金融体系的极端风险事件，最先冲击的是危机国金融资产定价体系。②金融危机爆发后，一般会放大金融参与者的非理性行为效应，从而加速金融市场信心的崩溃和泡沫的破裂而威胁金融安全。③金融危机爆发后，政府债务负担的加重和金融系统功能的紊乱会加剧政府功能

① 曾婕：《虚拟经济演进机制研究》，浙江大学硕士论文，2009，第16页。

的失灵,从而威胁国家金融安全。①

正因为实体经济的发展在一定时空范围内是有限的,因此,依附于实体经济的虚拟经济在一定的时空范围内也必然是有限的。虚拟经济的过度发展会对实体经济产生挤出效应,挤压实体经济应有的发展空间。从长期的发展来看,一个国家的核心竞争力和发展,在很大程度上还是得依赖实体经济的发展。毕竟,虚拟经济虽然能够转移和重新分配社会价值,但并不能直接创造社会价值。虚拟经济超越甚至脱离了实体经济的发展,呈现过度虚拟化,危机的出现成为必然。虚拟经济立法规制虚拟经济自由放任发展的缺位或滞后是产生危机的法律原因。立法规制的缺位或滞后在一定程度上促成了虚拟经济的过度发展。造成危机的因素很多,而虚拟经济过度发展是产生危机的重要原因。世间万事万物的发展应控制在其自身发展规律与需求的一个度,过犹不及,此乃人类社会发展史上已获公证的铁律。历史上危机的产生很大程度上是虚拟经济过度发展所致。前车之鉴,吸取教训,可以使我国虚拟经济发展防患于未然,以免重蹈覆辙。

（一）虚拟经济相对于实体经济的过度发展

人类既往的经济史可谓是一部实体经济的发展史。人类要"书写历史""创造历史",首先要能生存。衣、食、住、行是人类生存的最根本的物质保证,而生存又是人类历史发展的首要前提。衣、食、住、行离不开物质资料的生产,而实体经济是物质资料生产的唯一支撑。由此,人类第一个历史活动就是生产满足这些需要的资料,即生产物质生活本身。可见,发展实体经济是人类经济活动的根基与主旋律,这是人类从古至今向未来都必须从事的经济活动,这是人类一切历史发展的前提条件。

当今世界已经发展成为实体经济与虚拟经济相互依存、相互促进、相互

---

① 张维:《金融安全论》,中国金融出版社,2016,第138—139页。

制约的"二元"经济结构时代。虚拟经济是实体经济虚拟化到一定程度的结果,虚拟经济尽管不可能完全脱离实体经济,但由于其定价机制和运行机制的特殊性,虚拟经济发展相对于实体经济具有独立性、背离性等特征。从世界范围来看,随着虚拟经济的日益膨胀,一些发达国家虚拟经济发展速度与规模远远超过实体经济,虚拟经济运行的相对独立性表现得日益明显,甚至时常呈现出与实体经济运行状态相背离的运行趋势。

近代由于金融自由化的推动,特别是20世纪70年代布雷顿森林体系解体后促成了黄金非货币化,虚拟经济发展驶入了快车道,虚拟经济发展速度加快。21世纪以后,虚拟经济发展势头进一步增强:金融衍生产品如雨后春笋般涌现,虚拟资本形式更加多样化,经济虚拟化程度不断加深。

一个无法否认的事实是,当今世界已经成为市场经济的世界,或者说,我们所处的这个时代是一个市场经济的时代。[①] 当今世界发达国家均是市场经济最发达的国家。这些国家经济格局的共同衍化趋势是由传统的实体经济形态向以实体经济为基础、以虚拟经济为最高表现形式的经济形态转变。[②] 市场经济在经济全球化背景下向纵深方向发展,在金融自由化与科技信息化的助推下,虚拟经济发展速度越来越快,虚拟经济规模越来越大,虚拟经济在社会经济结构中的占比已经大大超越实体经济。根据国际货币基金组织、世界银行和国际证券交易所联合会的数据,1990年,全球GDP约为22.89万亿美元,虚拟经济总量是其1.33倍,为30.37万亿美元;2000年,全球GDP约为30万亿美元,虚拟经济总量是其5倍,已达160万亿美元。2000年,全球虚拟资本日平均流动量高达115万亿美元,大约是全球日平均实际贸易额的50倍。在1991—2007年,全球虚拟经济增长量与增长速度远高于实体经济,其中,全球虚拟资产存量增长20余倍,平均增速高达

---

① 李其瑞等:《马克思主义法治理论中国化70年》,中国法制出版社,2019,第89页。
② 成思危:《虚拟经济探微》,《管理评论》2005年第1期,第3页。

21.62%;而全球 GDP 总量增加约 1.38 倍,平均增速仅为 5.34%。2007 年,全球虚拟经济总规模达到 738.30 万亿美元,是实体经济规模的 13.53 倍;2010 年,全球虚拟经济总规模扩张到 2 000 万亿美元,是实体经济规模的 34 倍。[①]

　　虚拟经济作为一种与实体经济相关联并独立于实体经济的经济形态,其在股票市场、外汇市场、债券市场的规模日渐扩张。据统计,在股票市场,截至 2013 年 4 月,美国为 20.68 万亿美元、日本为 4.49 万亿美元、英国为 3.82 万亿美元、中国为 3.71 万亿美元。这些国家股票资产占 GDP 的比率已超过 100%,其中美国股市市值占 GDP 的 244%、日本为 178%。在外汇市场,全球每日外汇交易量 1973 年为 100 亿~200 亿美元,1986 年为 2 000 亿美元,1995 年为 10 000 亿美元,1998 年为 20 000 亿美元,2007 年为 2 万亿美元。截至 2013 年 4 月,全球外汇日均交易量已达 5.3 万亿美元,为世界进出口贸易总额的 80 倍,但大多数外汇交易纯粹是以资金流通、盈利和风险规避为目的,是在无任何贸易、生产背景下发生的。在债券市场,1991 年全球债券总市值是 16 万亿美元,到 2005 年达到了 58.95 万亿美元,15 年时间里市场容量增加了 2 倍多,年均增长速度大约为 7.5%,债券市值占 GDP 的比重从 72.45% 提高到 132.63%。

　　虚拟经济发展的扩张阶段以金融衍生产品的出现及发展为主要标志。[②] 20 世纪 70 年代以来金融业竞争的日益激化和金融管制的逐渐放松,金融产品创新蓬勃发展,在传统金融产品基础上衍生了期权、期货合约、指数期权、指数期货合约等一系列新的金融产品。在金融衍生产品的保证金制度下,产生了衍生品市场交易的资金杠杆,"以小博大"的杠杆游戏原理形成,从而造成投机交易额的巨大虚拟膨胀。金融衍生品的交易对象经过多次虚拟

---

① 曾婕:《虚拟经济演进机制研究》,浙江大学硕士论文,2009,第 21 页。
② 李多全:《虚拟经济基本问题研究》,经济日报出版社,2015,第 57 页。

化,利率、指数衍生品的交易指向只是一个概念、一个指标,已失去了常规的市场价格决定机制;指数期权、指数期货合约成为更加虚幻的资本。虚拟经济发展进入了疯狂扩张阶段。1998 年,全球衍生品名义价值(衍生品对应的基础资产的金额)存量为 80.3 万亿美元。而到 2007 年底,全球衍生品名义价值达到 630 万亿美元,为全球 GDP 总量的 11.81 倍。2005—2007 年,全球金融衍生品价值年均增长率高达 41.5%,而经济年均增长率仅为 4%。① 金融衍生品市场发展速度与规模的增长速度远远超过了其他金融资产及国民经济,呈现"一枝独秀"的态势。全球衍生品市场保持"高歌猛进"的势头,虚拟经济规模剧增,虚拟经济过快发展和过度膨胀明显。②

历次危机似乎都是从虚拟经济领域开始,但实际上,危机还是跨越了 1920 年前后由实体经济向虚拟经济转化的分水岭。1920 年以前,经济危机由实体经济生产的相对过剩引发,实体经济出现问题造成虚拟经济在经济危机中崩溃。由于普通民众参与股市等虚拟经济领域人少面窄,产生的破坏力较小,给社会造成的负面影响程度较轻。但在 1920 年后,经济危机在一定程度上是由于虚拟财富的相对过剩引发,虚拟经济出现问题触发了实体经济的全面危机。由于普通民众参与股市等虚拟经济领域人多面广,产生的破坏力较大,给社会造成的负面影响程度也较重。

2008 年美国次贷危机引发的全球金融危机更是直接发端于虚拟经济,此时虚拟经济的产值已大大超越实体经济。③ 本次金融危机与美国虚拟经济的过度发展是脱不了干系的。美国自 20 世纪 90 年代后,在新自由主义经济政策主导下,在较大程度上放松了金融管制,促成金融市场的大肆扩张,

---

① 陈凯:《试析美国经济从"虚拟"到"实体"的调整与协同发展》,《财经问题研究》2011 年第 8 期,第 124—125 页。

② 李多全:《虚拟经济基本问题研究》,经济日报出版社,2015,第 57 页。

③ 兰日旭、张永强:《历次经济危机中实体经济与虚拟经济关系的量化分析》,《广东外语外贸大学学报》2011 年第 2 期,第 17 页。

金融资产尤其是证券化金融资产增长迅速。① 据统计,美国的次贷证券化率由 2001 年的 54% 跃升到 2007 年的 75%。虚拟经济超越甚至脱离了实体经济的发展,呈现过度虚拟化。美国交易的金融产品中只有 1/7 与实体经济有关,大多数金融产品已经蜕变为独立的市场游戏工具。② 美国作为世界金融业最发达的国家之一,虚拟经济在经济运行中占主导地位成为美国经济运行模式的最大特点,实体经济部门发展所需的资金却大量涌入虚拟经济部门,虚拟经济与实体经济呈现非协调发展。近年来,美国大量产业外移,呈现"去工业化趋势"。而美国国内工业的利润来源也发生了很大变化,例如,2007 年美国通用汽车公司 80% 的利润来源于其金融服务公司,而不是汽车制造这一主营业务,有人认为还不如将其称为一家汽车金融公司更为贴切。③ 虚拟经济部门过度膨胀会造成整个经济陷入危机的泥潭而难以自拔。

虚拟经济系统实现价值增殖较实体经济系统有其特殊性,资本在虚拟经济系统中可以不经实际生产过程而完成价值增殖,即"以钱生钱"的活动。④ 虚拟经济过度发展呈现虚拟经济繁荣假象,在所谓虚拟经济领域投资时限短与回报率高的诱导下,本应是投入实体经济领域的资本却反向流入到虚拟经济领域,造成实体经济肌体"缺血",严重影响实体经济的健康发展。⑤

现代经济社会中形成了"倒金字塔"结构。"物质生产""商品与服务贸

---

① 陈凯:《试析美国经济从"虚拟"到"实体"的调整与协同发展》,《财经问题研究》2011 年第 8 期,第 128 页。

② 王志刚:《次贷危机的特征、成因与启示》,《中国金融》2008 年第 24 期,第 30 页。

③ 张国庆、刘骏民:《金融危机与凯恩斯主义的全面回归:兼论对中国的政策启示》,《南京社会科学》2009 年第 9 期,第 15 页。

④ 杨洋:《中国制造业脱实向虚倾向研究:基于沪深 A 股上市公司的数据》,东北师范大学硕士论文,2019,第 25 页。

⑤ 费洪平:《新时代如何振兴实体经济切实筑牢发展根基》,《北京交通大学学报(社会科学版)》2019 年第 3 期,第 3 页。

易""股票、债券与商品期货"与"金融衍生品"构成了第一个"倒金字塔","物质生产"处于最底层,"金融衍生品"处于最高层,市场规模从底层到高层递增。在第一个"倒金字塔"中,虚拟经济规模远远领先于实体经济;位居高层的"金融衍生品"市场规模也大大超越了传统的"股票、债券与商品期货",实有"高处不胜寒"之感。"倒金字塔"本就不具稳定性,人们却又在第一个"倒金字塔"顶层又叠加了"信用衍生品市场"这样一个"倒金字塔"。[①]经济虚拟化程度大为加深,虚拟经济领域各类衍生品交错抵押、高倍放大、反复衍生,若某一环节崩塌,会产生可怕的多米诺骨牌效应,整个经济系统将受重创。

虚拟经济与实体经济的脱离,是当代资本主义发展的新趋势。虚拟经济运动的独立化特征集中体现在以下几个方面:①虚拟资本不再与实体经济同呼吸、共命运,其发展不是植根于实体经济增长的需要,而是源自虚拟经济自身膨胀的内在需求。②虚拟经济的规模不再受到实体经济发展的限制,它可以通过信用创造无限扩大资本积累规模。③虚拟经济越来越脱离实体经济的利润率水平,以自我创造和循环实现最大限度的增值。④虚拟资本数量远远超过实体经济,国民财富日益虚拟化。[②] 虚拟经济本身就具有扩张性、高流动性和世界性,不控制其发展很容易造成重大的系统性风险。

虚拟经济对实体经济作用具有双重性。适度规模的虚拟经济能够促进资金集中与资本优化配置,引导资源要素合理流动,规避与分散风险,对实体经济的健康、快速发展有着积极作用。但虚拟经济过度膨胀会扭曲资源配置方式,降低资源配置效率,对实体经济产生"挤出效应",甚而引发金融危机、经济危机。虚拟经济因实体经济的发展需求而生,以实体经济的发展为其存在的基础。虽然虚拟经济的发展具有相对独立的体系和特征,但是,

---

① 曾婕:《虚拟经济演进机制研究》,浙江大学硕士论文,2009,第41页。
② 参见马淮:《虚拟经济运行研究》,新华出版社,2014,第84—92页。

虚拟经济发展的过去、现在和未来仍是服务于实体经济,以满足实体经济的发展需求而存在。因此,处理好虚拟经济与实体经济的关系,实现实体经济和虚拟经济的协同发展,从而促进整体经济平稳、健康运行。[①]

可以认为,只有虚拟经济有限发展,才能从根本上保障虚拟经济的运行安全;要保障虚拟经济的运行安全,就必须实现虚拟经济的有限发展。值得注意的是,虚拟经济是否实现了有限发展,不是单就虚拟经济的发展规模与速度而论,而且要看虚拟经济满足实体经济的发展需求情况。在一定时空域下,与水涨船高的道理一样,如果实体经济发展速度加快与规模扩大,对虚拟经济的发展需求增加,相应,虚拟经济会迎来上升式发展,反之亦然。总体而言,适合本国实体经济发展的虚拟经济才是有限发展的虚拟经济。

(二)虚拟经济立法的缺位或滞后

虚拟经济对现代国家的经济发展提供有力支持,助长一臂之力,这是有目共睹的。但是,虚拟经济具有日益偏离实体经济发展需求而成"我行我素"的运行趋势,这也是需要警惕的。虚拟经济具有双刃剑属性,虚拟经济的高风险性是造成金融危机、经济危机发生的最主要因素。虚拟经济发展速度与规模远远超过实体经济,必将损害实体经济的健康。在经济全球化的今天,我国也在构建开放经济体系,在开放经济条件下虚拟经济系统不能独善其身,会受到投机资本的干扰、外国资本的冲击、国际游资的影响以及国外政治经济社会动荡的威胁。

虚拟经济与实体经济是辩证统一的关系,既存在明显的共生关系,也存在相互冲突的情形,这就需要通过制度尤其是正式性法律制度来协调二者之间的关系。从立法视角探析虚拟经济发展的制度供给,把握规制虚拟经济自由放任发展的制度变迁规律和未来走向,对进一步完善虚拟经济的制

[①]　邹玉娟、陈漓高:《虚拟经济的发展阶段及对我国的启示》,《经济问题探索》2014 年第 11 期,第 33 页。

度供给具有十分重要的意义。

在现代社会,基于国家干预理论的影响、法治观念的推动以及政府权力在市场中的广泛发挥,国家成了制度的主要供给者。具体而言,国家立法机构的立法活动成了虚拟经济制度的最主要来源。人类社会发展至今,最强有力的社会组织莫过于国家系统。国家拥有统领全局的庞大而强有力的组织系统——国家机器,不仅有权力机构、行政机构和监督机构,更有军队、警察和法庭为后盾。任何社会组织和自治团体,不管它有多么强大,都无法与国家机器同日而语。实际上,国家拥有雄厚的政治资源和经济资源,更有责任、更有能力、更有效率实现对虚拟经济的干预。[①] 国家理应义不容辞地承担此任,积极运用政府这只"看得见的手"适度干预虚拟经济,与时俱进,不断完善虚拟经济法律制度,构建起强有力的虚拟经济法制体系,打造良好的虚拟经济法制环境。

证券市场是虚拟经济的核心,证券立法是虚拟经济立法的主旋律。1790 年,美国的第一个证券交易所——费城证券交易所诞生。政府对早期的证券市场基本处于自由放任状态,没有进行专门性证券立法,主要依靠市场自律管理。[②] 1792 年,美国股票商在华尔街订立了"梧桐树协定",规定了股票交易条款。[③] 不过,这些规范是一种非正规约束,是诱致性制度变迁的一种典型表现,并不是国家层面正式约束性立法。美国证券市场在后来一段较长时期里也只存在一些零星的相关立法,没有进行专门性证券立法。例如,加利福尼亚州 1879 年《宪法》明文规定,禁止以信用方式购买证券。正是证券市场长期缺乏法律制度的有效规制,1903—1907 年,美国在短短几年时间里爆发了两次大的证券市场危机。随着证券交易的发展,西方国家

---

① 胡光志、张军:《弱势群体的经济法保护》,《重庆大学学报(社会科学版)》2014 年第 6 期,第 131 页。
② 侯书生:《中外政府金融监管比较》,国家行政学院出版社,2012,第 8—9 页。
③ 宁晨新、刘俊海:《规范的证券市场》,贵州人民出版社,1995,第 15 页。

重视并着手制定正式性法律来规范和调整证券关系。但是,在 1929 年经济危机发生前,美国对证券市场还不存在统一的联邦立法,只有州立法加以初步管制。[①] 1911 年,美国堪萨斯州首先通过被公认为是最早的州证券监管的成文法律——《股票买卖控制法》(又称《蓝天法》),规定公司发行股票、债券等有价证券时,必须向公众充分披露相关的信息等内容。随后各州纷纷效仿制定了类似的法律。然而,正是由于各州所制定的证券法内容存在差异,许多证券发行者利用州与州之间法律的不同以及州与州之间的竞争,逃避证券法律的监管,进而导致证券欺诈活动不能得到有效的管控。而在 20 世纪 80 年代前的历史长河里,英国是典型的对证券市场采取自律型监管模式的国家,主要由市场自律机构进行监管,没有成立专门的政府监管机构行使监管职责。1958 年,英国颁布了《防止欺诈(投资)法》,主要是通过司法制裁来防范和打击证券市场中的欺诈行为。除此之外,英国没有制定过其他专门性法律对证券市场秩序加以规制。[②]

　　1848 年,83 位商人建立了美国第一家期货交易所——芝加哥谷物交易所。然而,期货立法并没有同步跟进、应势而生。在期货交易最初产生的五十多年内,美国政府采取不干预政策,更谈不上国家立法层面的调控与规制,期货交易由交易所指定的自律性管理规则来运作。期货交易在自生发展中出现价格垄断等情形,期货市场中的自律性管理规则难以驾驭期货交易和管控市场风险。基于此,1921 年美国政府颁布《期货交易条例》,这是第一个专门规范期货交易的法规。该条例规定期货交易只能在期货交易所内进行,否则就征税等。但是,美国最高法院依据违宪审查权,宣布取消《期货交易条例》,理由是该条例滥用了政府的征税权。

---

① 陈泽峰:《金融创新与法律变革》,法律出版社,2000,第 129 页。

② 盛学军:《法德英证券监管体制研究:以证券监管主体在近代的变迁为线索》,《西南民族大学学报(人文社会科学版)》2006 年第 5 期,第 178 页。

现代意义上的银行创建于英国。1694 年英国伦敦的苏格兰银行，是第一个真正的资本主义银行。早期银行的运行靠的也不是法律，而是源自民间的信用和行业习惯。经过一百多年的发展演绎，到 19 世纪中叶，英国的银行业取得了长足的进展，传统的习惯已经不能满足现实经济生活的需要。在此背景下，现代银行立法终于走上了历史舞台。一般认为，1844 年英国国会通过的由首相皮尔提出的《英格兰银行条例》（又称《皮尔条例》）是世界上第一部银行法。从此各国纷纷效仿，银行立法如雨后春笋，汇成了现代银行立法的新潮流。实际上，1844 年《英格兰银行条例》的诞生距 1694 年英格兰银行的成立已有 150 年的历史，距世界上第一家银行——1580 年成立的意大利威尼斯银行更有 260 多年的历史。由此可见，银行法的产生与银行机构出现的非同步性，早期的金融活动没有制定专门的法律予以规范。[1]

随着各国金融市场管制的逐步放开和世界金融市场的渐渐融合，大量资金得以在国际不同市场里迅速流动。国际投机资本活动的国际空间，犹如一片无人控制的广大的荒野，而投机资本就是游荡在这片荒野上的狼群，他们终日 24 小时寻找猎物，一旦发现，就会蜂拥而上，弱者是没有办法抵抗的。[2] 金融危机的发生不再是一个孤立的、局部的事件，货币危机、银行信用危机、债务危机、证券市场波动等常常交织在一起。在全球经济虚拟化发展的同时，金融危机呈现出国际化发展趋势，国际和各国国内金融危机加剧，危机的规模和影响范围都呈现扩大趋势，不再局限在某一国家或某一地区。

新自由主义思潮下金融监管的松懈，在一定程度上促成了虚拟经济的过度发展。美国在新自由主义、金融自由化和金融全球化的冲击下，美联储、美国证券交易委员会等金融监管机构降低监管标准，弱化甚至放弃监管职能。例如，在 21 世纪最初的几年里，美国金融监管机构对住房信贷机构

---

① 吕琰、林安民：《金融法基本原理与实务》，复旦大学出版社，2010，第 22 页。
② 刘骏民：《从虚拟资本到虚拟经济》，知识产权出版社，2020，第 299 页。

实行的"忍者贷款"①,金融机构过度追求自身利益最大化,在降低借贷标准的基底上又对借贷人偿付能力怠于审核,而美国的金融监管机构对此基本保持"坐视不管"姿态。这种局面为 2008 年次贷危机的发生埋下信用风险的隐患。在美国次贷危机发生后,居然难以找到承担监管不力责任的具体监管机构,其重要原因就在于新自由主义支配下的立法抛弃了金融规制。20 世纪 80 年代以后,金融危机在全球蔓延,在那些实行金融自由化的国家,囿于法律规则的缺位、政府监管的松懈与市场缺陷的放大,遭受到金融危机的强烈冲击。金融危机成为金融自由化的伴生物,防范系统风险和金融危机的问题再次凸现。②

原来在特定时期针对特定问题进行的管制性立法,此时此地却成为限制其发展的羁绊。放松管制就成了必然的选择。不过,放松管制后,新的问题可能又会随之出现。这样,管制—放松—再管制—再放松,每一循环的内容呈现向高一级递进式循环往复。这就是金融监管历史的全部辩证发展过程,这就是金融监管发展的历史辩证法。③

鸦片战争后,在丧权辱国的历史时代,清政府被迫对外国列强全方位开放金融市场。一方面,清政府没有针对外国金融机构准入方面的限制,外国金融机构的开办处于自由放任状态;另一方面,清政府没能发挥中央银行的宏观调控职能,国内金融体系涣散,众多钱庄各自为营,自行根据市场规律决定借贷款及利率。清政府对金融市场采取放任自流的态度,形成了独具特色的半殖民半封建的金融自由化特质。1910 年"橡胶股票风潮"的发生则从一个角度反映了清末"金融自由化"的特征。④

---

① 忍者贷款:无收入、无工作、无资产、有脉搏的人无需任何证明都可以申请的贷款。
② 韩龙:《现代金融法品性的历史考察》,《江淮论坛》2010 年第 4 期,第 98—99 页。
③ 艾伦.加特:《管制、放松与重新管制》,陈雨露、王智洁、蔡玲译,经济科学出版社,1999,第 3 页。
④ 尹振涛:《中国近代证券市场监管的历史考察:基于立法与执法视角》,《金融评论》2012 年第 2 期,第 110 页。

1921年，期货交易所过度设立，畸形发展。当时连绝大多数国人在关于期货交易所为何物都不甚了解的氛围下，许多所谓具有"前瞻眼光"的商人寻觅到实现暴富的捷径，纷纷招募股份，全国各地掀起了设立期货交易所的热潮。1921年9—12月，仅上海一地设立的交易所就140多家，几乎每一个行业都有交易所。而当时世界经济强国美国的交易所也仅二三十家。上海设立交易所的狂热迅速蔓延到国内其他城市。1921年成为期货交易所的"全盛时代"。从行业品种上看，公债、股票、标金、棉纱、煤油、火柴、木材、烟、酒、砂石等都设立了交易所；从营业时间上看，有日间、夜间和星期日进行营业的交易所；从交易活动上看，各交易所大肆违法炒作买卖本所股票，哄抬价格以期牟利。然而，绝大多数交易所设立的初衷纯粹是为了投机获取暴利，既不符合资本市场运行的客观规律，也远远偏离了实体经济发展需求。①

鉴于期货市场日趋狂热与疯狂，其风险剧增并逐渐失控，国家对期货市场开始进行规范和整顿。1994年3月，国务院发文，禁止境外期货代理业务，并将期货经纪公司的审批权由国家工商局转移到中国证监会，严控国有企事业单位参与期货交易。1994年5月，国务院办公厅批转国务院证券委《关于坚决制止期货市场盲目发展若干意见的请示》，开始全面审核期货交易所，严厉查处各种非法期货经纪活动，严格控制国有企事业单位参与期货交易。1994—1995年初，我国部分交易所、交易中心违规推行国债期货交易，导致因国债期货爆发"3·27事件"和"3·19风波"。1995年5月，中国证监会发布《关于暂停国债期货交易试点的紧急通知》，认为我国尚不具备开展国债期货交易的基本条件，国债期货交易试点在全国范围内暂停。② 经过4年的整治，国务院在1998年下达了《国务院关于进一步整顿和规范期

---

① 宋承国：《中国期货市场的历史与发展研究》，苏州大学博士论文，2010，第26—27页。

② 吴秋璟：《虚拟经济制度与结构变迁的研究》，复旦大学博士论文，2004，第133—134页。

货市场的通知》,重组期货交易所,仅保留郑州商品交易所、上海期货交易所、大连商品交易所3家;削减近半数的期货经纪公司;将期货交易品种压缩为12个。[①] 也可以看出,真正立法意义规制证券市场的过度发展是缺位的。

在世界经济全球化和一体化进程中,我国积极发展金融衍生品市场,对提高金融体系的运行效率、增强金融市场的避险能力均大有裨益。但同时需保持警醒:加强金融衍生产品市场风险的防范与控制乃重中之重。[②] 从我国的立法实践看,关涉金融衍生品市场的法规少,主要是2004年3月银监会颁布的《金融机构衍生产品交易业务管理暂行办法》。当前的法律也更多的是从业务本身对金融衍生品市场加以调整或引导,并没有对金融衍生产品所引发的对传统法律在法律原则、法律制度层面上带来的冲击进行深层次的考察。[③] 这样的立法现状不能满足金融衍生品市场发展的需要,也难以有效规制金融衍生品市场过度发展引发的系列风险。在鼓励金融衍生品创新发展的同时,要进一步完善金融衍生品市场规制法律制度,从正式性制度层面防范与化解金融衍生品市场风险。

加强金融立法,强化金融监管,是防范和化解金融风险的客观要求。金融是在降低风险中获取利润的行业,有风险并不可怕,不知道风险才可怕,不控制风险则最可怕。[④] 打破金融垄断与促进金融发展,确实需要在一定程度上放松金融规制以引入竞争,但这绝不是要放松或取消防范和化解风险的审慎监管措施。从监管效果上看,防患于未然,倾力于源头的监管对风险

---

① 石溪:《我国〈期货法〉的立法选择与总体构想》,四川师范大学硕士论文,2015,第8页。

② 邹玉娟、陈漓高:《虚拟经济的发展阶段及对我国的启示》,《经济问题探索》2014年第11期,第33页。

③ 虞瑾:《论我国银行法体系的演进:兼论银行公法与银行私法的有关问题》,华东政法大学博士论文,2009,第309页。

④ 黄震、邓建鹏:《互联网金融法律与风险控制》,机械工业出版社,2017,第4页。

防控有着不可磨灭的作用。历次金融危机给予我们的重要启示是必须重视金融监管,严格金融立法和金融执法,以保证金融市场的规范、有序与安全运行。纵观国际社会对金融危机的反思,尽管加强金融规制与监管不能杜绝金融危机的发生,但可以有效减少危机发生次数,减轻危机损害程度,降低危机爆发频率,因而各金融改革方案不约而同地都将加强金融规制与监管作为防范和医治金融风险和危机的处方。①

随着我国经济快速发展,2001 年加入 WTO 以后,一些有实力的企业也开始尝试涉足国际虚拟经济领域,但总体上失败的案例不少。例如,在股份投资方面有中投公司投资美国黑石公司资产缩水事件(2007 年),中国平安参股富通失败事件(2007 年),中铝并购力拓巨亏事件(2008 年);在金融衍生品交易方面有中航油事件(2004 年),中盛粮油套保巨亏事件(2005 年),中信泰富期货巨亏事件(2008 年),国航与东航失手燃油期货事件(2008 年);等等。尽管这些企业在国际虚拟经济领域失败的原因是多方面的,但这在一定程度上也可以说明,我国在开放经济条件下如何参与世界虚拟经济市场的博弈目前在法律方面的准备还是不充足的,更谈不上游刃有余。

从历史上看,人类虚拟经济的发展史上主要有以下危机节点。1715 法国的密西西比股市狂潮。1715 年前后,法国政府设立密西西比公司,通过发行股票的方式筹集资金来解决财政危机,股票的高额回报率引发市场疯狂投机,导致整个法国陷入了混乱。② 1720 年英国的南海股市风波。1720 年,南海公司向英国政府提出以南海股票换取国债的计划,由此股票大受追捧,股价飙升,全民疯狂炒股。市场上出现了不少"泡沫公司"混水摸鱼。后来,

---

① 韩龙:《现代金融法品性的历史考察》,《江淮论坛》2010 年第 4 期,第 99 页。
② 参见艾米·法伯:《历史的回响:密西西比泡沫》,蒋敏杰译,《金融市场研究》2013 年第 7 期,第 60—61 页。

随着"泡沫公司"的解散,炒股热潮减退,股价急挫,股票泡沫破灭。① 密西西比股市狂潮和南海股市风波都是由对相关公司股票的过度投机造成的,是产业资本时代偶然发生的一种随机性虚拟经济现象。虽然在一定时期促进了虚拟经济的发展,但却在更长的时期内严重损害了虚拟经济的发展。南海股市风波使股份公司恶名四起,导致当时实力最强大的英国对股份公司的设立采取了超过 100 年的禁止性发展政策。其后,1825—1900 年,资本主义世界平均每 10 年爆发一次经济危机,而伴随每一次经济危机,都爆发了一次以股价暴跌为主要特征的虚拟经济危机。

1929—1933 年经济危机②。此次危机起源于 1929 年美国证券市场的异常波动,其实质原因是美国市场经济政策的过度自由化以及市场经济运行的过度虚拟化。随后席卷英国、法国、德国等主要资本主义国家,造成资本主义有史以来最为痛苦的衰退和危机。当时在自由主义思潮下,美国奉行"自由放任"的经济自由主义,市场投机行为泛滥,股市长期的非理性繁荣并没有反映出美国实体经济发展的真实水平,美国政府在自由放任政策主导下丧失对经济发展的实质调控能力。本次经济危机对美国传统经济学理论产生重大冲击,而随着凯恩斯国家干预主义下罗斯福新政的相继出台,国家干预主义冲击着美国社会长久以来的自由主义思潮。罗斯福新政中,法律作为政府调控的重要工具在社会变迁的过程中频繁使用,而美国 20 世纪 30 年代以来的立法变迁也在印证着从自由放任向国家干预的政治导向的转变。本次经济危机后,各主要资本主义国家也痛定思痛,相继推出一系列新政抑制虚拟经济的自由放任发展。新政对虚拟资本和虚拟经济的许多方面

① 参见张健:《近代西欧历史上的泡沫事件及其经济影响》,《世界经济与政治论坛》2010 年第 4 期,第 106—107 页。
② 1929 年经济大危机:1929 年 10 月 24 日,在历经 10 年的大牛市后,美国金融市场崩溃,股票一夜之间从顶巅跌入深渊。股指从最高 363 点跌至 1932 年 7 月的 40.56 点,最高跌幅超过 90%。伴随股市暴跌的是大量银行破产,金融危机爆发,并最终导致资本主义世界的经济大危机。参见何龙斌:《当前美国金融危机与 1929 金融危机的比较》,《科学对社会的影响》2009 年第 4 期,第 5 页。

作了详尽的规范,这些规制的条款是金融资本时代虚拟经济发展的基本性制度安排,也是现代虚拟经济制度变迁的基础和出发点。①

1997 年东南亚金融危机。1997 年,泰国爆发了一场货币危机并发展成金融危机,迅速波及东南亚以及几乎整个亚洲国家和地区。造成大多数东南亚国家和地区的货币和资产价值跌落了 30% ~ 40% ,银行和企业陷入空前的财务困境,经济出现严重衰退。当时,在发达资本主义国家制造业外移的过程中,亚洲成为国际资本市场的"宠儿"。东南亚国家的实体经济实力与经济发展基础仍然较为薄弱,东南亚国家为了更好地迎合国外投资,普遍采取宽松的外汇管理与金融自由化措施。但这些国家过度追求经济发展与过多重视金融深化引发的投资效应,而丧失了自己经济结构发展平衡与金融市场风险防范制度的建设。东南亚金融危机发生的根源并非金融自由化,而是未能在金融自由化的同时建构起有效的金融市场风险防范制度。这些国家过度追求经济发展而丧失制度理性,在实体经济发展繁荣表象下普遍忽略对虚拟经济风险的制度性防控,集中表现在金融监管与外汇储备系统的法制化程度不足。

2008 年美国次贷危机引发的全球金融危机。2008 年,以美国新世纪金融公司破产为标志的美国次级抵押贷款危机全面爆发,近百家次级抵押贷款公司和涉足次级抵押贷款的银行宣布停业或破产,该危机迅速波及同住"地球村"的其他国家和地区,扩展为一场全球性金融危机。2008 年的全球经济危机源于美国次级贷款市场流动性严重缺失引发的金融市场发展震荡。俗话说:"冰冻三尺,非一日之寒。"从表面上看,似乎是由美国次贷危机引发的全球性金融危机,实际上,次贷危机只是起到了导火索的作用,虚拟经济与实体经济严重背道而驰,资产价格泡沫化,次贷膨胀,衍生品泛滥,金融创新过度,缺少必要的制度监管,以及交易商贪婪的共同作用,导致虚拟

---

① 吴秋慷:《虚拟经济制度与结构变迁的研究》,复旦大学博士论文,2004,第 30 页。

经济累积的系统性风险集中爆发，酿成了日益深化的金融危机。[1] 在金融自由化政策导向下，国家经济的过度虚拟化与金融市场的极度自由化。金融市场效率优先于公平理念的确立使得金融监管体系的发展落后于金融创新的节奏，而对信用评级机构、机构投资者信息披露的常态化监管不严格，更是加剧了市场风险的积聚。金融市场的高度衍生化发展在助长经济社会投资的同时，引发了资产泡沫的膨胀。金融衍生工具与传统金融市场的单向交易风险传播不同，在利益最大化的导向下，金融衍生工具的过度泛滥会引发信用、流动性、法律等多重风险的叠加效应，从而引发市场的系统性震荡。2008 年美国次贷危机的发生可以归结为多方面的原因，而政府缺少与之相匹配的金融监管法律规范体系则是危机发生的法律溯源导向。美国次贷危机发生的直接原因是金融监管的缺失，金融监管的缺失又源自金融监管法律的缺失，因为金融监管是靠法律来建构和维持的。具体而言，随着美国虚拟经济呈几何倍数的迅速增长，而原来在实体经济下制定的法律规则没有及时修订，不能适应虚拟经济发展而发生的法律缺位。[2] 金融危机发生后，资本主义国家纷纷针对自由主义思潮之下金融市场的放任发展做出法律政策调整，一种更趋稳定、更加强调宏观审慎的规制理念在世界范围内得到认同。

由于 1929—1933 年经济危机以前古典主义的自由经济理论一直占据着主流经济学的地位，多数发达国家对虚拟经济的发展采取不干涉主义和自由放任的经济政策，国家立法数量少、不系统、不成熟，更多依靠行业习惯自发调节。经济大危机之前的一段时间里，西方国家普遍存在证券发行过多、交易不规范、无法可依的局面。既没有基本的证券发行和证券交易立法，也没有成立专门的证券监管机构，其运行主要依靠行业自律来维持，造

---

[1] 车亮亮：《论美国金融危机的法律成因及启示》，《当代法学》2010 年第 4 期，第 120 页。
[2] 陈红：《开放经济条件下的金融监管与金融稳定》，中国金融出版社，2014，第 59 页。

成市场投机过多,使市场风险不断增大。20 世纪 70 年代末至 2008 年全球金融危机之前的虚拟经济立法面对金融自由化浪潮,以美国为代表的西方国家从 20 世纪 70 年代末 80 年代初开始了金融管制放松的进程,虚拟经济立法不出所料地坚持"最少的监管就是最好的监管"的信条,放松管制带来的虚拟经济的快速膨胀,政府的立法监管明显是滞后的。通过金融创新突破现有的监管框架,或者游说政府通过放松管制的法律,这在短期内固然能获得一时的发展和繁荣,但盛极而衰,繁荣之后就是又一轮的金融危机。①

就政府与市场关系,资本主义国家对自由主义的憧憬远远多过干预主义的希冀。虚拟经济的自由放任式发展在短时期内会带来经济的高速发展与短期繁荣,但同时放任了对市场风险的管控,风险累积到一定程度迟早会反向抑制虚拟经济及整体经济发展。经济自由主义的渗透与影响使得美国政府更加提倡市场的自发调节,给予虚拟经济充分发展的自由度,社会逐渐走入"无政府状态",集中表现在产业结构失衡、市场投机行为增多、市场风险增高。1929—1933 年经济危机过后,凯恩斯国家干预主义主导下美国罗斯福政府度过危机。但经济自由主义的根深蒂固使得危机后再度回归新自由主义发展道路。不过,相对于古典自由主义之下的绝对放任,新自由主义融入了一定的国家干预元素,是相对放任。但是,新自由主义还是没有逃脱"自由放任"的藩篱,还是一种"小政府、大市场"的格局。

我国经济管理体制经历了从高度集中的计划经济体制到社会主义市场经济体制的转变。1978 年十一届三中全会确立了"改革开放"发展战略,2001 年加入世界贸易组织,2015 年中共中央、国务院印发《关于构建开放型经济新体制的若干意见》,逐步构建开放型经济新体制。虽然高度集中的计划经济体制确实存在一些弊端,如没能发挥市场对资源配置的主导作用,但这也是符合当时国情、世情的抉择。从某种程度上说计划经济体制也积累

① 李喜莲、邢会强:《金融危机与金融监管》,《法学杂志》2009 年第 5 期,第 14 页。

了国家干预经济的认知与经验。在经济全球化、一体化的背景下，在我国实行社会主义市场经济、发展开放型经济的当下，在尊重市场经济体制的基础上，政府更好地履行了干预职能，也产生了较好的干预效能。

由此，过度强调金融自由，任由市场自发调节，忽略政府干预功能，无异于将整个金融市场暴露于真空之中，其结果必然导致金融市场内在缺陷的系统性爆发，进而酿成金融危机的发生。① 我们可以发现，虚拟经济立法的发展总是与金融危机相伴随。每次金融危机都会督促人们深入思考金融运行理念、模式和制度存在的问题或缺陷，于是出台相关的法律，弥补漏洞，恢复市场秩序。这也在一定程度上反映出相关立法的缺位与滞后。

回顾历史可以明显发现，导源于虚拟经济的金融危机的爆发，与过分倚重经济的自由化、市场化、私有化，而排斥甚至否定国家对经济生活的干预有关。凡是法律放任虚拟经济的发展，到了一定时期，经济危机就会不可避免地发生；而当经济危机到来时，法律往往被动而仓促地采取严厉措施出面"干预"或"救市"；当法律恢复了经济秩序之后，法律的这些严厉措施又会受到市场、资本要求"宽松""自由"的种种责难；当法律的约束再一次解除，虚拟经济又会酝酿出新的一轮危机。如此反复，周而复始，恶性循环。事实证明，虚拟经济运行中的市场不完全、信息不对称、市场的外部性、高额交易成本、与实体经济的不对应等市场弊端，客观上需要借助公力手段，借助国家的经济干预法律制度来限制其发展的广度和深度，防范和化解其所带来的风险。国家干预是希望借助国家力量的介入保障虚拟经济能够克服自身异化的风险，使其保持在以实体经济为基础并为实体经济服务的基准线内可持续发展，进而实现虚拟经济和实体经济的良性互动和共存。

虚拟经济实现平稳的运转需要更好地发挥国家的法律制度供给作用。虚拟经济发展需要国家干预，不能完全依靠市场调节。国家干预与经济自

---

① 车亮亮：《论美国金融危机的法律成因及启示》，《当代法学》2010 年第 4 期，第 127 页。

由是辩证统一的,国家干预是尊重市场经济体制的干预。按照我国宪法的规定,市场在资源配置中应发挥决定性作用,只有在保证市场在资源配置中起决定性作用的前提下,政府才能管好那些市场管不了或管不好的事情。凡是市场能有效运行之处,就没有国家干预存在之空间;凡是有国家干预不能克服市场缺陷之情形,就没有国家干预运作之余地;凡是存在国家干预克服市场缺陷不经济之情形,可能也就没有国家干预存在之必要。① 因此,国家干预是适度干预,过犹不及,过多或过少干预均不利于虚拟经济的发展。战国末期著名辞赋家宋玉在《登徒子好色赋》中的经典表述可以为度的内涵做一个小小的注脚,"东家之子,增一分则太长,减一分则太短,着粉则太白,施朱则太赤"。可以认为,这种不能再增、不能再减的状态就是度。介于干预环境的复杂性和经济发展的动态性,虽然国家"适度干预"在实践中不能直接找到可以具体操作的量化标准,但是经过实践和时间检验,可以将国家干预是促进还是阻碍市场经济发展作为权衡干预是否适度的基本标准。

国家对市场的干预,主要是通过政府去实现的。现实证明,政府干预经济生活虽然可以解决自由经济中的一些问题,但政府也不是无所不能的,与市场会失灵一样,政府也存在失灵问题。第一,政府认知的有限理性。政府本身是由认知能力有限的人组成的,面对纷繁复杂、瞬息万变的经济生活,政府本身信息传递机制和政府本身判断能力的局限,容易导致政府决策的低效率或失误。第二,政府政绩考量。政府具有自己的政治偏好和效用函数,由于政绩考量,会采取不同策略实现政绩最大化,此时政府所代表的国家利益与社会利益可能不是同频共振。第三,政府"设租"行为。政府对市场主体经济行为进行干预,涉及市场主体一方的经济利益,而政府作为干预一方有法定干预权,政府"设租"行为在干预过程中可能发生,将直接损害干

---

① 李昌麒:《经济法理念研究》,法律出版社,2009,第190页。

预实效。① 由此,国家干预是授权与限权有机结合的干预,在授予干预者相应职权的同时需要干预干预者的相应制度构建,以规制政府失灵,从制度层面确保政府干预效能的实现。

虚拟经济发展需要制度支撑,尤其是作为正式性制度的法律。从制度构建层面来看,只有通过虚拟经济立法建立高效的虚拟经济宏观调控制度、信息披露制度、国家监管制度、风险预警制度等,才能积极应对虚拟经济内生的风险。从根本上讲,作为一个整体的制度安排对虚拟经济的发展必须有一定的限制,也就是虚拟经济的发展空间只能是制度构建的空间,不能超出制度划定的合理、合法范围。实际上,这种制度对虚拟经济的确认与规范,在某种程度上也是对虚拟经济发展的一种限制和制约,使得虚拟经济不至于在利益席卷之下背离初衷与迷失方向,从制度层面防范与化解虚拟经济发展带来的风险。我国现在正在建设社会主义法治国家,市场经济是法治经济,虚拟经济是在法治框架下运行的。我们应通过立法来规制虚拟经济的过度发展,使虚拟经济与实体经济在适度范围内协调健康发展。因此,在保障与促进虚拟经济发展的同时,要正视虚拟经济的双刃剑属性,最大限度地规避其高风险及其可能导致的危机。

通过对上述分析进行梳理,可以得出以下几点核心要义。

第一,虚拟经济法律制度对虚拟经济安全、有效和可持续发展有着举足轻重的地位。

市场经济是法治经济,虚拟经济是市场经济的最高表现形式。虚拟经济是在法治框架下运行的,虚拟经济理应是一种高度法治化的经济形式。虚拟经济立法是促进虚拟经济发展的有力保障。虚拟经济法律制度确认和规范虚拟经济发展;虚拟经济法律制度防范和化解虚拟经济风险。日益成熟和健全的虚拟经济立法体系保障着虚拟经济的安全、有效和可持续发展。

---

① 参见李昌麒:《经济法理念研究》,法律出版社,2009,第39页。

金融衍生品如雨后春笋般涌现,虚拟资本形式更加多样化,经济虚拟化程度不断加深,虚拟经济的发展速度越来越快,虚拟经济规模越来越大。虚拟经济是一柄双刃剑,在促进经济社会发展与进步的同时,又存在导致金融危机、经济危机的风险。虚拟经济本身就具有扩张性、高流动性和世界性,不控制其发展很容易造成重大的系统性风险,会产生可怕的多米诺骨牌效应,整个经济系统将受重创。优良的法律制度环境,可以最大限度防范虚拟经济风险,即使发生危机也能更快、更好地化解危机并复苏经济。

法律作为一种正式性制度安排,遵循客观性的社会与经济发展规律,为人们提供主观性的行为模式。虚拟经济是实体经济发展使然的一种客观存在,对其中可模式化和需要模式化的基本运行规律的确认,相应的法律确认也就不可避免。虚拟经济是一种运行较为复杂的高级经济形态,当虚拟经济活动由法律模式化后,虚拟经济法律制度建立起虚拟经济活动的法律规范机制,从而确保形成一种良好的运行秩序。由此,从事虚拟经济活动的主体便有了活动的指南与前行的航标,最大限度地避免人们盲目行事、各行其道的混乱局面,从而保证虚拟经济的规范操作与正常运行。

虚拟经济与实体经济是辩证统一的关系,既存在明显的共生关系,也存在相互冲突的情形,这就需要通过制度尤其是正式性法律制度来协调二者之间的关系。虚拟经济立法通过对虚拟经济关系的确认,成为虚拟经济发展的催化剂和推动力量。虚拟经济运行的核心和关键在于防范和化解虚拟经济风险。虚拟经济监管将为虚拟经济构织安全网来防范系统性风险,是确保虚拟经济稳健运行的一道不可替代性防线。立法监管是作为监管规范的正式形式,为政府的行政监管以及行业协会的行业自律提供了法定依据。顺应经济国际化发展趋势,构建开放型经济体系,通过虚拟经济立法来防范与化解虚拟经济风险,促进虚拟经济安全、有效和可持续发展。对于这些风险的防范和化解,我们需要通过正式的虚拟经济法律制度安排,借助国家干预才能予以抑制。

第二,虚拟经济内生着国家干预的需求,而国家干预的最有效、最正式的措施就是法律。

就政府与市场关系,资本主义国家对自由主义的憧憬远远超过干预主义的希冀。1929—1933 年经济危机对社会经济造成巨大破坏,经济危机发生后,以美国为代表的资本主义国家痛定思痛,对虚拟经济由自由放任向国家干预转变,以法律形式加强对虚拟经济的干预,虚拟经济发展进入了一个新的阶段。域外国家或地区最近发生的 1997 年东南亚金融危机、2008 年美国次贷危机,可以说我国都"幸免大难"。从法律制度层面来看,其与国家采取最有效、最正式的法律制度来干预虚拟经济发展是分不开的。国家不能仅充当"守夜人"的角色,而是要积极运用政府这只"看得见的手"对虚拟经济进行适度干预。

虚拟经济立法的发展总是与金融危机相伴随,形成这种循环模式:放松管制—金融危机—法律变革—加强监管—克服危机—金融创新、放松管制—经济繁荣、盛极而衰—金融危机—新一轮法律变革。实际上,这种循环的背后,是金融管制与金融自由的博弈,是立法者和监管者在管制与自由之间的"相机抉择"。

回顾虚拟经济发展历史,过分倚重经济自由化,过度强调市场自发调节,排斥甚至否定国家对经济生活的干预,其结果必然导致市场内在缺陷的系统性爆发,进而酿成金融危机、经济危机的发生。虚拟经济发展需要国家干预,不能完全依靠市场自发调节。当然,国家干预是适度干预,过犹不及,过多或过少干预均不利于虚拟经济发展。政府应建构起完善的危机应对法律体系,针对暴露出的问题和弊端不断完善有关法律制度,增强危机法律应对机制的实效性,从而有效防范和应对危机,确保虚拟经济安全运行。

在全球经济虚拟化发展的同时,金融危机呈现出国际化发展趋势,国际和各国国内金融危机加剧,危机的规模和影响范围都呈现扩大趋势,不再局限在某一国家或某一地区。我国自改革开放以来,虚拟经济取得了长足发展,成绩斐然;但我国虚拟经济发展也存在一定程度的"脱实向虚"倾向,对我国实体经济和整体经济安全构成了一定的潜在威胁。这说明,虚拟经济内生着国家干预的需求,而国家干预的最有效、最正式的措施就是法律。国家成了制度的主要供给者,具体地说,国家立法机构的立法活动成了虚拟经济制度的最主要来源。在现代社会,基于国家干预理论的影响、法治观念的推动以及政府权力在市场中的作用,在保证市场发挥决定性作用的前提下,政府管好那些市场管不了或管不好的事情。虚拟经济实现平稳的运转需要更好地发挥政府的法律制度供给作用。

第三,法律规制虚拟经济自由放任发展,实现虚拟经济的有限发展。

虚拟经济以实体经济的发展需求为其发展限度,以为实体经济服务为其发展宗旨。如果虚拟经济发展超过了实体经济发展需求这一必要限度,就会出现所谓的泡沫问题,甚至引发金融危机、经济危机,反向制约实体经济的发展。虚拟经济立法正是通过构建一系列微观与宏观法律制度,确保虚拟经济与实体经济的协调性发展,防范和化解虚拟经济的风险,为虚拟经济的安全、有效和可持续发展保驾护航。

正因为实体经济的发展在一定时空范围内是有限的,依附于实体经济的虚拟经济在一定的时空范围内也必然是有限的。虚拟经济的自由放任式发展在短时期内会带来经济的高速发展与短期繁荣,但同时放任了对市场风险的管控,风险累积到一定程度会反向抑制虚拟经济及整体经济的发展。虚拟经济超越甚至脱离了实体经济的发展,呈现过度虚拟化,危机的出现成为必然。从法律制度层面来看,虚拟经济立法规制虚拟经济自由放任发展的缺位或滞后是产生危机的法律原因,这在一定程度上放任了虚拟经济的过度发展。产生危机的因素很多,而虚拟经济过度发展是产生危机的重要原因。正视虚拟经济的双刃剑属性,通过虚拟经济立法来规制虚拟经济的自由放任发展,确保虚拟经济相对于实体经济的有限发展,最大限度地规避虚拟经济过度发展的高风险及其可能导致的危机。

　　虚拟经济作为一种与实体经济相关联并独立于实体经济的经济形态，其在股票市场、外汇市场、债券市场的规模日渐扩张。市场经济在经济全球化背景下向纵深方向发展，在金融自由化与科技信息化的助推下，虚拟经济发展速度越来越快，虚拟经济规模越来越大，虚拟经济在社会经济结构中的占比已经大大超越实体经济。虚拟经济发展的扩张阶段以金融衍生品的出现及发展为主要标志。金融衍生品市场规模的增长速度远远超过了国民经济及其他金融资产的增长速度，全球衍生品市场保持着迅猛发展的势头，空前地扩大了金融乃至整个虚拟经济的规模，虚拟经济过快发展和过度膨胀明显。虚拟经济过度发展呈现虚拟经济繁荣假象，本应是投入实体经济领域的资本却反向流入虚拟经济领域，严重影响实体经济的健康发展。

　　从长期的发展角度来看，一个国家的核心竞争力和发展，在很大程度上还是需要依赖实体经济的发展。虚拟经济产生于实体经济发展的内在需要，虽然虚拟经济的发展具有独立的运行特征，但其最终目的仍服务于实体经济，以实体经济的发展为存在的基础。可以认为，只有虚拟经济有限发展，才能从根本上保障虚拟经济的运行安全；要保障虚拟经济的运行安全，就必须实现虚拟经济的有限发展。

第五章 虚拟经济立法确立有限发展法学理论为指导思想的历史必然

虚拟经济有限发展法学理论,是指在开放经济条件下根据虚拟经济自身运行规律,从法律自身的宗旨和价值出发,主张法律在保障虚拟经济发展的同时,为预防与克服其负面效应,保障其运行安全和可持续发展,而将其置于法律约束下的安全范围内运行的一种法学思想。虚拟经济有限发展法学理论,以当下业已形成的实体经济与虚拟经济二元格局为背景,在开放经济的条件下,根据虚拟经济的运行规律和法律的运行规律,结合我国长期的金融调控和监管政策及其发展趋势,充分发挥我国虚拟经济法律在确认和规范虚拟经济发展以及防范和化解虚拟经济风险方面的功用,以保障其运行安全和可持续发展为根本任务,将虚拟经济的发展置于法律约束下的安全范围之内运行。

纵观虚拟经济的发展历程,虚拟经济起源于实体经济,虚拟经济依托于实体经济。实体经济是虚拟经济产生、发展的基础;实体经济是虚拟经济健康运行的基础;实体经济是虚拟经济规模扩张的基础;实体经济是虚拟经济工具创新的基础;实体经济是虚拟经济利润获取的基础。

虚拟经济立法确立虚拟经济有限发展法学理论为指导思想,从制度层面确保虚拟经济发展以服务实体经济为限、以经济安全为限。

虚拟经济立法确立有限发展法学理论为指导思想的历史必然主要在于以下几个方面:虚拟经济决定于实体经济使然;虚拟经济自由放任发展的危

害使然;虚拟经济立法的历史演进规律使然。

虚拟经济立法规制虚拟经济自由放任发展的缺位或滞后在一定程度上造成了虚拟经济的过度发展。虚拟经济超越实体经济发展需求进行自我循环式发展,就会阻碍实体经济发展,就有可能引发金融危机甚至经济危机。虚拟经济因实体经济的发展需求而生,应以实体经济的发展需求为其发展限度,以为实体经济服务为发展宗旨。虚拟经济发展的规模与速度应与实体经济发展的需求相匹配,从而实现虚拟经济与实体经济的良性互动和协调发展。虚拟经济立法应当将虚拟经济装进一个适当的制度笼子里,为其发展提供自由的限度及各种约束条件,以整体经济的运行安全为根本目标,从而确保虚拟经济安全、有效和可持续发展。

虚拟经济有限发展法学理论的提出,有利于将"守住不发生系统性金融风险底线"的监管思维,上升为国家虚拟经济立法的指导思想和基本原则。虚拟经济有限发展法学理论作为一种高度凝练的理论创新,其来源于对实践的经验总结,反过来可以更好地指导实践的展开。虚拟经济有限发展法学理论可以为监管者提供一定的判断标准和监管依据,进而在具体监管活动中确保虚拟经济相对于实体经济的有限发展;通过行之有效的监管规则制定、监管活动展开,可以通过政府这只"有形的手"来弥补市场自身发展的不足。

一、虚拟经济决定于实体经济使然

虚拟经济产生于实体经济,是回应实体经济发展的需求而生。虚拟经济的发展应服务于实体经济,以满足实体经济发展的需求而存在。经济发展要实现经济系统中虚拟经济软件与实体经济硬件协调共生,不能"脱实向虚"。① 虚拟经济发展对实体经济存在"相生"与"相克"关系。虚拟经济契

---

① 成思危:《虚拟经济论丛》,民主与建设出版社,2003,第47—48 页。

合于实体经济的有限发展,对实体经济主要起正向拉动作用,表现出"相生"性;虚拟经济背离于实体经济的过度发展,对实体经济主要起到负向抑制作用,表现出"相克"性。[1] 虚拟经济的发展应当以实体经济的需求为限度,以为实体经济服务为其发展宗旨。虚拟经济的发展只有植根于实体经济这片厚重、肥沃的土壤,虚拟经济这棵树才会生长得更加枝繁叶茂。虚拟经济的发展应当放在虚拟经济立法所编织的一个适当的制度笼子中。这就需要积极建立相应的法律机制确保虚拟经济的有限发展。

（一）虚拟经济相对于实体经济的有限发展

虚拟资产的增长速度远远快于实体经济的增长速度。而且随着经济全球化和一体化发展,资本作为经济全球化的主要纽带和世界经济市场化的助推器,其虚拟化的倾向也早已超出了国界,而成为一种世界性的经济现象。[2] 第六届中国虚拟经济研讨会于 2010 年 9 月在南开大学召开,会议主题为"后危机时代的虚拟经济"。与会专家、学者指出,充分认识并发挥虚拟经济的工具性价值,虚拟经济发展需要建立在实体经济这块基石上,虚拟经济发展不能背离实体经济,这样虚拟经济才不至于沦为虚幻经济、虚假经济,才能更好地服务于实体经济这一主体。虽然,金融创新过度,衍生品过多,金融杠杆化率过高,经济发展过度虚拟化致使美国 2008 年次贷危机的爆发,但是,并不能据此因噎废食,遏制我国虚拟经济的发展。当前,我国应协调好虚拟经济与实体经济的关系,促成虚拟经济适度发展,这样可以增加居民投资渠道,从而汇聚社会闲散资金达成企业融资目的,提升我国企业的整体竞争力。虚拟经济是一把双刃剑,我们不能就虚拟经济而论虚拟经济,就虚拟经济发展而发展虚拟经济,更为重要的是协调好虚拟经济与实体经

---

[1] 参见张前程:《虚拟经济对实体经济的非线性影响:"相生"抑或"相克"》,《上海经济研究》2018 年第 7 期,第 86—97 页。

[2] 李多全:《虚拟经济基本问题研究》,中共中央党校博士论文,2003,第 1 页。

济的关系,充分发挥其利好的一面,切实防范其不利的一面,从而更好地满足实体经济的发展需求,切实服务于实体经济。[1]

金融衍生品随着全球金融市场的发展和金融资本的扩张,如雨后春笋般快速发展,使得虚拟资本形式更加多样化。世界主要金融衍生品及其产生年代见表5.1。金融衍生品主要表现为初级衍生物与高级衍生物:股票、债券、外汇等金融资产的期货、期权合同为初级衍生物;利息率期货、股票指数期货和物价指数期货等为高级衍生物。金融衍生品出现以后,虚拟资本发展到了一个更高的阶段。初级衍生物还保持着个别金融资产交易的形式;高级衍生物却从根本上割断了与任何个别实际资产的联系,是虚拟资本的再度虚拟,在某种程度上说成了一种"无中生有"的虚拟资本。[2] 例如,指数期货和利息率期货彻底摆脱了与实际资产的联系,是在就股票指数和利率的涨、落打赌,其价值运动同现实资本运动无关,可以说是一种虚幻价值。货币市场、股票市场、债券市场、外汇市场为规避风险或投机谋利而发展起来的金融衍生品层出不穷。随着经济和金融的一体化与全球化,加之科学技术尤其是信息技术日新月异的发展,金融领域的虚拟资本形式呈现更加多样化。[3]

表5.1　世界主要金融衍生品及其产生年代[4]

年份/年	金融衍生产品
1972	外汇期货
1973	外汇远期、股指期货
1975	抵押贷款期货、国库券期货

[1]　刘晓欣、马笛:《第六届全国虚拟经济研讨会观点综述》,南开大学虚拟经济与管理研究中心,访问日期:2020年3月18日。

[2]　李多全:《虚拟经济基本问题研究》,中共中央党校博士论文,2003,第14页。

[3]　叶祥松:《从马克思的虚拟资本理论到现代虚拟经济》,《学术研究》2013年第6期,第78页。

[4]　邹玉娟、陈漓高:《虚拟经济的发展阶段及对我国的启示》,《经济问题探索》2014年第11期,第32页。

续表

年份/年	金融衍生产品
1977	长期政府债券期货
1979	场外货币期权
1980	货币互换
1981	股指期货、中期政府债券期货、欧洲美元期货、长期政府债券期货期权
1983	中期政府债券期货期权、货币期货期权、股指期货期权
1985	欧洲美元期权、互换期权、美元及市政债券指数期货
1987	平均期权、商品互换、复合期权、长期债券期货和期权
1989	利率互换期货
1990	股指互换
1991	证券组合互换
1992	特种互换

布雷顿森林体系崩溃后,尤其是 20 世纪 90 年代以来,金融衍生品市场呈现快速增长势头。根据国际清算银行统计(以成交量计算),世界各国交易所 2002 年上市交易的期货期权达到 693.5 万亿美元,其中利率衍生产品交易量达 626.7 万亿美元,股票指数类衍生品达 63.9 万亿美元,货币衍生品达 2.9 万亿美元。2007 年末,全球衍生品的名义价值为 630 万亿美元,为同年全球 GDP 总量的 11.81 倍。2008 年上半年,全球衍生品的名义价值增加到 766 万亿美元。[①]

我国的股票、期货、债券市场自 2006 年起快速发展。2015 年股票市场的成交额达到 255.1 万亿元,期货市场的成交额达到 554.2 万亿元;2016 年

---

① 成丽敏:《全球虚拟经济膨胀下的金融危机原因探究》,《经济研究导刊》2010 年第 5 期,第 117 页。

债券市场的成交额达到 238.8 万亿元。① 虚拟经济过度发展,形成虚拟经济投资收益远远高于实体经济投资收益态势,造成经济虚假繁荣。在高投资回报预期下,作为追求"自身利益最大化"的投资人,势必将已投入或拟投入实体经济领域的资金转向投入虚拟经济领域。如果反向流入虚拟经济领域的资金超过一定界点,势必形成生产性投资的"挤出效应"。②

　　毕竟,虚拟经济的盈利机制与实体经济不同。例如,一个人在某地投资经营实业,为了追求"自身利益最大化",他不希望有人在此地乃至其他地方开办同类实业。但是,如果一个人买进一只股票,为了追求"自身利益最大化",他却希望所有人都来购买同一只股票。刘骏民教授把虚拟经济的这种盈利机制总结为虚拟经济第一定律:流入虚拟经济的货币量越是增加、交易越活跃,虚拟经济活动创造的货币收入就越多,其中被计入 GDP 的工资和利润数额就越大。③ 毋庸置疑,适度发展的虚拟经济对实体经济以及整体经济发展是大有裨益的;过度发展的虚拟经济对实体经济以及整体经济发展是祸害无穷的。虚拟经济有别于实体经济的这种盈利机制,如果虚拟经济失控则更易引发系统性风险。④ 第Ⅰ届虚拟经济研讨会于 2018 年 11 月在南开大学召开,会议主题为"马克思主义的虚拟经济理论与实践——纠正'脱实向虚'倾向的中国方案"。与会专家、学者指出,我们经济存在一定程度的"脱实向虚"发展势头,应当强本固基,改变"脱实向虚"不良倾向,让虚拟经济回归服务实体经济本位。当前,加强对虚拟经济的监管、纠正我国经济"脱实向虚"、维护国家金融稳定、抑制虚拟经济投机泡沫、防止发生系统

① 卢映西、陈乐毅:《经济脱实向虚倾向的根源、表现和矫正措施》,《当代经济研究》2018 年第 10 期,第 35 页。

② 李宏宇、田昆、李桦:《虚拟经济与我国金融关系研究》,《经济师》2004 年第 3 期,第 238 页。

③ 刘骏民:《经济增长、货币中性与资源配置理论的困惑:虚拟经济研究的基础理论框架》,《政治经济学评论》2011 年第 4 期,第 53 页。

④ 卢映西、陈乐毅:《经济脱实向虚倾向的根源、表现和矫正措施》,《当代经济研究》2018 年第 10 期,第 33 页。

性风险，已经成为我国经济发展的重要任务之一，也正是题中应有之义。①

虚拟经济发展不能"脱实向虚"，否则会造成"虚脱"。实体经济犹如虚拟经济发展的大树之根、房屋之基。根基没扎实、扎稳，难以抵挡风霜雪雨。虚拟经济发展要依赖实体经济发展这一坚实基石，发展壮大实体经济，形成一片汪洋大海，而不是一个小池塘，狂风骤雨后，小池塘会被掀翻，但大海依然在那里，会一直笑到最后，迎接每天的新日出。这样虚拟经济才能经受世界经济的风云变幻，才能透过迷雾看清前行的方向。

开放型经济作为一种经济体制模式，是相对封闭、半封闭型经济而言的，是外向型经济的升华，是我国对外开放的科学总结。概言之，外向型经济是以出口导向和扩大创汇为主；开放型经济是以降低关税壁垒和增强资本自由流动为主。我国经济体制模式变更环节与时间节点：1949年中华人民共和国成立到1978年实施改革开放发展战略期间的封闭半封闭型经济；1978年到1994年社会主义市场经济体制确立期间的外向型经济；1994年到2001年加入世界贸易组织初期形成的开放型经济；2001年至今的开放型经济。2015年9月，中共中央、国务院印发了《关于构建开放型经济新体制的若干意见》，共十一章五十条，全面提出了新时期构建开放型经济新体制的目标任务和重大举措。总体上而言，我国实行的外向型经济是一种政策性的开放经济；开放型经济是一种根植于中国特色社会主义市场经济体制的制度性的开放经济。② 顺应经济国际化发展趋势，构建开放型经济体系，我们必须用法律的形式规范与保障虚拟经济发展，防范与化解虚拟经济风险，促进虚拟经济安全、有效和可持续发展。

虚拟经济的发展阶段：闲置货币的资本化—生息资本的社会化—有价

---

① 张艺鹏、田恒：《第十届全国虚拟经济研讨会观点综述》，南开大学虚拟经济与管理研究中心，访问日期：2020年3月18日。

② 杨凤鸣、薛荣久：《加入WTO与中国"开放型经济体系"的确立与完善》，《国际贸易》2013年第11期，第15页。

证券的市场化—国际金融的集成化。20世纪80年代以来,随着经济全球化和一体化的推进,金融自由化程度加深和金融创新增强,以及科技信息技术的进步,世界各国及各地区间经济相互依存度增强,虚拟经济发展规模增大,虚拟资本在金融市场中的流转速度增快。由此,在国际金融的集成化发展阶段,随着金融全球化与自由化向纵深方向发展,各国的国内金融市场与国际金融市场间既相互联系又相互区别、既相互合作又相互竞争。可以说,你中有我,我中有你,达到牵一发而动全身的地步。尤其是在金融危机面前,相互间的影响更为明显,其他国家或地区难以"独善其身"。1997年,东南亚金融危机对亚洲乃至全世界都产生了不小的影响。由此,可见一斑。

世界经济虚拟化程度有增无减,金融与实体产业的关系也呈渐行渐远之势。金融机构在各种资金市场、资本市场上淋漓尽致地运用多种金融工具使得货币资本成倍增长。不过,这种增长与实体经济并不配比,更多是呈现在账面上的一长串阿拉伯数字,金融泡沫由此产生,埋下了危机的伏笔。[①] 2008年由美国次贷危机引发的全球金融危机,再度警示人们:在经济全球化和一体化的背景下,机遇与风险并存,抓机遇与防风险"两手抓、两手都要硬"。在国际金融交往中,发达国家往往利用金融资本的优势地位来掠夺发展中国家;当金融危机发生后,发达国家常常利用金融资本的垄断地位向其他国家转嫁危机。由此,我国在注重实体经济整体发展的同时,应着力发展现代金融业、现代服务业、高新技术产业,从根本上改变粗放式的经济增长方式,才能更好地维护金融主权和对抗金融风险,从而增强整体经济发展的安全性与可持续性。[②] 第九届全国虚拟经济研讨会于2016年11月在南开大学召开,会议主题为"经济增长与风险防范——全球化视角下的虚拟经

---

① 虞瑾:《论我国银行法体系的演进:兼论银行公法与银行私法的有关问题》,华东政法大学博士论文, 2009,第309页。

② 叶祥松:《从马克思的虚拟资本理论到现代虚拟经济》,《学术研究》2013年第6期,第79页。

济"。与会专家、学者认为,经济过度虚拟化发展会带来我国贫富差距进一步拉大、实体企业经营困难进一步增大等问题。有限发展的虚拟经济能促进实体经济的发展,过度发展的虚拟经济会抑制实体经济的发展。虚拟经济发展应当遵循实体经济价值规律,以实体经济作为坚实的基础,将自身发展保持在一个适度的范围内,切实防范虚拟经济过度发展引发的系统性风险,从而实现与实体经济发展相得益彰。我国只有大力发展实体经济才能有效拉动经济增长,应重视产业结构的调整和升级,切实发挥实体经济对虚拟经济发展的支撑作用。[①]

(二)虚拟经济立法确保虚拟经济有限发展

虚拟经济产生、存在与发展依赖于实体经济的存在与发展。虚拟经济应当以实体经济的发展需求为其发展限度,以为实体经济服务为其发展宗旨。虚拟经济基于虚拟经济自身的从属性、寄生性、偏离性、投机性、高风险性、风险传导性以及经济危机的诱发性和破坏性等特点,必须实现有限发展。虚拟经济的发展应当放在虚拟经济立法所编织的一个适当的制度笼子中。

虚拟经济是一把双刃剑。虚拟经济满足实体经济需求的有限发展,将有益于实体经济发展;虚拟经济超越实体经济需求的过度发展,将有害于实体经济发展。虚拟经济主要是一个价值交换系统,自身并不生产有使用价值的商品。虚拟经济过度发展会导致经济进一步虚化,呈现所谓欣欣向荣的虚假繁荣景象。资本是稀缺性资源,具有较大的逐利惯性,资本在市场机制中的运作会逃离低附加值的实体制造业,以致实体经济"供血不足",造成实体经济"组织坏死",进而影响实体经济"肌体健康"。以美国为例,美国实体经济创造的 GDP 占美国 GDP 的比例由 20 世纪 50—70 年代的 55% ~

---

① 刘晓欣、黎海华、雷森:《第九届全国虚拟经济研讨会观点综述》,南开大学虚拟经济与管理研究中心,访问日期:2020 年 3 月 18 日。

66%下降到 2010 年的 38.43%,虚拟经济创造的 GDP 从 15%～19%上升到 32.97%。因此,美国经济不再是靠制造业来支撑,而是靠金融等虚拟经济来支撑。[1] 2008 年美国次贷危机发生的一个重要原因是美国虚拟经济的发展规模严重超过了实体经济的发展规模,超越了实体经济的承受范围。以在次贷危机发生前的 2007 年为例,美国虚拟经济规模约是实体经济规模的 30 倍,虚拟经济系统与实体经济系统间呈现极度不协调状况,虚拟经济的"泡沫化"由此可见一斑。2008 年金融危机发生 8 年后,美国"去工业化"和"经济虚拟化"的趋势并无回转迹象:制造业 GDP 占经济总量的比重从 2008 年的 12.3%收缩到 2017 年的 11.6%,同期虚拟经济占经济总量的比例则从 31%持续上升至 33%。[2] 值得注意的是,就全球而言,虚拟经济与实体经济间的状态也不容乐观:2010 年年底,全球虚拟经济规模是实体经济的 34 倍;2018 年年底,全球虚拟经济规模是实体经济的 37.5 倍。全球虚拟经济的增速远远快于实体经济的增速,全球虚拟经济总体规模仍处于不断扩张的态势。[3]

1998—2018 年,我国的经济增长尽管有所波动,但总体上保持正增长态势。根据国家统计局的数据,从 1998—2018 年我国的 GDP 年增长率数据来看,我国经济增速 1998 年为 7.84%、1999 年为 7.67%;2000—2011 年,我国经济开始进入快车道,经济增速基本维持在 10%以上,其中 2001 年最低为 8.34%,2007 年最高达 14.24%;2012 年是一个转折点,我国经济增长速度虽然有所放缓,但是,2018 年最低也保持在 6.6%。从上面的数据我们也发现,不管是 1998 年的东南亚金融危机,还是 2008 年美国次贷危机引发的全球金融危机,其对我国的冲击其实并没有我们想象的那么大。实际上,这段

---

[1]　参见成思危:《虚拟经济概览》,科学出版社,2016,第 71 页。

[2]　参见刘晓欣、张艺鹏:《虚拟经济的自我循环及其与实体经济的关联的理论分析和实证检验:基于美国 1947—2015 年投入产出数据》,《政治经济学评论》2018 年第 6 期,第 159 页。

[3]　警钟:全球 GDP 总量 80 多万亿美元,而虚拟经济已经超过 3000 万亿。

时间正是我国实体经济不断向前发展,并最终成为"世界工厂"的发展阶段。即使到 2018 年,我国的虚拟经济应当说发展到了一个历史的新高阶段,但是,在我国约 90 万亿的 GDP 中,工业增加值 305 160.2 亿元远远超过了金融业增值的 69 100.0 亿元。我国具有"世界工厂"的地位,虽然经济发展也存在一些问题,也存在"脱实向虚"的风险,但是,在政府的适度干预下,我国的虚拟经济与实体经济间的总体发展态势良好。事实上,这也部分解释了为什么 2013—2019 年中国 GDP 增长速度相对美国比较快的原因:中国 GDP 总量从 2013 年的 592 963.2 亿元增长到 2019 年的 990 865.0 亿元;美国 GDP 总量从 2013 年的 16 495.4 亿美元增长到 2019 年的 19 073.1 亿美元。鉴于我国在着力强调克服"脱实向虚"的风险,美国大力倡导"再工业化"战略。我们要吸取教训,审视自身虚拟经济发展,防范"脱实向虚"的风险,以免重蹈覆辙;大力发展高质量的实体经济,着力夯实作为虚拟经济基础的实体经济这一基底。虚拟经济要真正实现"向实而生"的目标,实体经济本身是高质量的实体经济。没有高质量的实体经济,虚拟经济不仅不能"向实而生",也不会"向实而生"。毕竟,实体经济才是经济发展的根基和主业所在。

虚拟经济是实体经济发展到一定历史阶段,回应实体经济发展的需求而产生的,实体经济从根本上制约着虚拟经济发展的限度。虚拟经济发展超越实体经济发展需求这一必要限度,虚拟经济就会逐步走向异化,甚至走进"自灭式"发展的死胡同。尽管改革开放以来,我国尚未发生过金融危机、经济危机,但是随着我国虚拟经济发展速度加快、发展规模扩大,虚拟经济在我国经济生活中的地位越来越重要。虚拟经济的产生与发展依赖于实体经济,其本身是不能独立存活的。虚拟经济以满足实体经济发展的需求而存在,这样虚拟经济才能活得更加精彩,实现其应有的价值。虚拟经济与实体经济的关系决定了虚拟经济的自身地位。虚拟经济立法确保虚拟经济有限发展是实现虚拟经济有限发展的一条不可或缺的重要路径。从根本上讲,包括虚拟经济,任何一种经济形式都需要制度的制约,都需要受到制度的规范和限制,不可能无限制的发展和膨胀。法律作为正式性制度,有其特有的优势所在,对于确保虚拟经济有限发展具有不可替代性的功能。我们需要建立相应的法律机制实现虚拟经济在发展规模与速度上相对于实体经济的有限发展。①

　　虚拟经济立法为虚拟经济发展速度提供刹车系统制度。发展中的虚拟经济正如行驶中的汽车,缺失刹车系统或刹车系统失灵,后果是不堪设想的。虚拟经济刹车系统制度就是保证虚拟经济在发展道路上能快能慢、能走能停,从而确保虚拟经济安全运行。

　　虚拟经济立法为虚拟经济发展规模提供限制制度。发展中的虚拟经济也如私家车发展一般,任由私家车发展,私家车数量规模无限扩大,而通行道路资源毕竟有限,这样势必影响公共交通的发展,进而导致道路通行受阻、瘫痪。例如,在经济全球化背景下,虚拟经济参与竞争需要创新发展,但是创新产品种类及数量需要法律制度予以限制,毕竟资本是有限的,这样才不会对实体经济发展造成"挤出效应",才能更好地保证经济发展道路畅通无阻。

　　虚拟经济因其自身属性及风险性所在,相比实体经济对制度的依赖性更强。国家应义不容辞地担当起满足虚拟经济有限发展需要的法律制度供给职能。西方国家发生金融危机、经济危机并深受其害的主要原因是:虚拟经济发展过度依赖市场的自我调节作用,忽略了政府宏观调控与市场规制的外在干预作用。虚拟经济要实现有限发展,就需要充分发挥市场这只"看不见的手"和政府这只"看得见的手"协同作用,同时通过法制化划清这两只手发挥自身作用的着力点与着力范围。也正是由于我国政府与市场有效配合的强大优势,我国 1949 年以来不但没有发生过金融危机、经济危机,而且

———————————

① 周莹莹、刘传哲:《防范我国虚拟经济过度背离实体经济的预警构架》,《求索》2013 年第 1 期,第 12 页。

在其他国家或地区多次发生的金融危机、经济危机下,我国还能保障自身经济稳定,免受较大冲击。后危机时代加强政府干预应当是国内外较为统一的认识,需要进一步推进国内经济的法治保障,以防范金融危机、经济危机和维护经济安全。当然,政府干预是尊重市场经济体制的干预,通过干预不断促进市场经济体制的日臻完善。换言之,在市场对资源配置起决定性作用的基础上,通过政府适度干预进一步促进市场经济体制的完善,使虚拟经济能更好地服务实体经济。

我国的虚拟经济市场在不断扩大,我们要吸取一些发达国家特别是美国经济虚拟化的教训,在政府适度干预下实现虚拟经济的有限发展,从而促进我国整体经济发展不断迈上新的台阶。虚拟经济的发展需要有其限度以及重视政府干预,从而促进虚拟经济健康发展,确保整体经济安全发展。实际上,虚拟经济有限发展和政府干预在我国一直存在,只是在域外虚拟经济自由发展理念占主导的时期并未受到过多关注。我国应当对虚拟经济进行适度干预,保持虚拟经济健康发展,促进虚拟经济和实体经济协调发展,确保整体经济安全运行。

二、虚拟经济自由放任发展的危害使然

从世界范围而言,虚拟经济自由放任发展带来了深刻的历史教训及对未来发展的警示。虚拟经济立法规制虚拟经济自由放任发展的缺位或滞后是产生危机的法律原因。虚拟经济的发展需要发挥政府的干预功能,不能只依靠市场的自生自发秩序而自由放任发展。虚拟经济立法对虚拟经济自由放任发展进行规制,可以在较大程度上降低甚至规避风险。虚拟经济立法必须以整个经济的运行安全为根本目标,为虚拟经济的发展提供自由的限度及各种约束条件,保障虚拟经济安全、有效和可持续发展。

(一)虚拟经济立法规制虚拟经济的自由放任发展

就美国的期货市场而言,从 1848 年美国芝加哥谷物交易所(第一家期

货交易所）成立到 1921 年《期货交易条例》（第一个期货交易条例）颁布这
70 来年，美国联邦政府采取不干预主义，放任期货市场自由发展，没有国家
层面立法进行调控；期货交易由交易所指定的自律性管理规则来运作，主要
依赖市场主体的自律或自我约束；期货交易演变成标准化契约交易并且投
机性交易泛滥对实体经济产生了巨大的负面影响之后，美国地方政府才开
始对期货市场实施监管。美国期货市场的混乱与无序状况持续了近 70 年，
其中很重要原因就是联邦政府缺乏强有力的、统一的立法监管体系，而地方
立法的监管力度有限。立法完善度与市场纯净度呈正相关性，无游戏规则
就"敞开玩"，有游戏规则还得"悠着点玩"。为了增进市场纯净度，尽早立
法是明智选择。2000 年 12 月，美国国会通过《2000 年商品期货现代化法
案》，旨在改革美国金融衍生品市场，确保期货市场的安全运行，避免系统性
危机的发生，从而确保美国在国际市场中的竞争地位。期货市场有正式性
法律制度后，期货市场的自由放任发展得到一定程度规制，期货市场操纵事
件较以前减少，期货市场的负面影响降低。

　　就英国的期货市场而言，英国期货市场也具有 100 多年的发展历史，开
始时也是由交易习惯或行业规范来调整期货交易。但到了 1939 年，政府不
得不介入市场，并颁布了《防止诈骗投资法》，开始对期货市场进行法律管
制。之后，英国又先后颁布了一系列相关法律，从而构建了英国期货法的体
系。例如，1973 年《公平交易法》、1980 年《竞争法》、1985 年《投资者保护
法》、1986 年《金融服务法》以及 1994 年《投资业务管理法》等。

　　就我国的期货市场而言，我国期货市场发展经历了粗放式发展、清理整
顿、规范监管等阶段，期货业在发展过程中经历了由乱到治的过程。粗放式
发展阶段因缺少国家的干预，期货市场发展较为"自由"，市场主体的盲目
性、自利性演绎得淋漓尽致，期货市场出现了混乱局面。清理整顿阶段主要
以行政手段进行国家干预，期货市场"自由"式发展受到较大程度的限制。

规范发展阶段则标志着期货业发展步入法治化轨道,[1]期货立法规制期货市场的"自由"发展成效显著。虽然到目前为止我国还没有立法层次较高的期货业基本法,但期货业需要有限度发展的理念日渐清晰,期货业的风险防范将会越来越完善,这将有助于期货业的安全运行及功能实现。

当然,我国虚拟经济的其他板块(银行、证券等)的发展同样存在政府的干预。在市场准入、机构设置、制度安排与监管模式变迁等方面,既是顺应市场发展的结果,更是政府有意识地对市场运作阶段性成果的正式性法律制度固化。虚拟经济的发展特别需要发挥政府的干预作用,不能依靠市场的自生自发秩序而自由放任式发展。虚拟经济健康发展需要更好地发挥虚拟经济立法对自由放任式发展的规制作用。

1949年中华人民共和国成立到1978年改革开放初期,我国实行高度集中的计划经济管理体制。这一时期,我国对金融市场的发展一直秉持高度审慎的态度,国家外汇管制与金融市场管制制度相对较严。这是介于当时的国情及国际环境做出的决策,虽然这在一定程度上将我国金融市场与世界金融市场发展相分离,但是在客观上却为经济发展提供了平稳的资本市场条件。1978年十一届三中全会之后,党和国家作出了把工作重心转移到经济建设上来,实行改革开放,同时围绕经济建设中心以立法推动虚拟经济市场化改革。1994年至今的社会主义市场经济体制时期,尤其面对我国加入世界贸易组织后的新形势,国家不断制定和修改了多部金融法律法规,使其更加符合我国金融业发展的实际,更好地适应金融业国际发展的需要。当然我国虚拟经济立法仍存在诸多的不完善之处:部分新业态、新问题的出现加速了制度变革的需求;确保资本市场公开、公平、公正的制度尚需进一步完善;虚拟经济法律制度在确保与实体经济充分对接方面仍需加强;等等。

---

[1] 巫文勇:《期货与期货市场法律制度研究》,法律出版社,2011,第28页。

　　虚拟经济的产生、存在与发展依赖于实体经济的存在与发展。我国虚拟经济立法逐步形成了虚拟经济应服务实体经济的基本共识。虚拟经济以实体经济的发展需求为其发展限度,以为实体经济服务为其发展宗旨。但如果虚拟经济发展超过了实体经济发展需求这一必要限度,就会出现所谓的泡沫问题,反而会制约实体经济的发展。正是基于此共识上进行相关法律制度设计,我国的实体经济发展才得到了最大限度的保障,同时大大降低了虚拟经济风险。我国坚持实体振兴路线,产业结构层次较为丰富,在广泛吸引外资时并未丧失经济发展的主导权。充分有效地发挥政府的引导与干预职能,我国经济走出了一条不同于其他国家或地区的特色道路,这在客观上保证了我国经济的平稳运行。

　　从危机角度而言,1929—1933 年经济危机,1997 年东南亚金融危机,2008 年美国次贷危机引发的全球金融危机。我们也要吸取历史教训:虚拟经济立法规制虚拟经济自由放任发展的缺位或滞后是产生危机的法律原因。这在一定程度上促进了虚拟经济的过度发展。当然,造成危机的因素很多,但虚拟经济过度发展是产生危机的重要原因。从世界范围而言,虚拟经济自由放任发展带来了深刻的历史教训及其对未来发展的警示。在经济全球化下,我国也在构建开放经济体系,在开放经济条件下虚拟经济系统不能独善其身。前车之鉴,其可以使我国虚拟经济发展防患于未然,以免重蹈覆辙。虚拟经济立法对虚拟经济自由放任发展进行规制,可以在较大程度上降低乃至规避危机发生的风险。

　　我国自 1949 年至今,没有发生过金融危机、经济危机。而不管是 1997 年的东南亚金融危机,还是 2008 年美国次贷危机引发的全球金融危机,对我国的冲击其实并没有我们想象的那么大,我国并未发生像危机发生国一般的剧烈经济衰退。这一定程度上得益于我国对虚拟经济自由放任发展的立法规制。但是谁也无法保证危机将不会发生,我们应当积极吸取域外国家或地区的经验教训,致力于降低虚拟经济系统性风险。因此,我们应当一如既往地发挥我们的所长,通过正式性法律制度供给,有效发挥法律的预测功能与调节功能,从法律制度上防范和化解虚拟经济风险。

对虚拟经济自由放任发展的规制,需要正式的虚拟经济法律制度安排,需要借助国家干预才能有效完成。从制度构建层面看,只有通过虚拟经济立法建立起切实有效的虚拟经济宏观调控制度、虚拟经济国家监管制度、虚拟经济强制信息披露制度、虚拟经济风险防范化解制度等,才能积极应对虚拟经济内生的风险,从而将虚拟经济发展带来的负面影响降至最小。我国正在建设社会主义法治国家,市场经济是法治经济,虚拟经济是在法治框架下运行的。我们应进一步通过立法来规制虚拟经济的自由式发展,使虚拟经济在满足实体经济需要的范围内安全、有效和可持续发展。

(二)虚拟经济立法确保经济安全价值目标的实现

风险因其对人类社会生活、生产可能带来的破坏性,加之人类对安全的心理欲求以及趋利避害本性使然,防范与化解风险乃顺理成章之事。而法律因其稳定性与持久性的价值取向成为最佳风险防范控制手段,法律之安全价值也因此具有了重大的现实意义。

虚拟经济的产生、发展与存在打破了经济系统中实体经济单一格局,形成了与实体经济并存的二元格局。虚拟经济过度发展就会演变成泡沫经济甚至酿成金融危机、经济危机,反向制约实体经济以及整体经济发展。20世纪90年代发生的系列危机事件即能明证:1992—1993年欧洲货币体系激烈动荡,1994—1995年墨西哥金融危机,1995年英国巴林银行倒闭,1995年外汇市场激烈动荡,等等。[1] 1997年东南亚金融危机的爆发给世界敲响了警钟。金融危机使"一向欣欣向荣的亚洲经济倒退五六年,东亚奇迹黯然失色"。[2] 2008年美国次贷危机引发的全球金融危机,向所有沉迷在金融自由

---

① 李多全:《虚拟经济基本问题研究》,中共中央党校博士论文,2003,第2页。

② 黄达:《金融学(精编版)》,中国人民大学出版社,2004,第466页。

化、金融全面开放的国家警示了金融安全的重要性。这些动荡或危机的发生都与过度发展的虚拟经济存在直接或间接的关系,严重危及经济安全,并给受波及的国家或地区社会经济造成了巨大的损害。

　　虚拟经济法的基本价值——虚拟经济秩序与效率;虚拟经济法的核心价值——虚拟经济安全。[①] 虚拟经济立法在体现法的安全、秩序、效率和公平等价值基础上,应当将安全确定为其核心价值并加以突显。虚拟经济安全是虚拟经济立法的核心价值主要基于以下方面:首先,从安全与秩序、效率的关系来看,安全既是秩序、效率的基础,又是秩序、效率的保障,任何秩序与效率都是以安全为前提的。可以说,安全是排在前面的1,秩序、效率是跟在后面的0,若1都没有了,后面的0还有什么意义。运行中的虚拟经济也如道路上行使的汽车,安全是核心,安全基础上的秩序与效率才能呈现出我们所期望的愿景。也就是说,虚拟经济立法的核心价值应当是虚拟经济的安全,这也契合了虚拟经济立法的意旨所在。其次,从历史上来看,虚拟经济立法是虚拟经济危机的产物。第一次世界大战结束后,随着美国经济社会的发展,股票市场交易活跃,证券市场在经济生活中的价值显现出来。但同时证券市场操纵和内幕交易等问题泛滥。1929 年,美国证券市场发展态势犹如坐过山车一般,从高点迅速滑落至谷底。高点:股价疯涨;信用交易者达百万以上;信用放款总额超过 70 亿美元。谷底:股价全面下跌;股市全面崩溃。美国证券业遭受了一次前所未有的打击,并由此引发了美国 20 世纪 30 年代的经济危机。[②] 面对严峻的经济形势,美国政府开始意识到自由放任所酿成的恶果。痛定思痛,美国政府决定以法律形式对证券市场进行干预和控制。[③] 例如,1933 年《银行法》、1933 年的《证券法》、1934 年的

---

① 　参见胡光志:《虚拟经济法的价值初探》,《社会科学》2007 年第 8 期,第 107—110 页。

② 　符启林:《中国证券法律制度研究》,法律出版社,2000,第 13—14 页。

③ 　胡光志:《内幕交易及其法律控制研究》,法律出版社,2002,第 206—207 页。

《证券交易法》,对商业银行投资业务作了限制性规定,确立信息公开原则,构建证券商注册制度,确定美国证券交易委员会为证券法律执行机构,等等,这些立法构成了美国虚拟经济立法的基础。虚拟经济的强波动性、高风险性在自由放任条件下呈现放大效应,这一时期世界各地发生的大多数的金融危机、经济危机都是在虚拟经济领域直接引发的。虚拟经济法律制度是由社会物质生活条件所决定的,安全价值顺其自然地成为虚拟经济立法的核心价值目标。

虚拟经济运行的安全与否,关系到一国对抗外部冲击的能力,关系到国民经济稳定增长与国民福利的改善,虚拟经济的风险如果不加以防范和化解,可能酿成金融危机、经济危机。虚拟经济风险的防范与化解,需要不断加强制度的供给与变革,构建系统完备、科学规范、运行有效的制度保障体系。虚拟经济立法的安全价值要由虚拟经济立法中的具体制度加以反映,也要由这些具体的法律制度加以保障。综观虚拟经济立法,其安全价值具体由虚拟经济立法中的虚拟经济市场主体法律制度、虚拟经济市场规制法律制度、虚拟经济宏观调控法律制度、虚拟经济风险防控法律制度等加以实现。

虚拟经济与实体经济在整个经济系统运行中相互依存、相互制约,甚至相互冲突。虚拟经济安全立法目标着重于解决虚拟经济与实体经济在发展过程中的冲突。虚拟经济与实体经济共同构成整个经济系统,不但存在相互依存、相互影响的一面,而且也有相互冲突与矛盾的一面。虚拟经济立法既要保证虚拟经济的发展,又要保证不排斥、不阻碍、不损害实体经济的发展,即要通过虚拟经济的发展促进实体经济以及整体经济的发展。

虚拟经济是一把双刃剑。有限发展的虚拟经济正向促进实体经济的发展;过度发展的虚拟经济反向制约实体经济的发展。虚拟经济自产生以来,其发展速度加快,发展规模增大,呈现出不同程度的脱离实体经济的以自我为中心的独立性发展苗头。浮动汇率和多种货币储备体系的确立,汇率、利率、商品和资产价格波动频率加快、振幅加大,以及科技信息技术在金融领域的运用,使国际金融市场风云变幻。随着金融创新的涌现,特别是金融衍生工具的出现,虚拟经济呈现脱离实体经济而快速扩张的态势,泡沫成分不断加重。当虚拟经济发展速度和规模大大超过实体经济,大量虚拟资产价格普遍大幅度偏离或完全脱离由实体经济决定的资产价格时,虚拟经济便演变成"泡沫经济"。① 正如价格不能脱离价值这根轴一般,价格始终围绕价值波动;虚拟经济不能脱离实体经济这根轴,虚拟经济也应围绕实体经济运动。"泡沫经济"产生以后,泡沫经济中膨胀的虚拟资产必然出现价值的回归,即泡沫破灭。不过,此种价值回归是以经济社会付出沉重代价的金融危机、经济危机的形式来实现的。随着虚拟经济中泡沫经济的兴起和破灭,毋庸置疑,虚拟经济中违背经济社会发展规律的泡沫经济的兴起和破灭,必将大大损害实体经济以及整体经济的发展。具体表现如下:①导致产业空洞化。虚拟经济的过度增长会扭曲资源配置方式,降低资源配置效率,形成产业空洞②,诱发财政风险③,反向制约实体经济的发展。②引发金融危机、经济危机。虚拟经济本身具有的强波动性、高风险性与虚拟经济的过度增长相叠加,容易诱发具有传递性强、破坏力大的金融危机、经济危机。③造成宏观经济衰退。虚拟经济过度增长打破了宏观经济健康运行内在所需的虚拟经济与实体经济间的平衡机制,造成宏观经济的衰退。④酿成政治动荡。虚拟经济过度增长现象的背后是众多投机商参与的不合理甚至不合规的国民收入重新分配,贫富两极分化进一步加剧,超出社会容忍度会引发一系列

---

① 李多全:《虚拟经济基本问题研究》,中共中央党校博士论文,2003,第 94 页。

② 经济学上所说的产业空洞化,是指一个国家和地区在虚拟经济过度增长或过度增长破灭后,旧有产业严重衰退,而新的产业没有得到发展并及时弥补旧有产业衰退的影响,从而造成结构缺口迅速扩大,致使经济极度萎缩的现象。

③ 国际货币基金组织(IMF)规定,一国财政赤字超过 GDP 的 3%,国内外债总和超过 GDP 的 60%,就会发生财政风险。理论和实践表明,财政风险滥觞于虚拟经济的过度增长,直接产生于产业空洞化。

社会问题,并酿成政治动荡。①

虚拟经济包含证券、期货、银行、金融衍生品等板块,其在不同板块划出虚拟经济发展不同大小的圆。不同板块画出圆的大小是不同的,同一板块在不同时期划出圆的大小也是不同的。犹如一辆汽车,首先,汽车制造商要限定此款车的最高车速,这是其机械构件所能承受的度。其次,交通管理部门在汽车行驶的不同道路要限定不同的行驶速度。乡村道路、城市道路、高速公路,即使同一等级公路的不同路段也需限定不同的速度。通行效率实属重要,但更为重要的还是要确保安全。虚拟经济的发展犹如道路上行驶的汽车一般,是有限度的发展,有限速的行驶;是有规则的发展,有规则的行驶。这是发展道路交通运输以确保安全的初衷所在,也是发展虚拟经济以确保安全的初衷所在。

虚拟经济本身就具有扩张性、高流动性和世界性,不控制其发展很容易造成重大的系统性风险,从而影响虚拟经济乃至整个国家经济的持续发展。我国 2014 年提出了包括经济安全在内的"国家整体安全观"战略。2015 年《中华人民共和国国家安全法》规定,经济安全是国家安全工作的基础;健全金融风险防范、处置机制,防范和化解系统性、区域性金融风险,积极应对外部金融风险的冲击等。2017 年全国金融工作会议指出,防止发生系统性金融风险是金融工作的根本性任务,也是金融工作的永恒主题。由此,经济安全对于国家安全的重要性,虚拟经济安全对于经济安全的重要性,可见一斑。虚拟经济立法应当以整个经济的运行安全为根本目标,为虚拟经济的发展提供自由的限度及各种约束条件,保障虚拟经济安全、有效和可持续发展。十九届四中全会通过的《中共中央关于坚持和完善中国特色社会主义制度 推进国家治理体系和治理能力现代化若干重大问题的决定》中要求"加强资本市场基础制度建设,健全具有高度适应性、竞争性、普惠性的现代

---

① 李多全:《虚拟经济基本问题研究》,中共中央党校博士论文,2003,第 95—97 页。

金融体系,有效防范化解金融风险",可见防范、化解系统性金融风险和维护金融安全是将来推进国家治理体系和治理能力现代化中的重要一环。

三、虚拟经济立法的历史演进规律使然

如前所述,虚拟经济立法历史经验与教训并存。历史经验:虚拟经济立法是促进虚拟经济发展的有力保障。历史教训:虚拟经济立法规制虚拟经济自由放任发展的缺位或滞后。虚拟经济立法的历史怪圈:放任—管制—再放任—再管制。历史怪圈的破解:虚拟经济立法确立有限发展法学理论为指导思想,从制度层面确保虚拟经济发展以服务实体经济为限、以经济安全为限,通过完善虚拟经济法律规范,加强虚拟经济监管,防范虚拟经济风险,确保经济安全。

发展开放经济已成为各国的主流倾向与明智选择。遵循世界经济发展大趋势,我国正紧锣密鼓地构建开放型经济新体制。实体经济是虚拟经济的基础,实体经济不断壮大发展,虚拟经济才有更大的发展空间和存在的实质意义。

(一) 虚拟经济立法历史怪圈的破解

从虚拟经济立法的历史演进来看,虚拟经济立法陷入了这样的一个历史怪圈:自由放任的虚拟经济立法—虚拟经济过度发展—孕育、爆发金融危机、经济危机—限制干预的虚拟经济立法—虚拟经济发展受限—制约实体经济发展—自由放任的虚拟经济立法。虚拟经济立法的这一历史怪圈可以概括为:放任—管制—再放任—再管制。美国是市场经济发达国家,美国虚拟经济具有代表性。以美国为例,考察虚拟经济立法的历史怪圈:虚拟经济自由放任式发展—1929 至 1933 年经济危机—在凯恩斯国家干预主义下逐渐摆脱虚拟经济自由化趋势—第二次世界大战过后尤其是冷战之后虚拟经济的自由化导向—2008 年次贷危机。结合前述相关章节分析,从虚拟经济

立法的这一历史怪圈可以看出,首先,虚拟经济立法的历史教训:虚拟经济立法规制虚拟经济自由放任发展的缺位或滞后是造成危机的法律原因。这在一定程度上促成了虚拟经济的过度发展。虚拟经济过度发展是产生危机的重要原因。其次,虚拟经济立法主要是被动型与回应型立法。虚拟经济立法的每一次重大变革与发展,基本是在金融危机、经济危机给经济社会造成严重破坏为代价后进行的,也就是说虚拟经济法律制度防范虚拟经济风险的作用尚未充分发挥出来。

金融监管是确保虚拟经济安全运行的重中之重。基于此,以美国金融监管的演变轨迹来探究虚拟经济立法历史怪圈的破解。美国金融监管的演变主要经历了以下阶段。

(1)20 世纪 30 年代的金融监管改革:以管制、限制过度竞争为理念。

1929 年经济危机爆发,美国经济陷入大萧条时期,付出了沉重的代价。痛定思痛,为防止悲剧重演,防患于未然,美国政府和立法机关意识到,在自由放任政策主导下会丧失对金融业发展的实质调控能力,需要加强金融监管来保障金融业的安全、稳健发展。罗斯福总统颁布了一系列金融改革法案来规范金融市场发展。这一时期的法案主要有:1932 年的《联邦住房贷款银行法》,1933 年的《银行法》(其中 1933 年《银行法》的第 16、20、21、32 条构成了著名的《格拉斯-斯蒂格尔法》),1933 年的《证券法》《联邦存款保险法》,1934 年的《证券交易法》《国民放款法》,等等。根据相关法规,成立了证券交易委员会(SEC)、联邦存款保险公司(FDIC)以及全国证券商协会(NASD),等等。这一时期,美国金融监管的理念从过去自由放任向管制、限制过度竞争的金融监管方向发生了根本性转变。[①]

(2)20 世纪 40—70 年代的金融监管改革:以严格监管、安全优先为

---

① 涂永前:《美国金融监管的制度变迁及新改革法案的影响》,《社会科学家》2012 年第 2 期,第 106—107 页。

理念。

美国根据当时的金融市场实情与时俱进制定了一系列相关法规,并对30年代颁布的一些金融立法进行巩固、修订和完善,以严格监管、安全优先为理念进一步强化金融监管。40—70年代开始针对证券市场出现的一些新问题制定一些新的法律,力图打造公开、公平、公正的交易规则,规制证券业、银行业市场秩序。这一时期通过的法律主要有:《投资公司法》《投资顾问法》《证券投资者保护法》《银行持股公司法》《银行合并法》《利息限制法》《平等信贷机会法》《消费者信贷保护法》,等等。上述这些法律中均不同程度秉承着这一时期"严格监管、安全优先"的金融监管理念,加强了金融监管,强化了对金融消费者权益的保护,较好地规制了欺诈、操纵市场以及内幕交易等违法行为。

(3)20世纪70—80年代的金融监管改革:以自由化、效率优先为理念。

凯恩斯国家干预主义在金融监管改革实践层面形成了"严格监管、安全优先"理念,但是困扰发达国家长达10年之久的"滞涨"宣告了凯恩斯主义宏观政策的落败。以新古典宏观经济学和货币主义、供给学派为代表的自由主义思想趁机复兴,给当时步入困局的经济指明了一条"破解"路径。这在金融监管改革实践层面转向形成"自由化、效率优先"理念。在此金融监管改革理念下,随着美国金融业逐渐向纵深领域发展,金融创新需求日益扩大,一系列金融监管改革举措应运而生:降低市场准入限制;取消利率管制;推动金融机构之间的并购;等等。

(4)美国20世纪90年代至今的金融监管改革:以安全与效率并重为理念。

安全与效率是辩证统一的关系,不是非此即彼的选择,而是兼顾基础上的倚重。20世纪90年代的金融危机浪潮推动了金融监管改革逐步转向如何协调市场的不完全性与金融业自身的独特性问题以及如何平衡安全与效率问题。这一期间的金融监管改革理念既不同于20世纪40—70年代的

"严格监管、安全优先"理念,也不同于20世纪70—80年代的"自由化、效率优先"理念,而是安全与效率二者之间的新的融合与均衡,即"安全与效率并重"为理念。①

2010年7月21日,奥巴马总统正式签署《多德-弗兰克华尔街改革与个人消费者金融保护法》(以下简称《多德-弗兰克法》),提升了金融监管改革法律制度层级。《多德-弗兰克法》对美国金融监管及金融市场的未来发展进行了法律制度安排,这是美国1929年经济危机以来改革最彻底、改革幅度最大的金融监管改革法案。《多德-弗兰克法》主要有两大目标:一是针对被监管的金融机构及监管机构不力所造成的系统性风险;二是针对所谓的次贷危机中薄弱的个体金融消费者保护。《多德-弗兰克法》集中反映了美国在次贷危机之后金融监管改革的成果:新设金融稳定监管委员会(FSOC),负责宏观审慎监管职责,以监测和处理威胁国家金融稳定的系统性风险为其工作目标,具体包括完善金融危机中呈现出来的金融监管真空、监管重叠与监管低效,监控、评估和处置危及整个金融体系稳定与安全的风险;加强美国联邦储备委员会的监管权力;增设个人消费者金融保护局(CF-PB),专门对资产超过100亿美元的银行机构以及其他大型非银行类金融机构进行监管;将之前缺乏监管的绝大多数场外金融衍生品市场纳入监管视野,规范金融衍生品开发与交易,防止过度创新而引发新的风险;等等。

自由市场阶段强调市场的自发调节与政府的"守夜人"角色;20世纪30年代经济大危机之后,凯恩斯国家干预主义兴起,强调政府的全面干预;二十世纪六七十年代经济"滞胀"发生后,在新自由主义思潮下,政府放松对市场的管制。② 虚拟经济是一把双刃剑,既可促进经济社会的发展与进步,也

---

① 涂永前:《美国金融监管的制度变迁及新改革法案的影响》,《社会科学家》2012年第2期,第107—108页。

② 盛学军等:《全球背景下的金融监管法律问题研究》,法律出版社,2008,第271页。

可导致经济社会的动荡与不安。从以上美国金融监管的演变轨迹可以看出,美国一直重视金融监管立法,尤其是在金融危机发生后,更加强化对金融的监管,但是效果不甚理想。

以史为鉴,从美国 1929 年经济大危机以来的虚拟经济监管历程来看,随着实体经济和虚拟经济发展的起伏波动,美国作为市场经济发达国家,也在通过各种路径极力破解虚拟经济立法的历史怪圈(放任—管制—再放任—再管制),从自由走向管制—从管制走向自由——监管下的自由与自律基础上的监管。每次法律制度的变革都显示了先前制度在监管上的不足,尽管如今他们的法律制度和监管机制较过去更为成熟、完善,但由于其先天对经济、金融奉行"自由主义"理念,他们在法律制度及监管机制的变革上始终留下了"自由"的影子,对强调自由市场的他们来说,监管好似是强加在其身上的"重石"。①

现实的窘境和尴尬:让人措手不及的虚拟经济危机并没有因为虚拟经济监管的强化而在爆发的频数和强度上有所缓解,虚拟经济领域中的治乱循环始终存在,虚拟经济市场常常在"一治一乱"之间徘徊。这就需要找准病因,以便对症下药,力求药到病除。

结合前述相关章节分析,形成虚拟经济立法的这一历史怪圈的法律制度原因:虚拟经济立法没有确立有限发展法学理论为指导思想,没能从制度层面确保虚拟经济发展以服务实体经济为限、以经济安全为限。具体而言,①虚拟经济立法没有完全实现虚拟经济相对于实体经济的有限发展。虚拟经济以实体经济的发展需求为其发展限度,以为实体经济服务为其发展宗旨。但虚拟经济发展速度与规模却超过了实体经济发展需求这一必要限度,孕育、爆发了金融危机、经济危机,反向制约了实体经济的发展。②自

---

① 胡光志等:《中国预防与遏制金融危机对策研究:以虚拟经济安全法律制度建设为视角》,重庆大学出版社,2012,第 102 页。

由主义思想与自由经济理论在多数发达国家市场经济体系中处于举足轻重的地位。这映射到国家制度层面表现为,对虚拟经济的发展采取不干涉主义和自由放任的姿态。虚拟经济立法不出所料地坚持"政府充当守夜人""最少的监管就是最好的监管"的信条,过度重视市场这只"看不见的手",忽视政府这只"看得见的手",没有发挥出"两手抓、两手都要硬"的功能,造成虚拟经济立法规制虚拟经济自由放任发展的缺位或滞后。

虚拟经济起源于实体经济,虚拟经济以服务于实体经济为最终目的。虚拟经济产生后每一阶段的发展都同实体经济息息相关。实体经济和虚拟经济犹如硬币的两个面,相生相伴。虚拟经济的产生、存在、发展与实体经济有着千丝万缕的联系,是实体经济在一定阶段、环境和政策下的具体反映。[①] ①实体经济是虚拟经济产生和发展的基础。虚拟经济是在实体经济发展到一定历史阶段回应实体经济发展需求而生。随着市场经济的高度发展及信用制度的不断创新,虚拟经济越来越脱离实体经济而自成体系,按照自己特有的运行规律独立运行。[②] 但从根本上说,虚拟经济因实体经济而生,实体经济是虚拟经济产生发展的基础。②实体经济是虚拟经济健康运行的基础。皮之不存,毛将焉附? 虚拟经济是附着在实体经济上的,需要从实体经济身上吸收养分,实体经济运行状况良好,虚拟经济才可能茁壮成长、枝繁叶茂,反之亦然。因此,实体经济保持良好的发展态势是保证虚拟经济健康运行的关键所在。[③] ③实体经济是虚拟经济规模扩张的基础。虚拟经济发展的规模应当受制于实体经济发展需求的规模,二者呈正相关性。例如,虚拟经济载体的股票、债券等有价证券发行的规模与实体企业直接融资需求的规模呈正相关性,也就是说有价证券发行的规模是由实体企业直

---

① 王青:《"脱实向虚"风险防范与推进市场化改革》,《改革》2017 年第 10 期,第 36 页。

② 张国庆、刘骏民:《金融危机与凯恩斯主义的全面回归:兼论对中国的政策启示》,《南京社会科学》2009 年第 9 期,第 15 页。

③ 李多全:《虚拟经济基本问题研究》,中共中央党校博士论文,2003,第 82 页。

接融资需求的规模来决定的。④实体经济是虚拟经济工具创新的基础。金融衍生工具的出现是虚拟经济发展历程中的一次重大创新。金融衍生工具通过国内、国际资金流动可以对经济资源进行有效配置,从而在一定程度上防范和分散实体经济活动中的风险。实体经济是虚拟经济产生和发展的基础,金融衍生工具的创新发展取决于实体经济的发展需求。⑤实体经济是虚拟经济利润获取的基础。虚拟资本虽然更易获得利润,但追根溯源其利润是来源于实体经济。以证券市场为例,主要体现在:一方面,实体经济是虚拟资本产生的基础。股票、债券等有价证券是大部分衍生工具的原生工具,而股票、债券等有价证券又直接源起于企业的融资行为;另一方面,从一个相对较长的历史发展过程来看,实体经济的运动周期在总体上决定着虚拟经济的运动周期,"股市是国民经济的晴雨表"就是一种典型的说法。股价在根本上决定于利润和利率,而利润和利率的根本决定因素是实体经济的状况。① 虚拟资本实现利润膨胀要依靠实体资本的有效运作这一"靠山"。否则,虚拟资本的利润将成为无源之水,干涸定是迟早之事。由此可见,实体经济是虚拟经济发展的坚强后盾。虚拟经济的发展必须与实体经济发展相适应,应当为实体经济发展服务,而不应脱离实体经济进行闭环式自我发展。②

虚拟经济是一把双刃剑。有限发展的虚拟经济能够促进资金集中与资本优化配置,引导资源要素合理流动,规避与分散风险。而过度发展的虚拟经济会产生"挤压"效应,加剧市场经济的泡沫性,甚而演变成金融危机、经济危机。③ 自从虚拟经济产生以后,社会经济就形成了虚拟经济与实体经济

---

① 付强:《虚拟经济论》,中国财政经济出版社,2002,第2页。

② 杨洋:《中国制造业脱实向虚倾向研究:基于沪深A股上市公司的数据》,东北师范大学硕士论文,2019,第28页。

③ 李薇辉:《论我国虚拟经济的适度发展》,《上海师范大学学报(哲学社会科学版)》2009年第5期,第63页。

并存的二元经济结构,这相应地带来了以前单一实体经济时代不可能存在的巨大风险。社会经济运行实践已经反复证明,虚拟经济偏离实体经济进行自我循环式过度发展,则会呈现经济虚假繁荣的假象,增加实体经济运行的不确定性和投机风险,加速金融危机、经济危机的爆发,对整体经济造成难以抹平的伤痛。由于虚拟经济的过度发展,资本主义经济危机的形式从过去主要表现为实体经济领域生产过剩的危机转变为 20 世纪 90 年代以来虚拟经济领域的金融危机。①

现代金融监管逐步呈现风险性监管、功能性监管、开放性监管、跨境监管、混业监管、全面监管发展趋势。② 虚拟经济监管将为虚拟经济构织安全网来防范系统性风险,是确保虚拟经济稳健运行的一道不可替代性防线。③从历史的经验以及我国虚拟经济监管的实践来看,虚拟经济运行的安全离不开行之有效的监管。为加强金融监管协调、补齐金融监管短板,我国于2017 年 11 月正式成立了"国务院金融稳定发展委员会";同时,为进一步深化金融监管体制改革,优化监管资源配置等目标,我国于 2018 年 3 月根据国务院机构改革方案将原银监会和保监会的职责进行了整合,在此基础上组建了"中国银行保险监督管理委员会"。在"安全+稳定"的基础上构筑"竞争+效率"的虚拟经济体系和监管制度,④不断增强抗风险的能力,切实维护虚拟经济稳健运行,确保经济安全稳如泰山,从而破解"一管就死、一放就乱"的困局。但由于各国国情差异性、虚拟经济复杂性以及国内外经济发展变动性,没有放之四海而皆准的固定监管理念与模式可以直接遵循与适用。我国应放眼世界、立足国情,不断完善虚拟经济监管法律机制,从制度层面

---

① 洪银兴:《虚拟经济及其引发金融危机的政治经济学分析》,《经济学家》2009 年第 11 期,第 5 页。
② 李小林:《金融监管理念:以金融创新和金融监管的辨证关系为视角》,《吉林金融研究》2013 年第 3期,第 25—26 页。
③ 同上。
④ 潘林伟:《欧美金融监管改革是政府监管的回归与超越》,《经济纵横》2012 年第 2 期,第 120 页。

为虚拟经济的稳健运行遮风挡雨。

虚拟经济起源于实体经济,以满足实体经济发展需求为其发展方向。我们要高度警惕经济发展"脱实向虚"倾向,严格控制虚拟经济偏离实体经济进行自我循环式发展态势,切实保持虚拟经济发展速度与规模与实体经济发展需求相匹配。当然,这需要加强虚拟经济领域正式性法律制度建设,从制度层面确保虚拟经济相对于实体经济的有限发展,使虚拟经济发展真正服务于实体经济,真正成为实体经济有益的延伸和补充。

在社会经济发展中,金融危机、经济危机难以绝对避免。危机中有"危"必有"机",勇敢面对危机,从危机中发现生存和发展的机遇。① 危机过后,从虚拟经济与实体经济发展匹配度视角总结危机发生的经验与教训,进一步改革完善相关法规,以期更好地发挥正式性法律制度对虚拟经济过度发展的规制效应。

凡事均有度,世间万事万物的自身自长犹如血肉之躯的人体一般,过度饮食、过度锻炼、过度劳作、过度玩耍……必将无益于作为生物生命体的血肉之躯,将直接影响自身健康发展。虚拟经济发展也不例外。虚拟经济不能盲目过度发展,不能以自我为中心任意画圆式发展。虚拟经济发展要以实体经济为圆心、以满足实体经济发展需求为半径进行画圆式发展。虚拟经济的发展犹如用圆规画圆,圆规的一只脚作为圆心,需要始终稳扎于实体经济发展这一中心点;圆规的另一只脚作为半径,需要根据实体经济发展需求的大小来决定半径的长短。这样画出的圆才是合适的圆,才能成为更美的圆。

金融危机、经济危机的教训已实证:虚拟经济发展的自由只能是相对的而不是绝对的,只能是有管制的而不是放任的,只能是有限的而不是无限

---

① 　虞瑾:《论我国银行法体系的演进:兼论银行公法与银行私法的有关问题》,华东政法大学博士论文,2009,第2页。

的。虚拟经济立法历史怪圈的破解:虚拟经济立法确立虚拟经济有限发展理论为指导思想,从制度层面确保虚拟经济发展以服务实体经济为限、以经济安全为限。

(二)虚拟经济立法确立虚拟经济有限发展法学理论为指导思想

虚拟经济立法是虚拟经济法律化的过程,法律化的过程也就是立法的过程;虚拟经济法律是虚拟经济法律化的成果,也就是立法活动和过程旨在达成的成果。实际上,虚拟经济立法既指立法过程又指立法成果。虚拟经济立法是对虚拟经济活动中可模式化和需要模式化的基本运行规律的确认。虚拟经济法律是虚拟经济在法律上的反映,是调整虚拟经济领域的社会关系的法律。[①] 虚拟经济法律是对虚拟经济运行秩序的一种法律保障。

虚拟经济有限发展法学理论,是指在开放经济条件下根据虚拟经济自身运行规律,从法律自身的宗旨和价值出发,主张法律在保障虚拟经济发展的同时,为预防与克服其负面效应,保障其运行安全和可持续发展,而将其置于法律约束下的安全范围内运行的一种法学思想。虚拟经济有限发展法学理论旨在借助自由、正义、安全、秩序等法律规范之价值意涵,来对虚拟经济运行安全过程进行正向影响,从而为虚拟经济市场安全运行构筑良好的法律环境。基于虚拟经济的重要性,认为在我国甚至世界范围内虚拟经济首先必须要发展;基于虚拟经济的特殊性,认为虚拟经济的发展必须是有限的,必须是在法律设定的安全轨道和边界中有限发展。从古今中外的虚拟经济发展实践和金融危机、经济危机衍生根源来看,虚拟经济与实体经济协调发展才能更好地促进与保障整体经济安全、健康、持续发展,因此虚拟经济应该是也只能是有限发展的。历史的经验与教训告诫我们,凡是坚持虚拟经济有限发展的,都有助于促进经济运行的安全;凡是放任虚拟经济发展

---

① 参见胡光志:《虚拟经济法的价值初探》,《社会科学》2007 年第 8 期,第 105—113 页。

且过度发展的,都会对经济和社会造成相应的损害。特别是回溯虚拟经济立法的历史可以发现,立法放纵虚拟经济的发展,迟早会导致灾难,会导致法律匆忙收缩,而短期的法律收缩一旦被冲破,又会出现放任发展的局面,彼时法律又需要匆忙收缩。为防止陷入这一历史的怪圈,走出虚拟经济法治历史陷阱的有效方法就是在虚拟经济法治中引入并坚持有限发展法学理论。可以说,虚拟经济有限发展法学理论的提出,不仅是一种理论预设,事实上它契合了开放经济条件下我国虚拟经济运行安全法律保障的现实需要,是对现有国家政策精神的总结、提炼及法学映射。虚拟经济有限发展法学理论并不是一种纯粹的主观臆测,而是理论与实践发展到今天的一种结晶和升华,具有较强的问题导向和高度的实践性品格。虚拟经济有限发展法学理论,以当下实体经济与虚拟经济二元格局为背景,根据虚拟经济的运行规律和法律的运行规律,结合我国长期的金融调控和监管政策及其发展趋势,主张我国虚拟经济法律在促进虚拟经济发展的同时,应当以预防与克服其负面效应、保障其运行安全和可持续发展为根本任务,将虚拟经济的发展置于法律约束下的安全范围之内运行。法律在保障与促进虚拟经济发展的前提下,应当将侧重点放到虚拟经济如何"在法律的约束下适度发展",以保障虚拟经济进而保障整个社会主义市场经济的运行安全和可持续发展。

由前述国内外虚拟经济的发展可知,现代金融危机、经济危机的发生主要是虚拟经济过度发展引起的,先在虚拟经济领域,进而影响实体经济发展,对整个经济社会造成危害。尽管金融危机、经济危机难以绝对避免其发生,但是前车之鉴,吸取教训,加强正式性法律制度保障,规范虚拟经济运行,可以防范与化解虚拟经济风险,降低金融危机、经济危机的发生频率,减轻金融危机、经济危机的危害程度。针对经济危机中出现的虚拟经济发展过度、虚拟经济与实体经济失衡问题,应当寻求法律层面问题的常态化应对,而这也是历次经济危机后各国政府与国际社会采取的必然措施。

日益成熟和健全的虚拟经济立法体系成为促进虚拟经济发展的有力保

障,保障着虚拟经济安全、有效和可持续发展。虚拟经济法律制度是虚拟经济的调整器、减震器与安全阀,为虚拟经济健康发展保驾护航。虚拟经济法律制度确认和规范虚拟经济的发展;虚拟经济法律制度防范和化解虚拟经济的风险。

虚拟经济有限发展法学理论的核心在于从制度层面确保虚拟经济相对于实体经济的有限发展,其实现需要法治化的推动和保障。虚拟经济立法确立虚拟经济有限发展法学理论为指导思想,从制度层面确保虚拟经济发展以服务实体经济为限、以经济安全为限。换言之,虚拟经济是实体经济发展到一定历史阶段回应实体经济的发展需求而产生,虚拟经济的存在与发展离不开实体经济。虚拟经济应当以为实体经济服务为发展宗旨,以实体经济的发展需求为发展限度。虚拟经济的发展速度与规模应与实体经济相匹配,从而实现二者的良性互动和协调发展。虚拟经济立法将虚拟经济装进一个适当的制度笼子里,为其发展提供自由的限度及各种约束条件,从而确保虚拟经济安全、有效和可持续发展。

尽管虚拟经济有限发展存在主观与客观上不同维度的衡量标准或指标,但是最根本的衡量标准应是虚拟经济发展是否以实体经济的发展需求为限、以经济安全为限。虚拟经济发展的速度与规模应当与实体经济发展的速度与规模相匹配。这一衡量标准具有外在尺度的客观性与参照性。毕竟,虚拟经济的产生、存在与发展都依赖于实体经济的存在与发展。在整体经济二分为实体经济与虚拟经济的格局下,需要把虚拟经济和实体经济联系起来进行衡量才更合理。

各国经济实践的经验表明,实体经济是一国经济之本,而自由放任的虚拟经济则是系统性金融风险之源。2008 年美国次贷危机引发的全球金融危机在很大程度上可归结为虚拟经济对实体经济的过度背离。各个国家在当今全球经济深度调整时期,纷纷吸取前车之鉴,重新聚焦与重视实体经济,以免重蹈覆辙。欧美发达国家重新聚焦实体经济,实施"再工业化"战略,呈现加速向实体经济回归的态势；新兴发展中国家在经济全球化背景下更加重视发展以制造业为主体的实体经济。发展实体经济再次成为世界潮流和全球经济再平衡的核心内容。① 坚定发展实体经济，守住不发生系统性金融风险的底线，是中国特色社会主义经济发展的重要抓手，也是避免周期性经济危机的可靠保证。② 我们一定要保持实体经济与虚拟经济的合理规模，在经济结构调整中注重二者发展的比例关系，使虚拟经济的发展建立在坚实的实体经济基础之上，从而确保国民经济既快又好发展。③

金融危机、经济危机一旦发生，将严重危害整个经济社会。而如今老百姓与虚拟经济各领域的联系也越加密切，金融危机、经济危机必将影响老百姓的切身利益，影响民生，可能引发社会性恐慌，从而必将对整个经济领域造成负面影响，形成恶性循环，造成整个经济社会雪上加霜。可见，虚拟经济不能盲目过度发展，不能以自我为中心任意发展，而是以实体经济发展需求为限度的有限发展。

经验和教训两方面都表明，回归实体经济本位才是经济安全健康发展的正途。改革开放以来，我国经济取得巨大成就的法宝就是大力发展实体经济。实体经济涉及民生，支撑着百姓的衣食住行；实体经济涉及国力，关系到国家长治久安。夯实实体经济基石，高质量发展实体经济，任何时候都不能忽视、不能懈怠、不能动摇。④ 我国必须发展好实体经济，不能"脱实向虚"。大力发展实体经济也是当今世界的共识。当前，许多发达国家提出

---

① 费洪平：《新时代如何振兴实体经济　切实筑牢发展根基》，《北京交通大学学报（社会科学版）》2019年第3期，第1页。

② 卢映西、陈乐毅：《经济脱实向虚倾向的根源、表现和矫正措施》，《当代经济研究》2018年第10期，第32页。

③ 张国庆、刘骏民：《金融危机与凯恩斯主义的全面回归：兼论对中国的政策启示》，《南京社会科学》2009年第9期，第15页。

④ 费洪平：《新时代如何振兴实体经济　切实筑牢发展根基》，《北京交通大学学报（社会科学版）》2019年第3期，第2页。

"再工业化",正是意识到了这一点。① 我国在"三去一降一补"②的改革任务中实现以虚拟经济促进实体经济发展。③

历史已经证明,实体经济伴随着人类的始终,与人类文明总是有着一荣俱荣、一损俱损的关系。今天,甚至将来,我们仍然相信:有人类社会,就必然有实体经济;如果没有实体经济,人类社会也就失去了存在的物质基础。④实体经济是虚拟经济产生、存在和发展的基础。实体经济不断发展壮大,虚拟经济才有存在的更大意义和发展的更大空间。如果没有实体经济作为支撑,虚拟经济就是空中楼阁、虚假繁荣。⑤ 实体经济在整个经济体系中的地位决定:实体经济强则经济强,实体经济强则民富国强。

虚拟经济与实体经济是辩证统一的关系,既相互区别又相互联系,在现代经济社会结构中"谁也离不开谁"。在经济新常态条件下,加快实体经济产业结构调整和升级,充分利用新产业、新模式、新技术、新业态,结合供给侧结构性改革,加大实体经济创新力度,为我国经济健康发展夯实根基。实体经济若发展不好或无从发展,虚拟经济这潭水一旦缺失了充足的水源,干涸也就只是时间的问题。同时,我们也要充分认识到虚拟经济发展状况对实体经济的影响,遏制虚拟经济过度发展的势头,确保虚拟经济在实体经济需求下的有限发展。虚拟经济要以自身的创新服务实体经济的创新,适时跟进实体经济的创新发展需求,通过规范各种虚拟经济创新工具的使用为

① 朱吉玉:《发展实体经济 遏制虚拟经济膨胀 保障我国经济安全》,《牡丹江大学学报》2012 年第 7 期,第 67 页。

② 在"三去一降一补"中实现以虚拟经济促进实体经济发展:以去产能调节虚拟经济与实体经济的比重;以去杠杆维持虚拟经济的稳定;以去库存调节虚拟经济与实体经济的资产负债率;以降成本来切实减轻实体经济的负担;以补短板激发实体经济发展潜力。

③ 王守义、陆振豪:《以虚拟经济促进我国实体经济发展研究》,《经济学家》2017 年第 8 期,第 15—17 页。

④ 胡光志:《虚拟经济及其法律制度研究》,北京大学出版社,2007,第 42 页。

⑤ 朱吉玉:《发展实体经济 遏制虚拟经济膨胀 保障我国经济安全》,《牡丹江大学学报》2012 年第 7 期,第 67 页。

实体经济规避市场风险,切实发挥出为实体经济服务的作用。①

　　虚拟经济过度发展是单纯通过经济虚拟化的提速催生出经济的虚假繁荣,对经济社会安全造成潜在冲击。若某一环节出现纰漏,其间的风险就犹如多米诺骨牌效应般扩散开来,导致系统性风险,甚而引发金融危机、经济危机。近年来我国经济发展过程中存在经济过度金融化以及大量金融资源在金融系统内部循环等问题。面对实体经济利润率下降的趋势,金融企业过度考量"自身利益最大化",将本已稀缺的金融资源过多地投入到金融体系内,实现其自我增值。各种理财产品、金融衍生品等如浪潮般涌现,一浪接一浪,层出不穷。过度金融化导致虚拟经济的快速发展,循环式吸引越来越多的资本参与"以钱生钱"的游戏。这导致虚拟经济背离实体经济呈现自我循环式快速发展,背离虚拟经济与实体经济的耦合规律,对本来就稀缺的金融资产进行了扭曲性配置,对资本积累、收入分配、技术创新等产生深刻的影响,侵蚀着实体经济这块基石,大大增加了经济发展的脆弱性,使金融风险不断积累。② 实体经济是虚拟经济的基础,坚决抑制"脱实向虚",防止虚拟经济过度自我循环和膨胀,防止出现产业空心化现象。③ 我们应当深化金融体制改革,提高直接融资比重,增强金融服务实体经济能力;健全金融监管体系,守住不发生系统性金融风险的底线。

　　虚拟经济发展速度与规模严重超过实体经济的发展需求,就会阻碍实体经济发展,甚而引发金融危机、经济危机。虚拟经济立法确立虚拟经济有限发展法学理论为指导思想,通过完善虚拟经济法律规范,加强虚拟经济监管,最终防范虚拟经济风险。虚拟经济法律制度是调整虚拟经济关系的法

① 卢映西、陈乐毅:《经济脱实向虚倾向的根源、表现和矫正措施》,《当代经济研究》2018 年第 10 期,第 37 页。

② 卢映西、陈乐毅:《经济脱实向虚倾向的根源、表现和矫正措施》,《当代经济研究》2018 年第 10 期,第 36 页。

③ 朱吉玉:《发展实体经济 遏制虚拟经济膨胀 保障我国经济安全》,《牡丹江大学学报》2012 年第 7 期,第 67 页。

律规范的总和。在开放的经济条件下,虚拟经济法律制度确认和规范虚拟经济的发展;防范和化解虚拟经济的风险;维护国家虚拟经济主权。在虚拟经济发展初期,虚拟经济法律制度优先考量的制度功能是促进和保障虚拟经济的发展,虚拟经济法律制度价值选择"效率优于安全"。在虚拟经济风险随着虚拟经济发展日渐呈现时期,虚拟经济法律制度优先考量的制度功能是防范和控制虚拟经济风险,虚拟经济法律制度价值选择"安全效率并重,安全优于效率""防范控制并举,防范优于控制"。

在"封闭""半封闭"的经济条件下,我国虚拟经济长期"闭关自守""自己玩自己的"。但在开放的经济条件下,我国虚拟经济需要"走出去",在国际平台上参加竞争与博弈。这既是机遇,也是挑战。市场经济是法治经济,采用法治方式治理经济,既是市场经济内在本质的要求,也是国家治理能力现代化的根本方向。虚拟经济的发展需要法律制度的支撑,虚拟经济的安全需要法律制度的保障。可以说,没有法治就没有真正意义上的虚拟经济。面对国际虚拟经济的诱惑、刺激和冲击,为了规避风险,我国通过"防火墙""防波堤"或其他壁垒的法律制度设计,限制国外资本的进入、监控国外游资的冲击、防止外国的"货币控制"和"资本攻击",从而形成"你玩你的,我玩我的"封闭或半封闭经济格局。虽然这使得我国在近些年幸免于国际金融风波和金融危机的大难,但是这与开放经济要求不相适宜,使我国在国际经济大舞台上失去了大显身手的机会,也难以获得话语权和扩大影响力,且还存在日益被边沿化的可能。在开放的经济条件下,原封闭状态下设计的"防火墙""防波堤"等制度将全部或部分失效,我们必须"赤裸裸"地、直接地接受世界经济舞台的检验并应对这个舞台上可能出现的一切风险。我国现行虚拟经济法律制度大多是针对封闭、半封闭经济条件下的制度需求制定的。在开放经济条件下,虚拟经济安全法律制度应当随着适用环境的变化而做出相应调整。

在经济全球化、一体化趋势下,发展开放经济已成为各国的主流倾向与明智选择。遵循世界经济发展大趋势,我国正紧锣密鼓地构建开放型经济新体制。开放金融市场既是外部环境使然,也是我国金融业谋求更好发展的内在需求。开放经济条件下我国金融环境将由以前及现在的封闭半封闭金融运行环境走向更加开放的全球一体化的金融大市场。无疑,这给金融业发展带来新的机遇,但同时给金融安全监管法律机制带来新的挑战。这需要紧跟时代发展步伐,抓住机遇,迎接挑战,着眼于开放经济条件,立足于中国国情,进一步完善我国金融监管法律制度,促进金融市场安全、健康发展。①

尽管我国尚未实质性遭受资本主义经济危机的侵袭,但是经济全球化与金融市场化的不断推进也会引致"覆巢之下安有完卵"的现实省思。② 我国虚拟经济的庞大规模对实体经济的影响甚大,在扩大开放的过程中保障虚拟经济的整体安全也是维护国家安全的重要内容之一,我们需要树立维护国家金融安全的法治思维,运用法治方式,完善抵御金融风险的体制和机制。③

虚拟经济运行的核心和关键在于防范和化解虚拟经济风险。通过进一步完善和构建风险防范和化解法律制度,达成"防患于未然",扼杀风险于萌芽状态;实现"兵来将挡,水来土掩"的危机应对态势。①完善虚拟经济安全预警法律制度。虚拟经济安全预警法律制度作为对危机的发现、识别和判断的法制保障,是有效预防虚拟经济危机的基础性制度。进一步完善虚拟经济安全预警法律制度,明确虚拟经济安全预警权力配置、干预程序、纠错机制、责任设置等问题,达成"防患于未然",扼杀风险于萌芽状态。②构建虚拟经济危机紧急处置制度。进一步完善危机紧急处置条件、程序、方法、

---

① 张军:《完善我国农村金融监管法律制度的几个重要问题》,《农业经济》2016 第 11 期,第 97 页。
② 成思危:《全球金融危机与中国的对策》,《马克思主义与现实》2009 年第 5 期,第 12 页。
③ 王伟:《国家金融安全法治体系研究:逻辑生成与建构路径》,《经济社会体制比较》2016 年第 4 期。

效果评估等问题,加强国际合作事宜,共同处置虚拟经济危机,从而实现"兵来将挡,水来土掩"的危机应对态势。③设置虚拟经济风险应对储备基金制度。从国家运作层面建立虚拟经济风险应对储备基金制度,主要涉及管理机制、资金来源、使用条件、使用对象、使用范围和审核程序等。

虚拟经济本身并无好坏之分。金融危机、经济危机的发生并不是虚拟经济本身的错,而是没有充分发挥好制度优势来掌控好虚拟经济发展的度。因此,我们也不应谈"虚"色变、因噎废食,毕竟实体经济的发展也需要虚拟经济的支持。不过,虚拟经济不能自顾自地走出"六亲不认"的步伐,虚拟经济与实体经济两条腿要协调前行,才能走得更加稳健。

现代文明理应是制度文明,法律制度是现代社会稳定发展的重要保障。① 虚拟经济立法是一项艰巨、复杂的系统工程,任重道远。我国正处在经济发展这一国际大舞池中,一定要跳好虚拟经济立法这首舞曲,跟着经济发展的旋律,舞出虚拟经济的优美舞姿,使我国成为经济发展舞池中最靓丽的那个舞者。

通过对上述分析进行梳理,可以得出以下几点核心要义:

第一,虚拟经济立法确立虚拟经济有限发展法学理论为指导思想。

虚拟经济本身就具有扩张性、高流动性和世界性,虚拟经济过度膨胀就会演变成泡沫经济甚至酿成金融危机、经济危机,不控制其发展很容易造成重大的系统性风险。

虚拟经济进入了国际金融的集成化发展阶段。在经济全球化、一体化的趋势下,发展开放经济已成为各国的主流倾向与明智选择。遵循世界经济发展大趋势,我国正紧密锣鼓地构建开放型经济新体制。但在开放经济条件下,我国虚拟经济需要"走出去",在国际平台上参加竞争与博弈。这既是机遇,也是挑战。尽管我国尚未实质性遭受资本主义经济危机的侵袭,但

---

① 胡光志、张军:《弱势群体的经济法保护》,《重庆大学学报(社会科学版)》2014 年第 6 期,第 130 页。

是经济全球化与金融市场化的不断推进也会引致"覆巢之下安有完卵"的现实省思。

　　虚拟经济发展的自由只能是相对的而不是绝对的,只能是有管制的而不是放任的,只能是有限的而不是无限的。从根本上讲,包括虚拟经济在内,任何一种经济形式都需要制度的制约,都需要受到制度的规范和限制,不可能无限制的发展和膨胀。法律作为正式性制度,有其特有的优势所在,对于确保虚拟经济有限发展具有不可替代性的功能。虚拟经济的发展需要有其限度以及重视政府干预,在政府适度干预下实现虚拟经济的有限发展。国家应当义不容辞担当起满足虚拟经济有限发展需要的法律制度供给职能。我国正在建设社会主义法治国家,市场经济是法治经济,虚拟经济是在法治框架下运行的。我们应进一步通过立法来规制虚拟经济的自由放任发展,使虚拟经济在满足实体经济需求的范围内安全、有效和可持续发展。

　　虚拟经济立法确立有限发展法学理论为指导思想的历史必然主要在于以下几个方面:虚拟经济决定于实体经济使然;虚拟经济自由放任发展的危害使然;虚拟经济立法的历史演进规律使然。尽管虚拟经济有限发展存在主观与客观上不同维度的衡量标准或指标,但是最根本的衡量标准应是虚拟经济发展是否以实体经济的发展需求为限、以经济安全为限。

　　虚拟经济立法确立虚拟经济有限发展法学理论为指导思想,将虚拟经济装进一个适当的制度笼子里,为其发展提供自由的限度及各种约束条件,从制度层面确保虚拟经济发展以服务实体经济为限、以经济安全为限,实现虚拟经济安全、有效和可持续发展。

　　第二,虚拟经济立法确保虚拟经济发展以服务实体经济为限。

　　虚拟经济的产生、存在与发展都依赖于实体经济的存在与发展。虚拟经济建立在实体经济的基础之上,是实体经济在一定阶段、环境和政策下的具体反映。虚拟经济以为实体经济服务为发展宗旨,以实体经济的发展需求为其发展限度。虚拟经济发展的速度与规模应与实体经济的发展需求相匹配。虚拟经济超越实体经济发展需求的自我循环式发展就会逐步走向异化,甚而引发金融危机、经济危机。我们要吸取教训,审视自身虚拟经济发展,防范"脱实向虚"的风险,实现虚拟经济与实体经济的良性互动和协调发展。

大力发展实体经济,夯实作为虚拟经济基础的实体经济根基。历史已经证明,实体经济伴随着人类的始终,与人类文明总是有着一荣俱荣、一损俱损的关系。回归实体经济本位才是经济安全健康发展的正途。实体经济不断发展壮大,虚拟经济才有存在的实质意义和发展的更大空间。改革开放以来,我国经济发展取得巨大成就,从根本上说是得益于实体经济这块"基石"。我国坚持实体振兴路线,充分、有效地发挥政府的引导与干预职能,我国经济走出了一条不同于其他国家或地区的特色道路,这在客观上保证了我国经济的平稳运行。

虚拟经济不能盲目过度发展,不能以自我为中心任意发展,而是相对于实体经济的有限发展。虚拟经济过度发展是单纯通过经济虚拟化的提速催生出经济的虚假繁荣,背离虚拟经济与实体经济的耦合规律,对经济社会安全造成潜在冲击。虚拟经济基于虚拟经济自身的从属性、寄生性、偏离性、投机性、高风险性、风险传导性以及经济危机的诱发性和破坏性等特点,虚拟经济必须实现有限发展。虚拟经济的发展应当放在虚拟经济立法所编织的一个适当的制度笼子里,为其发展提供自由的限度及各种约束条件,这就需要积极建立相应的法律机制确保虚拟经济的有限发展。

虚拟经济立法确立虚拟经济有限发展法学理论为指导思想,从制度层面确保虚拟经济发展以服务实体经济为限。我国虚拟经济立法逐步形成了虚拟经济应服务实体经济的基本共识,建立相应的法律机制确保虚拟经济相对于实体经济的有限发展。虚拟经济因实体经济而生,以实体经济的发展需求为其发展限度,以为实体经济服务为发展宗旨。正是基于此共识上进行相关法律制度设计,使得我国的实体经济发展得到最大限度的保障,同时大大降低了虚拟经济风险。当然,这还需要进一步加强虚拟经济领域正式性法律制度建设,促进虚拟经济领域法律治理体系的现代化,从制度层面确保虚拟经济的有限发展。

第三,虚拟经济立法确保虚拟经济发展以经济安全为限。

从世界范围而言,虚拟经济自由放任发展带来了深刻的历史教训及其对未来发展的警示。自由主义思想与自由经济理论在多数发达国家市场经济体系中处于举足轻重的地位。这映射到国家制度层面表现为对虚拟经济的发展采取不干涉主义和自由放任的姿态。虚拟经济立法规制虚拟经济自由放任发展的缺位或滞后是产生危机的法律原因。这在一定程度上促进了虚拟经济的过度发展。当然,造成危机的因素很多,但虚拟经济过度发展是造成危机的重要原因。

虚拟经济的发展不能只依靠市场的自生自发秩序而自由放任式发展,还需要发挥政府的干预功能。对虚拟经济自由放任发展的规制,需要通过正式的虚拟经济法律制度安排,借助国家干预才能有效完成。虚拟经济要实现有限发展,就需要充分发挥市场这只"看不见的手"和政府这只"看得见的手"协同作用,同时通过法治化划清这两只手发挥自身作用的着力点与着力范围。这也正是由于我国政府与市场有效配合的强大优势,1949年以来,我国不但没有发生过金融危机、经济危机,而且在其他国家或地区多次发生的金融危机、经济危机下,我国还能保障自身经济稳定,免受较大冲击。虚拟经济立法必须以整个经济的运行安全为根本目标,为虚拟经济的发展提供自由的限度及各种约束条件,保障虚拟经济安全、有效和可持续发展。

虚拟经济运行的核心和关键在于防范和化解虚拟经济风险。虚拟经济立法的每一次重大变革与发展,基本是在金融危机、经济危机给经济社会造成严重破坏为代价后进行的,也就是说虚拟经济法律制度防范虚拟经济风险的作用尚未充分发挥出来。我国应当放眼世界、立足国情,不断完善虚拟经济风险防范和化解法律机制,达成"防患于未然",扼杀风险于萌芽状态;实现"兵来将挡,水来土掩"的危机应对态势。

虚拟经济与实体经济共同构成整个经济系统,不但存在相互依存、相互影响的一面,而且也有相互冲突与矛盾的一面。针对经济危机中出现的虚拟经济发展过度、虚拟经济与实体经济失衡问题应当寻求法律层面问题的常态化应对,而这也是历次经济危机后各国政府与国际社会采取的必然措施。虚拟经济安全立法的目标着重于协调和解决虚拟经济与实体经济在发展过程中出现的冲突与矛盾,从而规范虚拟经济运行,防范与化解虚拟经济风险,降低金融危机、经济危机发生频率,减轻金融危机、经济危机的危害程度。

虚拟经济立法的核心价值应当是虚拟经济的安全,这也契合了虚拟经济立法的意旨。虚拟经济立法的安全价值具体由虚拟经济立法中的虚拟经济市场主体法律制度、虚拟经济市场规制法律制度、虚拟经济宏观调控法律制度、虚拟经济风险防控法律制度等加以实现。虚拟经济立法确立有限发展法学理论为指导思想,以整个经济的运行安全为根本目标,为虚拟经济的发展提供自由的限度及各种约束条件,保障虚拟经济安全、有效和可持续发展。

结　语

　　历史是一面镜子，以史为鉴。总结虚拟经济立法经验，吸取虚拟经济立法教训，认识虚拟经济是谁，虚拟经济从哪里来，虚拟经济要到哪里去，才能更好地进行虚拟经济立法。虚拟经济立法确立有限发展法学理论为指导思想，从制度层面确保虚拟经济发展以服务实体经济为限、以经济安全为限。

　　虚拟经济是指以虚拟资本交易活动为中心而形成的，与实体经济相对的以金融证券市场为核心的经济形态。虚拟经济盈利机制不同于实体经济。虚拟资本不经过实体经济循环，不参与生产与再生产过程，而是在货币市场、资本市场以金融系统为主要依托，通过股票、债券、期货和金融衍生品等虚拟产品交易获得盈利。虚拟经济的产生与发展是不以人的主观意志为转移的实体经济发展的历史必然。虚拟经济的发展经过闲置货币的资本化、生息资本的社会化、有价证券的市场化发展阶段后，进入了国际金融的集成化发展阶段。

　　这是一个世界格局大变迁，挑战与机遇并存的时代。时代的变迁往往超出人们预期而无情地碾压既有法律的预设。市场经济是法治经济，虚拟经济是市场经济的最高表现形态。因此，虚拟经济应当是一种高度法治化的经济。法律作为正式性制度安排，以其独特的魅力能够更好地为虚拟经济的发展保驾护航。我们必须适应时代的需要，做好充分的理论与法制准备，通过科学合理的法律制度设计，确保我国虚拟经济的安全、有效和可持续发展。

回顾历史,将目光投向历史的深处,通过对域外主要国家以及我国虚拟经济立法的历史考察,找寻虚拟经济立法的历史演进规律,总结虚拟经济立法的历史经验,吸取虚拟经济立法的历史教训,发现虚拟经济立法确立有限发展法学理论为指导思想的历史必然。

一、虚拟经济立法的历史经验

历史经验:虚拟经济立法是促进虚拟经济发展的有力保障。

虚拟经济是实体经济发展到一定历史阶段回应实体经济发展需求而产生的,其形成并非一蹴而就。随着虚拟经济的发展和独立经济形态的最终形成,作为上层建筑的法律受变革的经济的影响而产生回应,有关虚拟经济的立法也就应运而生。

虚拟经济发展需要制度支撑,尤其是作为正式性制度的法律。我国正在建设社会主义法治国家,市场经济是法治经济,虚拟经济是在法治框架下运行的。虚拟经济法律制度建立虚拟经济活动的规范机制。虚拟经济立法是对虚拟经济自然运行状态下的规则的一种法律化,以正式性规范形式明确虚拟经济交易主体资格,规定交易主体的权利与义务,界定虚拟资产交易范围与条件,制定虚拟经济交易程序与规则,构建虚拟经济纠纷解决机制等。虚拟经济法律规范安排市场交易关系、服务关系、监管关系等虚拟经济领域内的具体社会关系,给虚拟经济运行提供行为模式,从制度上规范虚拟经济活动,防控虚拟经济风险,保障市场良好秩序,化解虚拟经济纠纷,维护投资者权益。由此,从事虚拟经济活动的主体便有了活动的指南与前行的航标,最大限度避免人们盲目行事、各行其道的混乱局面,从而保证虚拟经济的规范操作与正常运行。

虚拟经济运行的核心和关键在于防范和化解虚拟经济风险。通过进一步完善和构建风险防范和化解法律制度,达成“防患于未然”,扼杀风险于萌芽状态;实现“兵来将挡,水来土掩”的危机应对态势。顺应经济国际化发展趋势,构建开放型经济体系,我们必须用法律的形式规范与保障虚拟经济发展,防范与化解虚拟经济风险,促进虚拟经济安全、有效和可持续发展。

我国通过虚拟经济立法构建了一些鼓励虚拟经济发展的主动型激励机制,在一定程度上排除或者变革了限制虚拟经济发展的制度,在一定范围内促进了我国虚拟经济发展。开放经济体制对虚拟经济的运行提出了特殊的要求,而虚拟经济的健康发展和运行安全又离不开法治的保障。虚拟经济运行中的市场不完全、信息不对称、外部性等市场弊端,都需要借助国家的经济干预法律制度予以克服,例如,建立强制信息披露制度,增强市场信息的清澈程度,打造良好的市场竞争秩序;建立虚拟经济宏观调控制度,控制虚拟经济发展速度与规模,确保与实体经济协调发展;建立国家监管制度,防控内幕交易、欺诈客户、过度投机、市场操纵,确保虚拟经济健康发展,等等。虚拟经济运行必须依赖虚拟经济法律规范的维系。

国家不能仅充当"守夜人"的角色,应当义不容辞地担当起实现虚拟经济有限发展的法律制度供给职能,积极运用政府这只"看得见的手"对虚拟经济进行适度干预。虚拟经济要实现有限发展,就需要充分发挥市场这只"看不见的手"和政府这只"看得见的手"的协同作用,同时通过法制化划清这两只手发挥自身作用的着力点与着力范围。正是由于我国政府与市场有效配合的强大优势,使得我国自 1949 年以来不但没有发生过金融危机、经济危机,而且在其他国家或地区多次发生的金融危机、经济危机下,我国还能保障自身经济稳定,免受较大冲击。

日益成熟和健全的虚拟经济立法体系成为促进虚拟经济发展的有力保障。虚拟经济法律制度是虚拟经济的调整器、减震器与安全阀,为虚拟经济健康发展保驾护航。虚拟经济法律制度确认和规范虚拟经济的发展;虚拟经济法律制度防范和化解虚拟经济的风险。虚拟经济立法不仅是确认法、激励法与规范法,更重要的还是保障法。

二、虚拟经济立法的历史教训

历史教训:虚拟经济立法规制虚拟经济自由放任发展的缺位或滞后。

从世界范围来看,由于金融自由化的推动,特别是20世纪70年代布雷顿森林体系解体,促成了黄金非货币化,虚拟经济发展驶入了快车道,虚拟经济发展速度加快。虚拟经济作为一种与实体经济相关联并独立于实体经济的经济形态,其在股票市场、外汇市场、债券市场的规模日渐扩张。20世纪70年代以来,随着金融管制的逐渐放松和金融业竞争的日益激化,金融产品创新蓬勃发展,在传统金融产品基础上衍生了期权、期货合约、指数期权、指数期货合约等一系列新的金融产品。21世纪以后,在金融自由化与科技信息化的助推下,虚拟经济发展势头进一步增强,虚拟经济在社会经济结构中的占比已经大大超越实体经济。

立法规制虚拟经济自由放任发展的缺位或滞后在一定程度上促成了虚拟经济的过度发展。世间万事万物的发展应控制在其自身发展规律与需求的一个度,过犹不及。历史上危机的发生很大程度上是虚拟经济过度发展所致。虚拟经济过度发展带来了深刻的历史教训及其对未来发展的警示。前车之鉴,可以使我国虚拟经济发展防患于未然,以免重蹈覆辙。

虚拟经济犹如一把双刃剑,对实体经济作用具有双重性。适度发展的虚拟经济能够促进资金集中与资本优化配置,引导资源要素合理流动,规避与分散风险,对实体经济的健康、快速发展具有积极的促进作用。过度发展的虚拟经济扭曲资源配置方式,降低资源配置效率,甚而引发金融危机、经济危机,对实体经济发展产生消极的阻碍作用。

虚拟经济系统实现价值增殖较之实体经济系统有其特殊性,资本在虚拟经济系统中可以不经实际生产过程而完成价值增殖,即"以钱生钱"的活动。虚拟经济过度发展呈现虚拟经济繁荣假象,在所谓虚拟经济领域投资时限短与回报率高的诱导下,本应投入实体经济领域的资本却反向流入到虚拟经济领域,造成实体经济肌体"缺血",严重影响实体经济的健康发展。

虚拟经济与实体经济是辩证统一的关系,既存在明显的共生关系,也存在相互冲突的情形,这就需要通过制度尤其是正式性法律制度来协调二者之间的关系。从立法视角探析虚拟经济发展的制度供给,把握规制虚拟经济过度发展的制度变迁的规律和未来走向,对进一步完善虚拟经济的制度供给具有十分重要的意义。

虚拟经济超越甚至脱离了实体经济的发展,呈现过度虚拟化,危机的出现成为必然。虚拟经济的发展中主要经历了以下危机:1715 年法国的密西西比股市狂潮和 1720 年英国的南海股市风波;1929—1933 年经济危机;1998 年东南亚金融危机;2008 年美国次贷危机引发的全球金融危机;等等。虚拟经济立法规制虚拟经济自由放任发展的缺位或滞后是产生危机的法律原因。

就政府与市场关系,资本主义国家对自由主义的憧憬远远多过干预主义的希冀。在虚拟经济发展过程中,过度依赖市场的自我调节功能,未能充分重视政府宏观调控与市场规制的干预功能,是西方国家在经济危机中深受其害的主要原因。虚拟经济的自由放任式发展在短时期内会带来经济的高速发展与短期繁荣,但同时放任了对市场风险的管控,风险累积到一定程度迟早会反向抑制虚拟经济及整体经济发展。

虚拟经济本身并无好坏之分。金融危机、经济危机的发生并不是虚拟经济本身的错,而是没有充分发挥好制度优势来掌控好虚拟经济发展的度。因此,我们也不应谈"虚"色变、因噎废食,毕竟实体经济的发展也需要虚拟经济的支持。不过,虚拟经济不能自顾自地走出"六亲不认"的步伐,虚拟经济与实体经济两条腿要协调前行,才能走得更加稳健。

金融危机、经济危机的教训已证实:虚拟经济发展的自由只能是相对的而不是绝对的,只能是有管制的而不是放任的,只能是有限的而不是无限的。虚拟经济立法历史怪圈的破解:虚拟经济立法确立虚拟经济有限发展法学理论为指导思想,从制度层面确保虚拟经济发展以服务实体经济为限、以经济安全为限。

虚拟经济发展需要国家干预,不能完全依靠市场调节。当然,国家干预是适度干预,过犹不及,过多或过少干预均不利于虚拟经济发展。我国的虚拟经济市场在不断扩大,我们要吸取发达国家特别是美国经济虚拟化的教训,在国家适度干预下实现虚拟经济的有限发展,从而促进我国整体经济发展不断迈上新的台阶。

三、虚拟经济立法的历史怪圈

历史怪圈:放任—管制—再放任—再管制。

从虚拟经济立法的历史演进来看,虚拟经济立法陷入了这样的一个历史怪圈:自由放任的虚拟经济立法—虚拟经济过度发展—孕育、爆发经济危机—限制干预的虚拟经济立法—虚拟经济发展受限—制约实体经济发展—自由放任的虚拟经济立法。美国是市场经济发达国家,美国虚拟经济具有代表性。以美国为例考察虚拟经济立法的历史怪圈:虚拟经济自由放任式发展—1929 至 1933 年经济危机—在凯恩斯国家干预主义下逐渐摆脱虚拟经济自由化趋势—第二次世界大战过后尤其是冷战之后虚拟经济的自由化导向—2008 年次贷危机。

从虚拟经济立法的这一历史怪圈可以看出:第一,虚拟经济立法的历史教训:虚拟经济立法规制虚拟经济自由放任发展的缺位或滞后是产生危机的法律原因。这在一定程度上促进了虚拟经济的过度发展。虚拟经济过度发展是产生危机的重要原因。第二,虚拟经济立法主要是被动型与回应型立法。虚拟经济立法的每一次重大变革与发展,基本是在金融危机、经济危机给经济社会造成严重破坏为代价后进行的,也就是说虚拟经济法律制度防范虚拟经济风险的作用尚未充分发挥出来。

形成虚拟经济立法的这一历史怪圈的法律制度原因:虚拟经济立法没

有确立有限发展法学理论为指导思想,没能从制度层面确保虚拟经济发展以服务实体经济为限、以经济安全为限。具体而言:①虚拟经济立法没有完全实现虚拟经济相对于实体经济的有限发展。虚拟经济因实体经济而生,以实体经济的发展需求为其发展限度,以为实体经济服务为其发展宗旨。但虚拟经济发展速度与规模却超过了实体经济发展需求这一必要限度,孕育、爆发了金融危机、经济危机,反向制约实体经济的发展。②自由主义思想与自由经济理论在多数发达国家市场经济体系中处于举足轻重的地位。这映射到国家制度层面表现为对虚拟经济的发展采取不干涉主义和自由放任的姿态。虚拟经济立法不出所料地坚持"政府充当守夜人""最少的监管就是最好的监管"的信条,过度重视市场这只"看不见的手",忽视政府这只"看得见的手",没有发挥出"两手抓、两手都要硬"的作用,造成虚拟经济立法规制虚拟经济自由放任发展的缺位或滞后。

政府理应对虚拟经济市场进行适度干预,确保虚拟经济运行安全。虚拟经济监管将为虚拟经济构织安全网来防范系统性风险,是确保虚拟经济稳健运行的一道不可替代性防线。在"安全+稳定"的基础上构筑"竞争+效率"的虚拟经济体系和监管制度,不断增强抗风险能力,切实维护虚拟经济稳健运行,确保经济安全稳如泰山,从而破解"一管就死、一放就乱"的困局。但由于各国国情差异性、虚拟经济复杂性以及国内外经济发展变动性,没有放之四海皆准的固定监管理念与模式可以直接遵循与适用。我国应当放眼世界、立足国情,不断完善虚拟经济监管法律机制,从制度层面为虚拟经济的稳健运行遮风挡雨。

四、虚拟经济立法的历史必然

历史必然:虚拟经济立法确立虚拟经济有限发展法学理论为指导思想。

虚拟经济有限发展法学理论,是指在开放经济条件下根据虚拟经济自身运行规律,从法律自身的宗旨和价值出发,主张法律在保障虚拟经济发展的同时,为预防与克服其负面效应,保障其运行安全和可持续发展,而将其置于法律约束下的安全范围内运行的一种法学思想。

虚拟经济立法确立虚拟经济有限发展法学理论为指导思想,这是历史的必然:虚拟经济决定于实体经济使然;虚拟经济自由放任发展的危害使然;虚拟经济立法的历史演进规律使然。

虚拟经济的产生、存在与发展依赖于实体经济的存在与发展。虚拟经济与实体经济是辩证统一的关系,既存在明显的共生关系,也存在相互冲突的情形,在现代经济社会结构中"谁也离不开谁"。在经济新常态条件下,既要发挥虚拟经济有限发展带来的正效应,又要遏制虚拟经济过度发展带来的负效应。虚拟经济的发展速度与规模应当与实体经济相匹配,在满足实体经济发展需求的范围内有限发展,以为实体经济服务为其发展宗旨,从而实现与实体经济的良性互动和协调发展。

发展开放经济已成为各国的主流倾向与明智选择。遵循世界经济发展大趋势,我国正紧锣密鼓地构建开放型经济新体制。开放经济条件下我国虚拟经济走向更加开放的全球一体化的虚拟经济大市场。实体经济是虚拟经济的基础,实体经济不断发展壮大,虚拟经济才有更大的发展空间和更大的存在意义。经济发展不能"脱实向虚",否则会"虚脱"。实体经济犹如虚拟经济发展的大树之根、房屋之基。虚拟经济发展要依赖实体经济发展这一坚实根基,发展壮大实体经济,形成一片汪洋大海,而不是一个小池塘,狂风骤雨后,小池塘会被掀翻,但大海依然在那里。

虚拟经济立法应当以整体经济的运行安全为根本目标,将虚拟经济装进一个适当的制度笼子里,为其发展提供自由的限度及各种约束条件,从而确保虚拟经济安全、有效和可持续发展。

虚拟经济安全立法目标着重于协调与解决虚拟经济与实体经济发展过程中的冲突与矛盾。虚拟经济与实体经济共同构成整个经济系统,不但存在相互依存、相互影响的一面,而且有相互冲突与矛盾的一面。虚拟经济立法既要保证虚拟经济的发展,又要保证不排斥、不阻碍、不损害实体经济的发展。

虚拟经济背离实体经济发展需求进行自我循环式过度发展,就会出现所谓的泡沫问题,反而会制约实体经济的发展。无数的事例昭示我们,如果放任虚拟经济中系统性风险的星星之火,其成燎原之势的金融危机、经济危机势在必然。

虚拟经济不能盲目过度发展,不能以自我为中心任意画圆式发展。虚拟经济发展要以实体经济为圆心、以满足实体经济发展需求为半径进行画圆式发展。虚拟经济包含证券、期货、银行、金融衍生品等板块,其在不同板块划出虚拟经济发展不同大小的圆。不同板块画出圆的大小是不同的,同一板块在不同时期划出圆的大小也是不同的。

虚拟经济增长速度与发展规模严重超过实体经济发展需求时,就会阻碍实体经济发展,就有可能引发金融危机、经济危机。虚拟经济立法确立虚拟经济有限发展法学理论为指导思想,通过完善虚拟经济法律规范,加强虚拟经济监管,最终防范虚拟经济风险。我国虚拟经济立法逐步形成了虚拟经济应服务实体经济的基本共识。正是基于此共识上进行相关法律制度设计,我国的实体经济发展才得到最大限度的保障,同时大大降低了虚拟经济风险。

历史源远流长,人类活动生生不息。人类既往的经济史可谓是一部实体经济的发展史。实体经济涉及基本的民生,支撑着百姓的衣食住行;实体经济也涉及国力,关系到国家的长治久安。历史已经证明,实体经济伴随着人类的始终。有人类社会,就必然有实体经济;如果没有实体经济,人类社会也就会失去赖以存在的物质基础。可见,发展实体经济是人类经济活动的根基与主旋律,这是人类从古至今和未来都必须从事的经济活动,是人类一切历史发展的前提条件。

纵观虚拟经济的发展,虚拟经济起源于实体经济,虚拟经济依托于实体经济。实体经济是虚拟经济产生、存在和发展的基础。虚拟经济因实体经济的发展需求而生，以实体经济的发展需求为其发展限度，以为实体经济服务为其宗旨。虚拟经济法律制度应当以保障虚拟经济的安全、有效和可持续发展为根本宗旨，为虚拟经济的发展提供边界、轨道和交通规则。

回顾历史，总结经验，吸取教训。历史经验：虚拟经济立法是促进虚拟经济发展的有力保障。历史教训：虚拟经济立法规制虚拟经济自由放任发展的缺位或滞后。

展望未来，一起向未来。历史长河滚滚向前，虚拟经济立法从自由放任到有限发展的历史演进，是法律史乃至经济史、人类史前行的一种必然。可以说，确立虚拟经济有限发展法学理论为指导思想，确保虚拟经济发展以服务实体经济为限、以经济安全为宗旨的经济法治时代，正迎面向我们走来。

参考文献

一、中文类参考文献

(一) 著作类

[1]伊曼纽尔·N.鲁萨基斯:《金融自由化与商业银行管理》,谭兴民译,中国物价出版社,1992。

[2]《晏子春秋·内篇杂下》,载潘伟杰、侯健、史大晓《当代中国马克思主义法学研究》,上海人民出版社,2019。

[3]E·博登海默:《法理学:法哲学与法律方法》,邓正来译,中国政法大学出版社,1987。

[4]艾伦·加特:《管制、放松与重新管制》,陈雨露、王智洁、蔡玲译,经济科学出版社,1999。

[5]白钦先主编《发达国家金融监管比较研究》,中国金融出版社,2003。

[6]詹姆斯·M.布坎南:《自由市场和国家》,吴良健译,北京经济学院出版社,1985。

[7]陈共等主编《证券与证券市场》,中国人民大学出版社,1996。

[8]陈红:《开放经济条件下的金融监管与金融稳定》,中国金融出版社,2014。

[9]陈文飞:《期货犯罪透视》,法律出版社,1998。

[10]陈泽峰:《金融创新与法律变革》,法律出版社,2000。

[11]成思危:《虚拟经济概览》,科学出版社,2016。

[12]成思危:《虚拟经济论丛》,民主与建设出版社,2003。

[13]程燎原、江山:《法治与政治权威》,清华大学出版社,2001。

[14]黄震、邓建鹏:《互联网金融法律与风险控制》,机械工业出版社,2017。

[15]范永进、强纪英:《回眸中国股市》,上海人民出版社,2001。

[16]弗兰克·J.法博齐,弗兰科·莫迪利亚尼,弗兰克·J.琼斯:《金融市场与金融机构基础》,孔爱国等译,机械工业出版社,2014。

[17]弗雷德里克·S.米什金:《货币金融学》,郑艳文,荆国勇译,中国人民大学出版社,2011。

[18]符启林:《中国证券法律制度研究》,法律出版社,2000。

[19]付强:《虚拟经济论》,中国财政经济出版社,2002。

[20]高鑫:《虚拟经济视角下的金融危机研究》,人民出版社,2015。

[21]弗里德里希·冯·哈耶克:《自由秩序原理》,邓正来译,生活·读书·新知三联书店,1997。

[22]侯书生:《中外政府金融监管比较》,国家行政学院出版社,2012。

[23]胡代光:《西方经济学说的演变及其影响》,北京大学出版社,2001。

[24]胡光志:《内幕交易及其法律控制研究》,法律出版社,2002。

[25]单飞跃、卢代富等:《需要国家干预:经济法视域的解读》,法律出版社,2005。

[26]胡光志:《虚拟经济及其法律制度研究》,北京大学出版社,2007。

[27]胡光志等:《中国预防与遏制金融危机对策研究:以虚拟经济安全法律制度建设为视角》,重庆大学出版社,2012。

[28]黄达:《金融学(精编版)》,中国人民大学出版社,2004。

[29]杰瑞·马克汉姆:《美国金融史(第二卷)》,高凤娟译,中国金融出

版社,2018。

[30]卡尔·波兰尼:《大转型:我们时代的政治与经济转型》,冯钢、刘阳译,浙江人民出版社,2007。

[31]凯恩斯:《就业、利息和货币通论》,徐毓枬译,商务印书馆,1998。

[32]科斯:《企业、市场与法律》,盛洪、陈郁译,上海人民出版社,2009。

[33]李昌麒:《经济法:国家干预经济的基本法律形成》,四川人民出版社,1995。

[34]李昌麒:《经济法理念研究》,法律出版社,2009。

[35]李多全:《虚拟经济基本问题研究》,经济日报出版社,2015。

[36]李其瑞等:《马克思主义法治理论中国化70年》,中国法制出版社,2019。

[37]陆泽峰:《金融创新与法律变革》,法律出版社,2000。

[38]梁治平:《论法治与德治》,九州出版社,2020。

[39]刘骏民:《从虚拟资本到虚拟经济》,知识产权出版社,2020。

[40]罗伯特·席勒:《新金融秩序》,束宇译,中信出版社,2014。

[41]吕琰、林安民:《金融法基本原理与实务》,复旦大学出版社,2010。

[42]马淮:《虚拟经济运行研究》,新华出版社,2014。

[43]马君潞:《金融自由化:原由、历程、影响与前景》,中国金融出版社,1999。

[44]马克思:《资本论(第三卷)》,郭大力、王亚楠译,人民出版社,1975。

[45]纳赛尔·赛博:《投机资本》,齐寅峰、古志辉译,机械工业出版社,2002。

[46]宁晨新、刘俊海:《规范的证券市场》,贵州人民出版社,1995。

[47]尚金峰:《开放条件下的金融监管》,中国商业出版社,2006。

[48]邵燕:《虚拟经济与中国资本市场的发展》,中国市场出版社,2006。

[49]盛学军等:《全球化背景下的金融监管法律问题研究》,法律出版社,2008。

[50]石俊志:《金融危机生成机理与防范》,中国金融出版社,2001。

[51]斯坦利·布德尔:《变化中的资本主义:美国商业发展史》,郭军译,中信出版社,2013。

[52]宋海、任兆璋:《金融监管理论与制度》,华南理工大学出版社,2006。

[53]宋杰:《中国货币发展史》,首都师范大学出版社,1999。

[54]苏珊·斯特兰奇:《赌场资本主义》,李红梅译,社会科学文献出版社,2000。

[55]王全兴、管斌:《经济法与经济民主》,中国经济法学精萃,机械工业出版社,2003。

[56]王曙光:《金融自由化与经济发展》,北京大学出版社,2003。

[57]王霄燕:《规制与调控:五国经济法历史研究》,新华出版社,2007。

[58]王效文:《公司法(实用法律丛书)》,商务印书馆,1936。

[59]王勇等:《社会治理法治化研究》,中国法制出版社,2019。

[60]王志华:《中国近代证券法》,北京大学出版社,2005。

[61]巫文勇:《期货与期货市场法律制度研究》,法律出版社,2011。

[62]吴于廑、齐世荣主编《世界史·近代史篇(下卷)》,2版,高等教育出版社,2001。

[63]吴志攀、白建军:《海外金融法》,法律出版社,2004。

[64]谢伏瞻:《金融监管与金融改革》,中国发展出版社,2002。

[65]亚当·斯密:《国富论》,唐日松译,华夏出版社,2005。

[66]亚当·斯密:《国民财富的性质和原因的研究》,郭大力、王亚南译,商务印书馆,2008。

[67]杨秀萍:《金融相对实体经济发展的约束边界理论研究》,中国社

会科学出版社,2016。

[68]殷孟波:《中国金融风险研究》,西南财经大学出版社,1999。

[69]约翰.罗尔斯:《正义论》,何怀宏、何包钢、廖申白译,中国社会科学出版社,2009。

[70]约翰·肯尼斯·加尔布雷斯:《美国资本主义抗衡力量的概念》,王肖竹译,华夏出版社,2008。

[71]张寿民:《外国经济法制史》,华东理工大学出版社,1996。

[72]张维:《金融安全论》,中国金融出版社,2016。

[73]张文显:《二十世纪西方法哲学早期研究》,法律出版社,1996。

[74]张亦春等:《中央银行与货币政策》,厦门大学出版社,1990。

[75]张宇润:《货币的法本质》,中国检察出版社,2010。

[76]列宁:《列宁全集》,中共中央马克思恩格斯列宁斯大林著作编译局译,人民出版社,1956。

[77]中共中央马克思恩格斯列宁斯大林著作编译局:《马克思恩格斯文集(第五卷)》,人民出版社,2009。

[78]中共中央马克思恩格斯列宁斯大林著作编译局:《马克思恩格斯选集(第二卷)》,人民出版社,2012。

[79]中国银行金融研究所:《中国革命根据地货币》,北京文物出版社,1982。

[80]种明钊:《国家干预法治化研究》,法律出版社,2009。

[81]周林彬:《法律经济学:中国的理论与实践》,北京大学出版社,2008。

[82]朱崇实主编《金融法教程》,法律出版社,2005。

[83]朱民:《改变未来的金融危机》,中国金融出版社,2009。

[84]庄少绒:《中西方金融法治演进研究》,吉林大学出版社,2009。

（二）论文类

[1]艾米·法伯、蒋敏杰:《历史的回响:密西西比泡沫》,《金融市场研究》2013 年第 7 期。

[2]白钦先:《20 世纪金融监管理论与实践的回顾和展望》,《城市金融论坛》2000 年第 5 期。

[3]曾婕:《虚拟经济演进机制研究》,浙江大学硕士论文,2009。

[4]车亮亮:《论美国金融危机的法律成因及启示》,《当代法学》2010 年第 4 期。

[5]陈华:《股灾一周年:教训反思与政策建议》,《中国发展观察》2016 年第 13 期。

[6]陈凯:《试析美国经济从"虚拟"到"实体"的调整与协同发展》,《财经问题研究》2011 年第 8 期。

[7]陈祖华、朱庆仙:《金融全球化与经济虚拟化》,《生产力研究》2006 年第 7 期。

[8]成九雁、朱武祥:《中国近代股市监管的兴起与演变:1873—1949 年》,《经济研究》2006 年第 12 期。

[9]成丽敏:《全球虚拟经济膨胀下的金融危机原因探究》,《经济研究导刊》2010 年第 5 期。

[10]成思危:《全球金融危机与中国的对策》,《马克思主义与现实》2009 年第 5 期。

[11]成思危:《虚拟经济的基本理论及研究方法》,《管理评论》2009 年第 1 期。

[12]成思危:《虚拟经济探微》,《管理评论》2005 年第 1 期。

[13]成思危:《虚拟经济与金融危机》,《管理评论》2003 年第 1 期。

[14]崔鸿雁:《建国以来我国金融监管制度思想演进研究》,复旦大学

博士论文,2012。

[15]崔祥龙:《起源、演变及实现:虚拟经济研究》,西南财经大学博士论文,2014。

[16]大卫·科茨:《美国此次金融危机的根本原因是新自由主义的资本主义》,《红旗文稿》2008 年第 13 期。

[17]方洁:《九十年代美国银行改革的重大进展:〈跨州银行法〉》,《Foreign Economics & Management》1995 年第 7 期。

[18]费洪平:《新时代如何振兴实体经济切实筑牢发展根基》,《北京交通大学学报(社会科学版)》2019 年第 3 期。

[19]费利群:《论国际金融垄断资本主义发展新阶段》,《山东社会科学》2010 年第 10 期。

[20]高峰:《论长波》,《政治经济学评论》2018 年第 1 期。

[21]辜胜阻、庄芹芹、曹誉波:《构建服务实体经济多层次资本市场的路径选择》,《管理世界》2016 年第 4 期。

[22]郭琨:《我国虚拟经济发展状况初探》,《广义虚拟经济研究》2015 年第 1 期。

[23]韩龙:《现代金融法品性的历史考察》,《江淮论坛》2010 年第 4 期。

[24]韩洋:《危机以来国际金融监管制度的法律问题研究》,华东政法大学博士论文,2014。

[25]郝静明、张莹:《经济学视角下的金融监管改革》,《经济师》2018 年第 11 期。

[26]何秉孟:《从近百年美国的三次金融立法看"金融自由化"的历史命运》,《国外社会科学》2016 年第 1 期。

[27]何龙斌:《当前美国金融危机与 1929 年金融危机的比较》,《科学对社会的影响》2009 年第 4 期。

[28]何文龙:《经济法的安全论》,《法商研究》1998 年第 6 期。

[29]洪银兴:《虚拟经济及其引发金融危机的政治经济学分析》,《经济学家》2009 年第 11 期。

[30]胡滨、尹振涛:《英国的金融监管改革》,《中国金融》2009 年第 17 期。

[31]胡光志、雷云:《法律制度供给与地方虚拟经济立法问题》,《重庆社会科学》2008 年第 9 期。

[32]胡光志、张军:《弱势群体的经济法保护》,《重庆大学学报(社会科学版)》2014 年第 6 期。

[33]胡光志:《虚拟经济法的价值初探》,《社会科学》2007 年第 8 期。

[34]胡天阳:《我国经济"脱实向虚"现象的成因、影响及对策》,江西财经大学硕士论文,2019。

[35]胡卫星:《论法律效率》,《中国法学》1992 年第 1 期。

[36]胡云祥:《论美国对商业银行管制的重大改革》,《世界经济》1995 年第 4 期。

[37]黄范章:《新形势、新挑战、新手段:实现宏观经济政策的国际合作》,《经济导刊》2009 年第 9 期。

[38]黄瑞玲:《国际金融动荡的虚拟理论的分析》,《赣南师范学院学报》2001 年第 1 期。

[39]黄忠武:《我国虚拟经济的发展研究》,福建师范大学硕士论文,2015。

[40]兰日旭、张永强:《历次经济危机中实体经济与虚拟经济关系的量化分析》,《广东外语外贸大学学报》2011 年第 2 期。

[41]黎四奇:《〈多德—弗兰克华尔街改革和消费者保护法〉之透析及对中国的启示》,《暨南学报(哲学社会科学版)》2012 年第 10 期。

[42]李昌麒:《论经济法语境中的国家干预》,《重庆大学学报(社会科学版)》2008 年第 4 期。

[43]李多全:《虚拟经济基本问题研究》,中共中央党校博士论文,2003。

[44]李凤雨、翁敏:《英国金融监管体制改革立法及对我国的借鉴》,《西南金融》2014 年第 11 期。

[45]李宏宇、田昆、李桦:《虚拟经济与我国金融关系研究》,《经济师》2004 年第 3 期。

[46]李薇辉:《论我国虚拟经济的适度发展》,《上海师范大学学报(哲学社会科学版)》2009 年第 5 期。

[47]李喜莲、邢会强:《金融危机与金融监管》,《法学杂志》2009 年第 5 期。

[48]李小林:《金融监管理念:以金融创新和金融监管的辨证关系为视角》,《吉林金融研究》2013 年第 3 期。

[49]廖湘岳:《我国虚拟经济现状分析及发展对策研究》,《求索》2003 年第 2 期。

[50]林一:《中外期货交易所法律监管制度研究》,大连海事大学硕士论文,2001。

[51]刘畅、郭敏:《金融体系为何如此脆弱:学术界对金融体系脆弱性研究综述》,《人民日报》2010 年 6 月 18 日。

[52]刘大洪、廖建求:《论市场规制法的价值》,《中国法学》2004 年第 2 期。

[53]刘骏民、李晖军:《全球流动性膨胀与经济虚拟化》,《开放导报》2007 年第 2 期。

[54]刘骏民:《经济增长、货币中性与资源配置理论的困惑:虚拟经济研究的基础理论框架》,《政治经济学评论》2011 年第 4 期。

[55]刘晓欣、张艺鹏:《虚拟经济的自我循环及其与实体经济的关联的理论分析和实证检验:基于美国 1947—2015 年投入产出数据》,《政治经济学评论》2018 年第 6 期。

[56]刘哲昕、刘伟:《金融衍生工具的法律解释》,《法学》2006年第3期。

[57]刘忠和:《第三方监管理论:金融监管主体角色定位的理论分析》,吉林大学博士论文,2005。

[58]柳立:《未来全球金融监管的改革防线》,《金融时报》2009年9月18日第8版。

[59]卢代富:《经济法中的国家干预解读》,《现代法学》2019年第4期。

[60]卢达钿:《基于虚拟经济视角的金融危机国际传染机制研究:以次贷危机为例》,暨南大学硕士论文,2010。

[61]卢映西、陈乐毅:《经济脱实向虚倾向的根源、表现和矫正措施》,《当代经济研究》2018年第10期。

[62]鲁篱、熊伟:《后危机时代下国际金融监管法律规制比较研究:兼及对我国之启示》,《现代法学》2010年第4期。

[63]罗培新:《政治、法律与现实之逻辑断裂:美国金融风暴之反思》,《华东政法大学学报》2009年第2期。

[64]马明宇:《美国银行监管法制的几个特色》,《国际金融研究》2003年第12期。

[65]马志刚:《中国近代银行业监理法律问题研究》,中国政法大学博士论文,2001。

[66]聂柳:《中国近代银行监管立法研究》,华南理工大学硕士论文,2010。

[67]潘林伟:《欧美金融监管改革是政府监管的回归与超越》,《经济纵横》2012年第2期。

[68]裴汉青:《我国虚拟经济发展状况及对实体经济的影响》,《经济纵横》2004第3期。

[69]朴英爱、田彪:《〈多德-弗兰克法〉与特朗普政府金融监管改革》,

《亚太经济》2017 年第 5 期。

[70] 乔纳森·泰纳鲍姆、江利娜:《世界金融与经济秩序的全面危机:金融艾滋病》,《经济学动态》1995 年第 11 期。

[71] 盛学军:《法德英证券监管体制研究:以证券监管主体在近代的变迁为线索》,《西南民族大学学报(人文社会科学版)》2006 年第 5 期。

[72] 施春红:《近代中国金融法规研究:以 1931 年、1947 年颁布的〈银行法〉为例》,东华大学硕士论文,2012。

[73] 石溪:《我国〈期货法〉的立法选择与总体构想》,四川师范大学硕士论文,2015。

[74] 宋承国:《中国期货市场的历史与发展研究》,苏州大学博士论文,2010。

[75] 孙时联、刘骏民、张云:《金融危机将严重削弱美国的经济地位》,《红旗文稿》2009 年第 9 期。

[76] 孙天琦、张晓东:《美国次贷危机:法律诱因、应法解危及其对我国的启示》,《法商研究》2009 年第 2 期。

[77] 田东奎:《论革命根据地的证券法律制度》,《政法学刊》2004 年第 3 期。

[78] 涂永前:《美国金融监管的制度变迁及新改革法案的影响》,《社会科学家》2012 年第 2 期。

[79] 王红霞:《作为契机的危机:制度变迁视域下的"大萧条"之于经济法》,《政法论坛(中国政法大学学报)》2012 年第 5 期。

[80] 王静:《美国金融危机的根源及教训》,《党政干部文摘》2008 年第 11 期。

[81] 王青:《"脱实向虚"风险防范与推进市场化改革》,《改革》2017 年第 10 期。

[82] 王守义、陆振豪:《以虚拟经济促进我国实体经济发展研究》,《经

济学家》2017 年第 8 期。

[83] 王伟：《国家金融安全法治体系研究：逻辑生成与建构路径》，《经济社会体制比较》2016 年第 4 期。

[84] 王娴、王亚山：《西方国家的证券立法》，《中外法学》1994 年第 1 期。

[85] 王志刚：《次贷危机的特征、成因与启示》，《中国金融》2008 年第 24 期。

[86] 王志华：《略论中国近代证券立法》，《江西财经大学学报》2004 年第 6 期。

[87] 吴佳菁：《次贷危机的原因分析及对我国的启示》，华东师范大学硕士论文，2008。

[88] 吴秋璟：《虚拟经济制度与结构变迁的研究》，复旦大学博士论文，2004。

[89] 吴燕：《论 90 年代中期美国银行监管体制改革》，《经济评论》1999 年第 4 期。

[90] 吴易风、王晗霞：《克鲁格曼论金融危机、经济危机和自由市场原教旨主义》，《中国人民大学学报》2009 年第 5 期。

[91] 吴云、张涛：《危机后的金融监管改革：二元结构的"双峰监管"模式》，《华东政法大学学报》2016 年第 3 期。

[92] 肖欣荣、伍永刚：《美国利率市场化改革对银行业的影响》，《国际金融研究》2011 年第 1 期。

[93] 徐璟娜：《美国次贷危机的成因、影响与中国的应对思路》，《中国海洋大学学报（社会科学版）》2010 年第 1 期。

[94] 徐诺金：《金融监管理念的新变化：从控制风险到隔离风险》，《金融时报》2001 年 8 月 18 日。

[95] 许鹏：《中国虚拟经济发展现状及对策研究》，河北师范大学硕士

论文,2008。

[96]宣蓓:《国际虚拟经济立法规制问题研究》,南京财经大学硕士论文,2009。

[97]薛海舟、赵薇:《中美金融业经营和监管体制的比较分析及启示:以金融危机和资产证券化为视角》,《宏观经济研究》2014年第2期。

[98]严建红:《衍生金融工具在我国前景如何?:"327"事件留下的思考》,《新金融》1995年第5期。

[99]杨凤鸣、薛荣久:《加入WTO与中国"开放型经济体系"的确立与完善》,《国际贸易》2013年第11期。

[100]杨琳:《虚拟经济与实体经济》,中国社会科学院博士论文,2001。

[101]杨薇:《浅析中国金融经营模式的发展趋势:从美国金融经营模式的转变看中国金融业走向》,《当代经济》2006年第14期。

[102]杨洋:《中国制造业脱实向虚倾向研究:基于沪深A股上市公司的数据》,东北师范大学硕士论文,2019。

[103]叶祥松:《从马克思的虚拟资本理论到现代虚拟经济》,《学术研究》2013年第6期。

[104]叶小青:《新〈证券法〉拓宽证券市场发展空间:新〈证券法〉政策解读》,《天津市财经管理干部学院学报》2006年第2期。

[105]尹振涛:《中国近代证券市场监管的历史考察:基于立法与执法视角》,《金融评论》2012年第2期。

[106]余绍山、陈斌彬:《从微观审慎到宏观审慎:后危机时代国际金融监管法制的转型及启示》,《东南学术》2013年第3期。

[107]虞瑾:《论我国银行法体系的演进:兼论银行公法与银行和法的有关问题》,华东政法大学博士论文,2009。

[108]张国庆、刘骏民:《金融危机与凯恩斯主义的全面回归:兼论对中国的政策启示》,《南京社会科学》2009年第9期。

[109]张健:《近代西欧历史上的泡沫事件及其经济影响》,《世界经济与政治论坛》2010 年第 4 期。

[110]张军:《完善我国农村金融监管法律制度的几个重要问题》,《农业经济》2016 年第 11 期。

[111]张军:《我国农产品期货监管法律制度的完善》,《农业经济》2018 年第 1 期。

[112]张前程:《虚拟经济对实体经济的非线性影响:"相生"抑或"相克"》,《上海经济研究》2018 年第 7 期。

[113]张婷:《经济危机中的政府作为研究:以美国和欧洲为例》,山东大学博士论文,2015。

[114]张雪兰、何德旭:《次贷危机之后全球金融监管改革的趋势与挑战》,《国外社会科学》2016 年第 1 期。

[115]张烨:《美国证券市场投资者保护立法的历史演进及对我国的启示》,《现代财经(天津财经大学学报)》2008 年第 5 期。

[116]张忠军:《论金融法的安全观》,《中国法学》2003 年第 4 期。

[117]郑仁木:《民国时期证券业的历史考察》,《史学月刊》1998 年第 3 期。

[118]周莹莹、刘传哲:《防范我国虚拟经济过度背离实体经济的预警构架》,《求索》2013 年第 1 期。

[119]朱宏传:《美国期货市场法律制度的启示》,《上海综合经济》1995 年 S2 期。

[120]朱吉玉:《发展实体经济遏制虚拟经济膨胀　保障我国经济安全》,《牡丹江大学学报》2012 年第 7 期。

[121]朱伟骅:《虚拟经济与实体经济背离程度研究》,复旦大学博士论文,2008。转引自胡光志:《虚拟经济及其法律制度研究》,北京大学出版社,2007。

［122］朱文忠：《〈多德-弗兰克法案〉的历史维度及启示》,《国际经贸探索》2011 年第 11 期。

［123］邹玉娟、陈漓高：《虚拟经济的发展阶段及对我国的启示》,《经济问题探索》2014 年第 11 期。

（三）其他类

［1］中国证券监督管理委员会福建监管局：《北京证券交易所介绍》,中国证券监督管理委员会福建监管局网,访问日期:2022 年 1 月 30 日。

［2］中国证券监督管理委员会天津监管局：《新三板有别于沪深证交所（今晚报专栏文章）》,中国证券监督管理委员会天津监管局网,访问日期:2022 年 1 月 30 日。

［3］中国证监会祝贺《中华人民共和国证券法》修订通过,中华人民共和国中央人民政府网,访问日期:2022 年 1 月 30 日。

［4］MBA 智库百科：《世界经济危机》,MRA 智库百科网,访问日期:2020 年 6 月 20 日。

［5］成思危畅谈"虚拟经济",搜狐网,访问日期:2020 年 12 月 26 日。

［6］广东把"虚拟社会"写入党代会报告意义重大,搜狐网,访问日期:2020 年 12 月 26 日。

［7］财经新闻：《警钟:全球 GDP 总量 80 多万亿美元,而虚拟经济已经超过 3 000 万亿》,环球广播网,访问日期:2020 年 3 月 25 日。

［8］刘晓欣、黎海华、雷森：第九届全国虚拟经济研讨会观点综述,南开大学虚拟经济与管理研究中心,访问日期:2020 年 3 月 18 日。

［9］刘晓欣、马笛：第六届中国虚拟经济研讨会观点综述,南开大学虚拟经济与管理研究中心,访问日期:2020 年 3 月 18 日。

［10］张艺鹏、田恒：《第十届虚拟经济研讨会观点综述》,南开大学虚拟经济与管理研究中心,访问日期:2020 年 3 月 18 日。

[11]全球 GDP 总量 80 多万亿美元,而虚拟经济已经超过 3 000 万亿,网易,访问日期:2020 年 12 月 26 日。

[12]腾讯证券:《股灾周年祭:A 股市值蒸发 25 万亿人均 24 万》,腾讯网,访问日期:2020 年 12 月 20 日。

[13]新浪财经:《2019 年债券市场回顾:行情有点"鸡肋"但大事真不少》,新浪财经网,访问日期:2020 年 12 月 26 日。

[14]新浪财经:《美国股市总市值占 GDP 总量约 166% 日本约 120% 中国呢?》,新浪财经网,访问日期:2020 年 12 月 25 日。

二、外文类参考文献

[1]Gary Stern & Ron Feldman:Too Big to Fail:The Hazards of Bank Bail-outs(2004),转引自伏军:《论银行"太大而不能倒"原则兼评美国〈2010 华尔街改革与消费者保护法案〉》,《中外法学》2011 年第 1 期。

[2]Holmes:The common Law, Little, Broom and compang(1981),转引自方立新、黎丽:《经济法特性之学理探讨》,《外国法制史研究》2001 年第 1 期。

[3]Kathleen C. Engel & Patricis A. McCoy:Turning A Blind Eye:Wall Street Finance of Predatory Lending(2007),转引自宋晓燕:《美国抵押贷款证券化中的消费者保护问题》,《法学》2011 年第 3 期。

[4]Oliver Wendell Holmes:The Common Law(1881),转引自李建伟:《股东知情权诉讼研究》。《中国法学》2013 年第 2 期。